VIRGEM/MÃE/TERRA

A EDIÇÃO DESTE LIVRO CONTOU COM O APOIO DE

CENTRO DE ESTUDOS MIGRATÓRIOS

AEROSUR
(Companhia Boliviana de Transporte Aéreo Privado)

FUNDAÇÃO VALDIVIA ALMANZA

CONSULADO-GERAL DA BOLÍVIA DE SÃO PAULO

SIDNEY ANTONIO DA SILVA

VIRGEM/MÃE/TERRA
FESTAS E TRADIÇÕES BOLIVIANAS NA METRÓPOLE

EDITORA HUCITEC
FAPESP
São Paulo, 2003

© Direitos autorais, 2003, de
Sidney Antonio da Silva.
Direitos de publicação reservados por
Aderaldo & Rothschild Editores Ltda.,
Rua João Moura, 433 – 05412-001 São Paulo, Brasil.
Telefone/Fac-símile: 55 11 3083-7419
Atendimento ao Leitor: 55 11 3060-9273
Atendimento a livreiros e distribuidores:55 11 3258-1357
E-mail: lerereler@terra.com.br
Home-page: www.hucitec.com.br

Depósitos Legais efetuados.

Silva, Sidney Antonio da
    Virgem/Mãe/Terra: Festas e Tradições Bolivianas Na Metrópole. - São Paulo, HUCITEC/FAPESP, 2003.

1. Imigração - São Paulo 2. São Paulo - Imigração
I. Silva, Sidney Antonio da II. Título

ISBN 85-271-0609-4   CDD 325.2450981

Indíces para Catálogo Sistemático

São Paulo - Imigração 325.2450981
Imigração - São Paulo 325.2450981
Imigrantes Bolivianos - São Paulo 325.2450981

Para Roberto Fernandes
e Luiz Vargas,
festeiros na terra
e agora partícipes
da festa permanente no céu.

In memoriam

AGRADECIMENTOS

Finalizar um trabalho é sempre motivo de alegria e satisfação. Isso porque a sua tessitura foi marcada por encontros que propiciaram grandes trocas e a emergência de sólidas amizades, seja com os colegas de curso e professores, seja com os sujeitos da pesquisa, neste caso os imigrantes bolivianos.

Palavras são, portanto, insuficientes para expressar a grande gratidão que tenho para com cada uma das pessoas que, de uma forma ou outra, contribuíram para a realização desta pesquisa.

Entre elas, agradeço a Margarida Maria Moura, assídua freqüentadora das festas bolivianas, com a qual pude estabelecer intensa troca intelectual e afetiva desde a minha primeira pesquisa, em razão dos interesses comuns que nos uniram na busca de compreender a beleza e os sentidos presentes nas práticas culturais e religiosas do povo latino-americano.

A Sérgio Gil Braga, colega de curso e de temática, a minha gratidão pela troca de idéias e amizade, pois o boi de Parintins e a *waka tok'oris* nos uniram numa única aventura de investigar a dinâmica da permanência e da mudança no processo cultural de brasileiros e bolivianos.

Aos colegas do Centro de Estudos Migratórios e da Pastoral do Migrante, pelo estímulo e apoio nesta longa caminhada de estudo e de comprometimento com a dura realidade experimentada pelos que peregrinam pelas controladas estradas do mundo na tentativa de realizar sonhos pessoais e familiares.

A Maria Paula Patrone Regoles, sou imensamente grato pelo importante auxílio na realização das entrevistas, sobretudo com os mais jovens.

10 AGRADECIMENTOS

A Luciana Udovic, que gentilmente escaneou as fotos.

A Gilberto Habib Oliveira, por ter-se disposto, na edição da tese, a realizar o trabalho de diagramação das fotos e do texto com competência.

Ao Conselho Nacional de Desenvolvimento Científico e Tecnológico (CNPq), pela subvenção concedida a esta pesquisa.

Aos professores Lísias Negrão e Margarida Maria Moura pelas instigantes sugestões feitas a este trabalho no meu exame de qualificação, as quais procurei incorporar na sua redação final.

À Banca Examinadora da tese, composta pelos professores Teresa Sales, Pierre Sanchis, José de Souza Martins e Margarida Maria Moura, meus sinceros agradecimentos.

A Maria Lucia Montes, a minha profunda gratidão pela amizade e competência com que orientou este trabalho, tornando o processo de construção do conhecimento em algo prazeroso e instigante, uma vez que o ponto de chegada é sempre um novo ponto de partida para novas investigações, deixando entrever que a festa do encontro amigo deve continuar e renascer continuamente.

Finalmente, os meus agradecimentos aos meus interlocutores, os imigrantes bolivianos, os quais me ensinaram ao longo desta travessia que, mesmo numa terra estrangeira, é preciso celebrar os bons momentos da vida, pois tudo é dádiva da *Virgencita* e da Mãe Terra. Por isso, é preciso festejar sempre!

PREFÁCIO

É PRECISO *grande integridade intelectual para um pesquisador refazer os próprios passos, revisitando um universo já conhecido para repor em questão seus pontos de vista, quando não seus princípios. É preciso grande humildade e extraordinária abertura do espírito para compreender e aceitar, sendo religioso, um outro modo de vivenciar a fé, desvendando insuspeitadas faces do sagrado para acolhê-las no próprio coração. Estas são características conhecidas de Sidney Silva, que este belo texto ora publicado em livro não poderia deixar de revelar.*

A trajetória e o trabalho deste pesquisador diligente são conhecidos de todos os que se interessam pela dolorosa realidade de milhões de seres humanos que hoje vivem a percorrer caminhos, mudando de um lugar para outro, por toda parte dos cinco continentes da Terra. São vidas em trânsito, a isso levadas por catástrofes, guerras ou simplesmente pela gritante injustiça de estruturas sociais que obrigam famílias inteiras a abandonar o lugar de origem, seu canto de chão, seu espaço no mundo, pela absoluta impossibilidade de aí continuarem a viver. Populações deslocadas. *Muitos vagam sem rumo, perdidos os referenciais que lhe davam sentido à existência. Esta realidade já mereceu registro em extraordinário trabalho fotográfico de Sebastião Salgado.*

Para outros deles, porém, em linguagem mais amena, o nome que se dá é simplesmente o de migrantes. *O que a palavra não revela é a realidade de angústia de quem, vivendo em terra estrangeira, muitas vezes de forma ilegal, vive aos sobressaltos. Quem bate à porta talvez venha oferecer trabalho, e com ele a esperança de novamente criar raízes. Mas poderá ser talvez o oficial de polícia ou de justiça que vem requerer papéis incompreensíveis, vistos, certificados, registros e carteiras impossíveis de se obter, comprovando o direito de ali estar e permanecer.*

Uma nova palavra, não dicionarizada, já se agregou ao nosso vocabulário para falar de sua condição: indocumentados. Esta é a senha que abre as portas à percepção de uma outra realidade que se esconde por trás da condição do migrante. Pesquisador do Centro de Estudos Migratórios e integrado ao trabalho da Pastoral do Migrante, Sidney conhece de perto esta realidade, pois a paróquia Nossa Senhora da Paz, no bairro do Glicério, acolhe essa gente que o sonho de uma vida melhor continua atraindo para a metrópole. A Congregação Scalabriniana, criada no século XIX para acompanhar os imigrantes italianos que partiam para fazer a América, sempre soube que, "para o imigrante, a Pátria é a terra que lhe dá o pão". Assim, a princípio italiana, a paróquia é hoje sobretudo latino-americana ou, mais precisamente, boliviana.

Foi à realidade de vida desses imigrantes em São Paulo que Sidney dedicou um primoroso estudo, Costurando sonhos, em que procurou retratar a condição dos trabalhadores bolivianos desta peculiar indústria de confecções que os próprios bolivianos mantêm, dando emprego aos seus conterrâneos mas, ao mesmo tempo, permitindo que muitos deles permaneçam em condições de vida inaceitáveis. Centrada na distância que separa o sonho e o cotidiano de trabalho dos costureiros, a pesquisa não poderia ter sido realizada senão sob o signo da indignação e de um profundo compromisso com a justiça social, que muitos leram como denúncia política. O livro causou polêmica. Chegou-se a falar em trabalho escravo, houve investigações e muitos se sentiram incomodados por esse retrato da comunidade boliviana que Sidney apresentava a São Paulo. O importante, porém, é que o próprio pesquisador se incomodou com o que acabara sendo o resultado de sua pesquisa.

Este foi o início de um novo trabalho. Com sua integridade característica, intelectual mas sobretudo moral, o pesquisador voltou-se com um novo olhar para seu campo de pesquisa. Muita coisa havia sido deixada de lado. O esforço para garantir a integração numa cidade hostil, senão para os próprios imigrantes, pelo menos para seus filhos. O esforço para vencer a imagem negativa que deles fazia a população paulistana. O esforço de continuar a manter pelo menos algum traço de identidade, quando o preconceito desqualificava o que restara de sua cultura com um vago "coisa de pobre, coisa de índio". Como resgatar isso tudo, para fazer justiça aos imigrantes bolivianos de São Paulo, corrigindo a impressão que o trabalho anterior poderia ter deixado?

PREFÁCIO - MARIA LÚCIA MONTES

Foi então que, aos poucos, as festas na igreja de Nossa Senhora da Paz começaram a iluminar sob um outro ângulo essas vidas muitas vezes sofridas. Sidney encontrara o veio em que garimpar o ouro de uma outra realidade boliviana em São Paulo. Uma mesma manifestação cultural – festas devotas em louvor à Virgem – verdadeira instituição malinowskiana, enfeixava num só todo a organização e a cooperação do grupo em vista de um fim comum, a reconstrução de sua auto-imagem deteriorada, a afirmação identitária, étnica, cultural e social e, em filigrana sutil, a negociação cotidiana da legitimidade de sua presença no espaço eclesial que, ao mesmo tempo que os acolhia, tentava lhes impor suas regras, voltadas para seus próprios fins. Seriam anos de paciente investigação a partir de então, na Bolívia e em São Paulo – nas festas de Nossa Senhora de Copacabana e da Virgem de Urkupiña na igreja do Glicério, nas celebrações privadas da comunidade boliviana realizadas em seu mundo doméstico ou em espaço público, no acompanhamento cotidiano das vicissitudes de alegrias e tristezas da vida desses informantes que eram também paroquianos e amigos – até que se concluísse o trabalho.

Não era um percurso fácil. Em primeiro lugar, porque seria necessário, para trilhar esse caminho, suspender temporariamente o julgamento, deixar de lado a perspectiva macrossociológica que quase automaticamente leva à denúncia e suas certezas fáceis, procurando, para além da indignação, a compreensão, na afetuosa cumplicidade do convívio simples no cotidiano. O caminho do antropólogo, sem dúvida, que Sidney soube trilhar com segurança e alegria. Entretanto, não se tratava de uma tarefa simples também porque, a cada passo, era preciso voltar-se reflexivamente sobre as situações observadas para separar verdades, interditos e não ditos, num universo em que pesquisador e pesquisados se confundiam de uma certa perspectiva, enquanto de outra se afastavam irremediavelmente, na distância que separa quem detém o poder daqueles que a ele se submetem. Era preciso estar atento a cada instante a essas relações fluidas que se estabeleciam entre a comunidade, suas lideranças e a Igreja, e em meio às quais o pesquisador procurava encontrar seu lugar. Era preciso, em outras palavras, negociar a cada passo sua inserção numa teia de micropoderes, quando ele próprio representava uma instância de poder, ora junto à Igreja, falando em nome da comunidade, ora junto à comunidade, falando em nome da instituição. Nesse delicado vaivém, encontrar um ponto de equilíbrio foi um outro desafio a vencer.

Entretanto, o maior desafio foi o que com mais naturalidade ele venceu. Como pode um religioso compreender uma fé que parece contrária à sua crença? Ao descobrir, sob o culto da Virgem, a presença viva de arcaicas tradições religiosas andinas em torno do poder da Terra Mãe, Sidney precisou apenas refazer o caminho da história para reencontrar o mea culpa que hoje a própria Igreja repete aos quatro ventos. Ao se reconhecer que a cristianização da América comportou uma sucessão de atos de violência inaudita, reconhece-se também a inacreditável força de resistência de religiões autóctones que a violência não conseguiu extirpar. Mais ainda, a reflexão sobre esse processo lança luz sobre a extraordinária aventura da formação de nossas culturas latino-americanas e a inextricável con-fusão que ela impôs a tantas culturas distantes ao por em contato e confronto os povos nativos da América e os povos ibéricos que pretenderam trazê-los para a fé do Cristo no fio de uma espada, passando pela inevitável mediação dos povos africanos – os mesmos, aqui e lá, trazidos como escravos pelos mercadores lusitanos para arrancar da terra a riqueza cobiçada por portugueses e espanhóis, pouco importando tratar-se de ouro, prata, pau-brasil, cana, cobre ou café.

Este era, porém, apenas o aspecto por assim dizer exterior do argumento, sua casca. No miolo residia o verdadeiro problema. Compreendendo-se o processo histórico que leva à fusão de diferentes culturas e torna inevitável o sincretismo religioso nas Américas, resta ainda saber como ele opera, e por quê. Esta é a questão de fundo que se coloca neste trabalho. E mais uma vez foram os instrumentos da investigação antropológica que permitiram deslindar os fios da meada. Uma análise fina revelaria a coincidência de atributos pelos quais se definem a Virgem cristã e a Pachamama andina, ancorados em estruturas simbólicas profundas e de longa duração, às quais a história irá imprimir rearranjos e transformações segundo as vicissitudes do poder nas relações entre os grupos em confronto, como nos ensinaram mestres como Lévi-Strauss, Pierre Bourdieu ou Marshall Sahlins.

E, no entanto, esta é ainda apenas uma parte da questão. Perguntar pelo sentido desses processos é indagar de que modo eles são vividos e compreendidos pelos que são seus fautores ou suas vítimas. E é só desta perspectiva que podemos enfim descobrir a numinosa presença que habita a imagem da Virgem/Mãe/Terra, revelando-nos sua verdadeira face. É a reflexão sobre a Pachamama andina que nos leva a redescobrir em Maria a força arcaica e poderosa que até hoje – ou talvez hoje, mais do que nunca – mantém vivos o seu culto e a sua devoção. Certa vez, tendo que trabalhar sobre a questão do significado dos Anjos na cultura cristã, pedi ajuda a Sidney para realizar essa tarefa que estava acima de minha competência. Como resultado, vi-me confrontada à imagem de Maria Rainha dos Anjos que, como um escrínio de luz, se abriu ante meus olhos, para me fazer compreender seu significado mais profundo e entrever como podem fundir-se la Mamita e a Pachamama na devoção dos imigrantes bolivianos de São Paulo.

São os aspectos cósmicos da Virgem Mãe que somos levados a evocar quando refletimos sobre sua associação com a Pachamama andina, tanto quanto com os Anjos cristãos. Maria pousada sobre a Lua crescente na imagem da Conceição, derramando estrelas de suas mãos sob a invocação das Graças, associada à montanha e ao rio na devoção de Guadalupe, inscrita na pedra como a Virgem de Urkupiña, nascida do lago como a Copacabana, resgatada das águas como a Aparecida, Senhora da Penha, Senhora do Prado... Suas aparições escolhem o ermo, o campo, a gruta, a cova, o espinheiro, lugares distantes do rumor das gentes e das cidades, e ali faz erguer sua ermida já que, contam os milagres, sua imagem se recusa a deixá-los por suntuosas igrejas. Por isso ela surge diante dos solitários ou errantes, cavaleiros, ermitãos, pequenos pastores, capazes de ouvir a mensagem da Divina Pastora. Como Miguel, o Arcanjo, também ela faz achar uma imagem sua seguindo o rastro de um touro, o mesmo que nos cultos de Mitra se sacrificava para restituir a vida à natureza erma após o inverno, a mesma llamita branca sacrificada à Pachamama, a prefigurar a imolação do Cristo, cordeiro de Deus, pela remissão de nossos pecados.

Diurna, luminosa, a imagem de Maria flutua sobre um obscuro fundo de abismo onde se inscrevem Lilith e Eva, o desejo da carne e a ânsia pelo conhecimento, do corpo do outro à Árvore da Vida. Nela, em contraste, se desenha a figura da Virgem Mãe: fertilidade e fecundidade nos rituais castos da primavera, o amor não consumado, rosa pura a prenunciar o Paraíso redescoberto, rosa mística no céu da Assunção, no lugar da eterna fonte, da estrela da manhã que recebe o primeiro sol. A donzela, a virgem, a senhora, ela é o manancial de água pura, o jardim fechado, mês de maio, natureza prestes a eclodir em vida, a terra escura e a árvore, a água e o fulgor da luz, matriz da criação onde toda a potência se concentra antes de tornar-se ato. Marcada pela poderosa polissemia desses símbolos que deitam raízes fundas no imaginário da humanidade, a imagem de Maria Virgem Mãe se funde assim às figuras das grandes matres pré-cristãs.

Virgens negras ligadas à água e à pedra, ao solo e ao rio, fontes, poços, mananciais, da cor do ventre túmido da terra, mulher prestes a dar à luz, corpo pejado que opera a regeneração do dia, na entranha cálida e obscura da noite. Brancas Virgens em repouso, ventre liberto após trazer ao mundo o Filho, mulher radiante coberta de sol, espelho em que refulgem pedrarias, ereta como árvore enfeitada de luminárias, Árvore de Maio, árvore de Natal, imagem entrevista do Paraíso resgatado ao pecado. E à sua aparição, um doce perfume se exala da natureza ressacralizada. Ela é a Mãe Terra, Pachamama, Gaia, o ovo cósmico, o andrógino primordial, princípio indiferenciado da vida que tudo abarca, céu e terra, corpo e espírito, o masculino e o feminino, mandala que resguarda sua imagem, copa para conter o Santíssimo, cálice, Graal, Sofia. Mãe do Princípio e do Fim, Mãe do amanhecer e do crepúsculo, Oriente e Ocidente, Mãe de Deus, na gruta de Belém e na cova que onde se encerra o corpo do Cristo morto, Maria é selo, voz e sigilo de todas as Virgens Mães. Suas aparições, em mensagens apocalípticas, anunciam o fim dos tempos e a chegada de Miguel, o Arcanjo. Mas também, para além de sua obra de vingadora justiça, Maria anuncia a paz e a reconciliação, juntos o lobo e o cordeiro, a perdiz e a águia, no Paraíso reconquistado, Jerusalém Celeste a resplandecer nas estrelas que coroam sua fronte.

Não há, pois, verdadeiras fronteiras a distinguir, mas antes um acúmulo de evidências a aproximar la Virgencita a quem seus filhos devotos pedem a bênção e proteção na pátria estrangeira, e a Pachamama da terra distante deixada para trás. Esta é uma verdade que só a emoção e o sentimento podem fazer compreender e só o coração pode acolher. Hoje Sidney Silva tem a mesma sabedoria antiga dos sacerdotes ancestrais que comandavam no Altiplano os cultos à Terra Mãe e que ainda cintila por instantes no saber do yatiri que se consulta em terras da Virgem de Urkupiña ou numa praça de São Paulo. Por ter tido a grandeza de espírito de perceber essa verdade e a humildade de aceitá-la, ele merece nosso profundo respeito. Por ter tido a generosidade de nos ensinar a compreendê-la, nós lhe devemos nossa mais profunda gratidão.

— Maria Lucia Montes
agosto de 2003

SUMÁRIO

	PÁG.
Agradecimentos	9
Prefácio, MARIA LUCIA MONTES	11
Introdução	19

Capítulo 1
OS IMIGRANTES BOLIVIANOS EM SÃO PAULO . . 27
1. Aspectos da reprodução social dos imigrantes bolivianos num contexto de estigmatização 29
2. A Pastoral do Migrante: espaço de solidariedade e diferenças . 39
3. A Pastoral do Migrante e as formas de devoção popular . 47
4. Das regras do jogo 51

Capítulo 2
OS IMIGRANTES BOLIVIANOS E O SEU CICLO DE FESTAS . 57
1. As festas marianas e o seu contexto . . . 59
2. As festas do batismo e do primeiro corte de cabelo (*rutucha*) . 67
3. As festas de finados 70
4. As festas de fim do luto 74
5. A *ch'alla* da casa e lugares públicos na terça-feira de carnaval . 76
6. As festas de San Martín de Porres 79
7. As festas dos compadres 81
8. As festas de *alasitas* 83
9. As festas da Virgem de Cotoca 86
10. As festas da Virgem de Copacabana na igreja de Nossa Senhora da Paz 87
10.1 As festas da Virgem de Copacabana na igreja de São João Batista 93

11. As festas da Virgem de Urkupiña na igreja de Nossa Senhora da Paz 93
11.1 As festas da Virgem de Urkupiña na igreja de Nossa Senhora das Dores 97

Capítulo 3
UM OLHAR PELOS MEANDROS DA HISTÓRIA . . 99
1. As devoções marianas na época colonial . . . 101
2. O processo de extirpação de idolatrias . . . 106
3. Um encontro de cosmologias? 110
4. As devoções marianas no contexto andino . . . 116
5. As devoções marianas na Bolívia 120
5.1. A festa da Virgem de Copacabana em La Paz . . 121
5.2. A festa da Virgem de Urkupiña em Quillacollo . . 128

ICONOGRAFIA 137

Capítulo 4
A (RE)CRIAÇÃO DE PRÁTICAS FESTIVAS NO CONTEXTO DA MIGRAÇÃO: O QUE SE TRANSFORMA? . . . 157
1. Os significados do festejar em São Paulo . . . 159
2. A lógica da reciprocidade nas culturas andinas . . 168
3. O *presterío* e o seu processo de ressignificação . . 173
4. O simbolismo das expressões corporais e das danças. . 181
5. Aspectos simbólicos da comensalidade nas festas e rituais . 191
6. Ressignificações e permanências 199

Capítulo 5
O LUGAR DAS DEVOÇÕES MARIANAS . . . 213
1. Significados das devoções marianas para a Igreja. . . 215
2. Em busca de uma Pastoral Inculturada? . . . 221
3. As devoções marianas e o seu papel diacrítico entre os (i)migrantes 227
4. Magia e religião no contexto das devoções marianas . 234
5. Festejando a Virgem/Mãe/Terra, ainda que numa pátria estrangeira 239

GLOSSÁRIO 245

BIBLIOGRAFIA 249

INTRODUÇÃO

SÃO 13 HORAS de um sábado ensolarado. Depois de longas horas de trabalho, iniciadas no dia anterior, tudo está pronto para uma nova festa em homenagem à Virgem Maria. No pátio da Igreja Nossa Senhora da Paz, há grande expectativa e movimentação em torno da chegada da procissão com a imagem da santa, aguardada por todos. Enquanto ela não chega, os últimos detalhes são acertados e alguns devotos ainda se esforçam para montar rapidamente mais um arco, sob a qual a imagem da Virgem deverá passar. O estalido dos primeiros fogos de artifício indica que a procissão se aproxima e, nesse momento, os devotos que aguardam sua chegada no pátio da igreja caminham apressadamente para o início da Rua Glicério, lugar onde acontece o encontro desses devotos com os que acompanham o cortejo motorizado. O encontro dos "filhos" dispersos com a Virgem é marcado por forte emoção, e cada um demonstra o seu carinho à *mamita* atirando-lhe papel picado, pétalas de rosa ou simplesmente batendo palmas. Uma vez reconciliados, "Mãe" e "filhos" prosseguem o caminho rumo à festa, onde dança, fé, alegria, beleza e fartura são metáforas que expressam os anseios dos imigrantes bolivianos de reconstruir as suas trajetórias na cidade, as quais podem ser marcadas por contradições vividas no cotidiano, como a indocumentação, a discriminação e a superexploração da mão-de-obra, particularmente dos que trabalham no ramo da costura.

A realidade vivida por estes imigrantes poderia levar-nos a pensar que se trata de um grupo isolado e resignado à própria sorte. Trata-se exatamente do contrário. Eles formam um grupo heterogêneo do ponto de vista social, étnico e cultural e que, apesar de tudo, sempre encontra motivo e tempo para festejar, seja em âmbito privado ou público. Tomando como tema as festas desses imigrantes, este trabalho propõe-se a dar continuidade à linha de estudos antropológicos iniciados com o trabalho de mestrado, sobre um grupo de imigrantes bolivianos que trabalha no ramo da costura em São Paulo.

No decorrer da primeira pesquisa, emergiram importantes questões relacionadas com o universo cultural desses imigrantes, as quais não puderam ser abordadas anteriormente em profundidade. Assim, um amplo e fascinante campo de pesquisa permaneceu aberto à investigação, qual seja, o da variada e complexa gama de manifestações exclusivas dos bolivianos em São Paulo, que pretendo focalizar com base em suas práticas religiosas festivas, expressas, sobretudo, no âmbito das devoções marianas. Essas celebrações ocorrem dentro de uma conjuntura particular, que é o contexto da migração, e algumas têm lugar num espaço "aberto" a elas, que é a Pastoral do Migrante.

O ciclo de festas realizado pelos bolivianos é amplo e variado. Muitas ocorrem em âmbito privado, como as festas de batizados e do primeiro corte de cabelo, a *ch'alla* (libação com álcool, vinho ou cerveja) da casa na terça-feira de carnaval, a festa do fim do luto, a festa de finados, a festa de San Martín de Porres, realizada no mês de novembro.

No entanto, as festas marianas realizadas no mês de agosto assumem lugar de destaque no calendário festivo dos imigrantes bolivianos em São Paulo. Isso se deve não só ao número de celebrações realizadas, mas, sobretudo, ao destaque que duas delas vêm ganhando no contexto da igreja, catalisando, assim, a devoção desses imigrantes à Virgem Maria. A primeira é a festa à Virgem de Urkupiña (Cochabamba), fortemente difundida entre estes imigrantes residentes na cidade, e cuja celebração envolve a realização de várias festas no mês de agosto. A segunda é a festa da Virgem de Copacabana (Padroeira Nacional), cuja data festiva, dia 5 de agosto, costumava ser lembrada apenas no dia das festividades cívicas do dia da pátria, ou seja, no dia 6 de agosto, com a realização de missa, celebrada a pedido do Consulado Boliviano. Há ainda uma terceira celebração dedi-cada à Virgem de Cotoca (Santa Cruz de la Sierra), cujos festejos são realizados no dia 8 de dezembro, mas com caráter particularmente fa-miliar.

Em todas as festas, com exceção da realizada pelos cruzenhos, são acionadas práticas *mágico-religiosas* de origem pré-colombiana, próprias do universo cultural desses imigrantes. Entre elas, destaca-se a centralidade do culto à *Pachamama* (Mãe Terra) pois, como um ser tutelar, ela cuida da vida de cada pessoa, da sua saúde, da família, da produção agrícola, dos negócios etc. Outro elemento comum a todas é a instituição do compadrio, seja ele de caráter místico, como nas festas do batismo e casamento, seja de caráter ritual, comum nas festas do fim do luto, da primeira *ch'alla* da casa ou de um novo local de trabalho, bem como nas festas devocionais. Nessas últimas é comum ainda a instituição do *presterío*, ou seja, a escolha de um novo *preste* ou festeiro para realizar a festa a cada ano. Em geral este conta para a realização da festa com ajuda dos padrinhos, denominada por eles de *ayni*, e que deve ser devolvida no momento oportuno.

Diante da proliferação dessas festas, que apresentam características particulares, cabe perguntar quais seriam os significados que estas celebrações devotas assumem para os imigrantes bolivianos num contexto de estigmatização social, destacando-se alguns rituais e símbolos da cultura material veiculados por elas. Importa investigar também quais seriam as razões que levaram a Igreja, a partir de 1995, a abrir para os imigrantes este espaço para a realização de suas festas, já que antes elas eram realizadas no âmbito do privado e fora do espaço eclesial. Nesse sentido, é importante saber quais são as regras que passaram a reger o processo de (re)produção cultural, e como tem sido o processo de sua negociação com a instituição eclesial. Finalmente, é importante indagar por que a Igreja passou a atribuir grande relevância às devoções marianas em detrimento de outras, particularmente num mundo contemporâneo marcado pela pluralidade de práticas religiosas.

A quantidade de festas observadas entre os bolivianos em São Paulo nos permite dizer que elas são *boas para pensar*, para usar uma metáfora de Lévi-Strauss, entre outras questões, a dinâmica cultural de um grupo em vias de inserção num novo contexto. Ao cruzar fronteiras geográficas e culturais, os imigrantes não levam na bagagem todo o complexo cultural tal e qual se reproduz no contexto de origem. Num contexto sociocultural diferenciado, como é o caso dos imigrantes em foco, sistemas de valores e expressões da cultura material tendem a cristalizar-se no tempo, em razão dos significados que aí passam a expressar. Tal processo de cristalização tende a influir poderosamente na dinâmica da permanência e ressignificação da cultura entre os bolivianos em São Paulo.

Na verdade, todo o universo simbólico desses imigrantes se condensa, por assim dizer, no âmbito da festa, explicitando uma forma particular de religiosidade e de se relacionar com o sagrado, em que o culto a deidades andinas se confunde com o culto aos santos do hagiológio católico, particularmente à Virgem Maria. O problema é que tudo se manifesta no espaço da Igreja, que procura englobar tais celebrações na sua proposta de evangelização, conferindo, dessa forma, dinâmica particular ao processo de (re)criação cultural empreendido pelos bolivinaos em São Paulo.

Seguindo as orientações clássicas de Malinowski, foi necessário fazer um processo de *reconstituição* de todos os elementos constitutivos da festa, sejam eles os da cultura material, ou os relacionados à configuração do sistema de crenças em si. E para isso foi necessário ouvir os vários atores da festa, na tentativa de desvendar se existe ou não no grupo monopólio das crenças que as sustentam, e como se dá a relação entre a ação e a representação em suas práticas religiosas, em busca do significado dos símbolos acionados pelas festas no novo contexto em que se manifestam.

Vale ressaltar, ainda, o porquê da opção metodológica que aqui se fez, ou seja, privilegiar as manifestações religiosas públicas em detrimento das privadas. Tal opção não se deve ao fato de que as últimas fossem desimportantes ou inacessíveis ao pesquisador, mas se deu em razão da abrangência que as festas marianas realizadas no espaço da Pastoral têm adquirido nos últimos anos.

Em se tratando de um objeto de estudo que se manifesta no meio urbano, como são as festas devocionais, creio que o caminho mais adequado para apreendê-lo seria o da observação participante, com todas as limitações e implicações que tal metodologia apresenta, sobretudo porque o pesquisador exerce também um trabalho de militância entre os sujeitos de sua pesquisa, uma vez que é membro da Pastoral dos Migrantes. Por essa razão, achei por bem contar com a ajuda de uma assistente de pesquisa, Maria Paula Patrone Regoles, com objetivo de averiguar tensões que os informantes tenderiam a ocultar ao pesquisador, graças à posição de poder que este exerce entre os que participam da referida Pastoral. Em sendo assim, neste longo processo de pesquisa seria mais condizente falar em "observação da participação", como sugere Tedlock (1990), do que propriamente em "observação participante", como se conhece nos moldes tradicionais. Isso porque a pesquisa em foco esteve marcada por esta particularidade, de que o pesquisador era ao mesmo tempo "sujeito" e "objeto" da própria pesquisa, em razão da sua inserção pastoral entre os migrantes. De qualquer forma, isso não constitui nenhuma excepcionalidade nas pesquisas qualitativas, pois, como lembra Lévi-Strauss (1976), nas ciências humanas "sujeitos" e "objetos" do conhecimento são da mesma natureza. Em outras palavras, como afirma Carlos Rodrigues Brandão com base na própria experiência, "um compromisso sério e verdadeiro com a ciência, qualquer que ela seja, começa e acaba em um compromisso sério e verdadeiro com o homem" (1981:13).

Em alguns momentos, a aparente "ambigüidade" entre a posição de pesquisador e militante foi mais perceptível e em outros menos. Contudo, os meus interlocutores tendiam a ver-me sempre como um ministro religioso e não como pesquisador. Em razão dessa minha longa inserção no grupo, minha participação ativa nas suas práticas religiosas e festivas, até mesmo aprendendo a dançar algumas de suas danças típicas, fizera que muitas vezes alguns deles me classificassem como alguém "de dentro", como um "boliviano", pois para eles eu havia nascido no país errado. Tal percepção tem, evidentemente, incidências nos resultados desta pesquisa, e, como tal, deverão ser consideradas na sua leitura.

Além da observação participante, foram realizadas cinqüenta entrevistas gravadas em São Paulo e dezoito na Bolívia, num total de 68, contemplando, assim, a variedade dos atores envolvidos na organização e parti-cipação das festas, sejam eles festeiros, coordenadores da Pastoral, jovens pertencentes ou não a vários grupos folclóricos e devotos em geral. Na medida em que o pesquisador foi deparando-se com a variedade dos sujeitos entrevistados, o roteiro de questões postas previamente também teve de ser alterado, servindo apenas como um ponto de referência, uma vez que a pesquisa contemplava os de "dentro" e os de "fora" da Pastoral, bem como faixas etárias diferenciadas.

Importa ressaltar que vários dos entrevistados se mostraram interessados na pesquisa e se puseram à disposição do pesquisador para quaisquer esclarecimentos que se fizessem necessários posteriormente. Oscar, um dos entrevistados disse-me: "Nosotros quedamos alegres de que por lo menos esto sea transmitido para otras personas. Y nos alegramos también que usted há tomado esta iniciativa, no!, porque yo creo que va a salir muy bonito este libro. Vamos a dar todo apoyo que sea posible, qualquier cosa que necesite, qualquier duda que usted há tenido, vamos estar disponible para eso". A maior parte das entrevistas foi feita nas residências dos entrevistados, outras na sede da Pastoral dos Migrantes, ou ainda em alguns lugares públicos, onde o grupo Kantuta realiza seus ensaios, a Praça do Pari, local de encontros dos bolivianos nas tardes de domingo, e as quadras de futebol, lugar de entretenimento para muitos deles. Vale dizer ainda que a maior parte das entrevistas feitas com os *pasantes* foi realizada com o casal e não separadamente. Essa estratégia permitiu a emergência de opiniões divergentes sobre um mesmo ponto, evidenciando também questões de gênero.

Foi de grande valor ainda para a nossa análise o farto material visual já produzido pelo pesquisador, pela Pastoral e pelos próprios imigrantes. Nesse sentido, priorizamos as fotografias e os vídeos que retratam as festas em questão.

O trabalho de campo abarcou o ciclo das festas que se realizam no mês de agosto (Virgem de Copacabana e Urkupiña), em período de nove anos, dos quais três foram cobertos pela observação feita na pesquisa anterior. O universo da pesquisa foi estabelecido entre os imigrantes que participam ou não da Pastoral do Migrante, e que residem há vários anos em São Paulo, bem como entre os recém-chegados. Dentre eles, foram entrevistados homens, mulheres e crianças, regulares ou não no país.

Um dos momentos privilegiados de observação foi o dos novenários.

INTRODUÇÃO 25

Estes são realizados uma vez por mês, de novembro a julho, em diferentes locais da cidade, particularmente nas residências dos devotos, possibilitando, assim, observar detalhes e símbolos não veiculados na grande festa. Finalmente, com objetivo de estabelecer um parâmetro comparativo entre o contexto de origem destas práticas festivas e religiosas, a Bolívia, e o novo contexto onde são recriadas, a cidade de São Paulo, se fez necessário realizar algumas visitas *in loco,* para balizar a análise sobre o que per-manece e o que muda neste processo de recriação cultural. Nesse sentido, um primeiro contato com aquele contexto foi feito ainda em 1995, por ocasião da coleta de dados para minha primeira pesquisa, quando pu-de observar a festa de *la Virgen del Socavón* e o prestigiado carnaval de Oruro. Outras duas visitas à Bolívia se deram, uma no mês de fevereiro de 2000, quando entrevistamos sacerdotes, festeiros e devotos durante uma festa da Virgem da Candelária em La Paz, atingindo um número de onze entrevistas, e a segunda, em agosto de 2001, ocasião em que pude observar os três dias da festa da Virgem de Urkupiña em Quillacollo, bem como entrevistar várias pessoas presentes no evento, entre devotos, representantes da igreja, *pasantes* e dançarinos, totalizando oito entrevistas.

De modo geral, o trabalho de campo foi marcado por momentos agradáveis, seja pela troca de conhecimentos entre pesquisador e sujeitos da pesquisa, seja pelo ensejo que os entrevistados tiveram de relembrar a festa e torná-la memorável ainda por mais um tempo e, quem sabe, para sempre na memória, como enfatizou Clementina, ex-*pasante*: "Nosotros estamos muy agradecidos porque nos ha hecho recordar la fiesta que hasta el momento no podemos olvidar, estamos cansados de verdad, estamos descansando un poco para poder al año participar también con el pasante que a va tener este trabajo y poderle colaborar" (15/9/2001).

Se recordar é viver, então a continuidade do vivido está assegurada porque, como disse Halbwachs, "memória não é sonho, é trabalho" e, eu diria, um trabalho permeado por lembranças lúdicas, pois a festa é um dos momentos privilegiados de reatualização da memória sociocultural de um grupo, particularmente dos marcados pelo processo migratório.

Para efeito da apresentação deste estudo das festas marianas, optou-se em dividir o trabalho em cinco capítulos, procurando explicitar os objetivos que os norteiam.

O primeiro capítulo aborda aspectos da reprodução social dos bolivianos em São Paulo, focalizando os embates do cotidiano, como o problema da indocumentação, as relações de trabalho, o processo de organização do grupo na cidade e a sua relação com a Pastoral dos Migrantes.

No segundo capítulo registra-se a etnografia das festas realizadas por estes imigrantes na cidade, partindo das realizadas no âmbito privado, para depois focalizar as de caráter público, como é o caso das festas marianas realizadas no espaço da Pastoral, bem como sua expansão para outras igrejas.

O terceiro capítulo faz uma incursão nos meandros da história, tentando mostrar as tensões presentes no processo de formação cultural dos bolivianos, desde o evento inicial do encontro/desencontro dos colonizadores com os grupos étnicos originários dos Andes. E neste processo enfatiza-se a ação evangelizadora da Igreja entre os povos andinos, engendrando, assim, a gênese de um outro catolicismo, no qual as figuras da Virgem e da *Pachamama* ocupam marcante centralidade. A observação de duas festas na Bolívia nos possibilitou ver *in loco* as tensões presentes entre dois catolicismos, o "oficial" e o "popular", para vermos depois o que acontece quando o último cruza as fronteiras.

O quarto capítulo procura explicitar o problema teórico da permanência e da ressignificação que as festas marianas suscitam, procurando mostrar o que permanece e o que se transforma no processo de recriação cultural dos bolivianos, visando explicitar os significados que essas práticas festivas conferem à vida desses imigrantes em São Paulo.

E, finalmente, no quinto capítulo delineia-se o lugar das devoções marianas, seja para a Igreja que incentiva sua difusão como sinal diacrítico da catolicidade, seja para os imigrantes, como elemento dinamizador de sua cultura num novo contexto.

Capítulo 1
OS IMIGRANTES BOLIVIANOS EM SÃO PAULO

1. Aspectos da reprodução social dos imigrantes bolivianos num contexto de estigmatização

> Crucé fronteras para llegar a
> estas tierras lejanas.
> Abandoné a mi madre,
> abandoné a mi pueblo.
> CANTO À VIRGEM DE URKUPIÑA,
> José Bolivia

EM 1995, QUANDO CONCLUÍ minha primeira pesquisa sobre um grupo de costureiros na cidade, a presença boliviana já era significativa e continuava em fase de expansão, apesar das incertezas pelas quais passava o setor da confecção (Silva, 1997). Naquele momento, as estimativas apontavam para um contingente de cem mil bolivianos em São Paulo. Embora pudessem estar superestimadas, hoje, elas podem ser reais, ou até mesmo estarem superadas. Do ponto de vista demográfico, algumas mudanças foram constatadas no grupo desde aquele momento, e entre elas vale ressaltar a alteração na composição do fluxo migratório em relação a gênero. Na minha pesquisa anterior, os dados apontavam para expressiva maioria de homens em relação às mulheres, 74,2% (Silva, 1997:91), ao passo que dados mais recentes apontam para diminuição dessa diferença, ou seja, 55,1% e 44,9%, respectivamente (Silva, 1999:24). A considerável mudança pode ser tomada como clara indicação da consolidação da presença destes imigrantes na cidade, os quais passaram a trazer também suas famílias, bem como a constituir outras em São Paulo.

Com relação à faixa etária temos um aumento da presença de jovens entre dezoito e trinta e quatro anos, ou seja, a melhor fase produtiva de suas vidas. Já em relação à origem, ampliou-se o predomínio de bolivianos(as) oriundos de La Paz e de Cochabamba, porém com aumento também de imigrantes provenientes de outras partes da Bolívia, como os de Oruro, Potosí, Beni e Pando. Já o grau de instrução manteve-se sem alterações significativas, e em sua maioria apresentam nível de escolaridade médio entre os homens e pouco mais baixo entre as mulheres.

Constatei ainda uma dinâmica rede de contratação de mão-de-obra para o setor da costura em vias de estruturação e, ao mesmo tempo, a ampliação de serviços, espaços culturais e instituições próprias, distribuídas por vários bairros da cidade e municípios vizinhos. Hoje essa presença é um fato consolidado, visível e dinâmico, já que algumas transformações importantes tiveram lugar entre os imigrantes desde então. Uma mudança significativa ocorrida entre os imigrantes nesse período refere-se à percepção que o grupo tem de si mesmo, ou seja, dos problemas que seus membros enfrentam e dos preconceitos que os dividem no país de origem, os quais são transpostos além-fronteira. Nesse sentido, existe consenso entre as associações bolivianas constituídas na cidade, entre elas a ADRB (Associação dos Residentes Bolivianos)[1] e o Círculo Boliviano, de que já é hora de o grupo superar os regionalismos e as diferenças de ordem social, cultural e étnica, em busca de uma possível integração. Exemplo disso é a proposta da criação da Furbra (Federação Única dos Residentes Bolivianos no Brasil). Outra preocupação é a mudança da imagem negativa generalizada que grande parte dos brasileiros tem da Bolívia e dos bolivianos, imagem construída particularmente pela imprensa sensacionalista do Brasil. E, para mudar tal realidade, o consulado boliviano na cidade tomou algumas providências, como a mudança da sede consular do centro para um bairro nobre da cidade (Jardins), a veiculação de propagandas turísticas da Bolívia num canal de televisão local (CNT), bem como a vinda de um cônsul adjunto para cuidar dos problemas dos

---

[1] Esta associação publica mensalmente um jornal, *La Puerta del Sol*, o qual, depois de um período de interrupção na sua publicação, voltou a ser editado com novo visual, a partir de outubro de 2002.

compatriotas mais desfavorecidos. Tudo isso faz parte de um projeto maior elaborado pelo governo boliviano, denominado "Plan Dignidad" (1998-2002), que consiste em vencer o circuito do narcotráfico e, para tanto, conta com apoio do governo americano.

Na comunidade, alguns grupos culturais também se propõem a colaborar para a reconstrução de nova imagem de si mesmos. Entre eles, vale ressaltar o trabalho profissional do grupo Kantuta,[2] fundado em 1988, que apresenta danças folclóricas de várias regiões da Bolívia, e pela primeira vez foi convidado a participar no carnaval paulistano de 1999, desfilando na Escola de Samba Leandro de Itaquera. Igual convite foi reiterado nos carnavais de 2001 e 2003. Da mesma forma, o grupo Raza India, depois de algum tempo de inatividade, voltou a atuar com novos componentes e novas danças. Grupos, como o Raices de Bolivia, junto com outros ex-integrantes do Kantuta, deu origem à Sociedade Folclórica Boliviana, fundada no dia 30 de abril de 2003. O Jaguar, o Flor de Puya, formados por costureiros, também apresentam danças típicas da Bolívia, como o fazia o extinto Salay. Além desses, os grupos Santa Fe, Los Duques, Maypi, Quelamarca, Pachamama e a banda Ondas de Bolivia, que passou a ser chamada Sensación 2001, também têm atuação importante na animação dos festejos e divulgação de seus elementos culturais característicos em São Paulo. Entre as mais recentes organizações culturais criadas na cidade, temos a Fraternidade Folclórica Morenada Bolívia Central e Unión Fanáticos. A primeira, fundada em 12 de maio de 2001, por um grupo de doze oficinistas, com a finalidade de apresentar a dança da *morenada* na festa da Virgem de Copacabana desse ano. Entretanto, seus objetivos ultrapassam os limites do próprio grupo, uma vez que pretende apresentar futuramente a dança da morenada, e outros ritmos, no Sambódromo (Anhembi), quando das comemorações da independência da Bolívia, dia 6 de agosto. A segunda, também formada por um grupo de costureiros, foi fundada em 25 de maio de 2002 com os mesmos propósitos, ou seja, animar os festejos da Virgem de Copacabana do referido ano.

---

[2] O nome desse grupo tem origem numa flor nativa do Altiplano boliviano, considerada símbolo pátrio, uma vez que tem as três cores da bandeira nacional, ou seja, o vermelho, o amarelo, e o verde.

Vale ressaltar também, ainda que de forma intermitente, o espaço conquistado pelos imigrantes bolivianos nos meios de comunicação, particularmente em algumas estações de rádio da cidade. Entre elas, a Oficial Clube, 94,3 FM, a Vanguarda 103.9 FM e a Latin Sat 101.3 FM, esta última com uma variada programação voltada não somente para os bolivianos, mas para os latino-americanos em geral, pois, além do aimará e do quéchua, é possível ouvir também o guarani.

Outra novidade é o lançamento de um informativo mensal voltado para a comunidade boliviana, intitulado *Pachamama, revista de la comunidad boliviana*. O primeiro número, publicado em setembro de 2001, dizia no editorial: "Ninguna idea extraña, religión o figura pudo sustituir al mito Pachamama. Su vigencia es aún hoy y lo será nuestra identidad, la Pachamama será el fundamento de nuestro sentir, pensar, razonar y opinar". A revista, com formato de boletim de quatro páginas, traz informações dos eventos sociais, culturais e religiosos da comunidade, pequenos informes de aspectos da cultura boliviana, assim como propagandas de serviços oferecidos pelos bolivianos aos compatriotas residentes na cidade.

É, sobretudo, essa nova presença cultural boliviana que já não pode passar despercebida, pois existem "pedaços bolivianos"[3] em algumas partes da cidade, como era o caso da Praça Padre Bento, mais conhecida como Praça do Pari, ou *la Embajada del Pari*. A partir de 2002, depois de um processo de negociação envolvendo a Associação Gastronômica Cultural Boliviana Padre Bento e a Associação pela Revitalização do Pari e Canindé, a Prefeitura de São Paulo concedeu aos bolivianos uma nova praça no bairro do Canindé, a qual foi denominada de Praça Kantuta.[4] A inauguração desse novo espaço, com infra-estrutura ainda precária, deu-se no dia 2 de junho de 2002 e a sua oficialização no dia 1º de março de 2003. Em junho de 2003, os membros da Associação Padre Bento criaram o grupo folclórico Rosas de Bolivia.

---

[3] Para José Guilherme C. Magnani são dois os elementos constitutivos do "pedaço": o primeiro, de ordem espacial, diz respeito a alguns pontos de referência no bairro, como o telefone público, alguns bares, casas de comércio, o templo, campos de futebol, entre outros. O segundo refere-se a uma rede de relações sociais capazes de dinamizar esses espaços, conferindo-lhes um rosto particular (Magnani, 1984:137).

[4] As razões dessa transferência serão explicitadas no Capítulo 5 deste trabalho.

Todos os domingos passam por ela cerca de três mil imigrantes, também de outras nacionalidades, os quais procuram contratar trabalhadores ou buscam emprego no setor da costura. Aí a oferta de trabalho começa no mês de fevereiro e se prolonga até meados de dezembro. Num dos quiosques há um mural onde são anunciadas semanalmente propostas de empregos, oferecidos sobretudo por coreanos, bolivianos e brasileiros. A rede de oficinas de costura expandiu-se em direção à periferia da cidade, como é o caso de Guaianases, e já é possível encontrar ofertas de trabalho para Nova Odessa, região de Campinas, Americana e lugares mais longínquos no interior do estado, como é o caso de São José do Rio Preto.

Nessa praça é possível comprar também ampla variedade de produtos típicos da Bolívia, particularmente de La Paz, uma vez que grande parte do público que a visita é oriunda desse departamento (estado) boliviano. Assim, entre a variedade de produtos ofertados é possível encontrar os diversos tipos de batatas, especialmente o *ch'uñu*,[5] uma variedade de bebidas, entre elas a cerveja *paceña*, *apí* (bebida quente de milho), em geral servido com um *buñelo* (massa de trigo frita), *chicha de mani* (refresco de amendoim), *khisa* (refresco de pêssego dessecado), refresco de linhaça, bolos, cereais, condimentos como o *locoto* e o *ají* (tipos de pimentas), *quirquiñas* (erva aromática usada para preparar molhos, como a popular *llajwa*), *choclo* (espigas de milho fresco), queijo, pães, artigos para a *ch'alla*, ritual de libação que integra as festas religiosas e sociais, cópias de fitas-cassete, vídeos, CDs de artistas bolivianos e latino-americanos, fotos de alguns eventos da comunidade, particularmente dos vários campeonatos de futebol realizados em diferentes partes da cidade, entre outros. Além dessa variedade de produtos que agradam os vários sentidos, é possível encontrar também à venda o tradicional *aguayo* (tecido multicolorido em forma de listas), blusas de lã ou de vicunha e objetos de artesanato. Uma novidade encontrada, numa das visitas que fiz à praça, foi uma jovem vestida de *cholita* ao estilo *paceño*, vendendo produtos numa das barra-

---

[5] Para a preparação do *ch'uñu* são escolhidas as batatas menores, as quais são deixadas no pasto durante as noites de geadas, tornando-se duras como pedras. Durante o dia ficam expostas ao sol, perdendo, assim, toda a água. Para acelerar o processo de desidratação, as batatas são pisadas e novamente submetidas às geadas. Após três dias o *ch'uñu* está pronto para ser consumido (Juárez, 1995:110).

cas, aludindo ao fato de que aquela praça está tornando-se cada vez mais, ainda que temporariamente, um *territorio paceño*.

O lugar tornou-se também ponto de encontro obrigatório para a maioria dos que trabalham no ramo da costura e para a comunidade em geral. Isso porque, além de ser local de encontro e de múltiplas trocas, há a possibilidade de se degustar vários pratos típicos a preços populares, bem como a conhecida *salteña* (empanada de carne ou frango com passas, ovo, azeitona e cebola), constituindo, assim, opção de alimentação nas tardes de domingo, não somente para os costureiros, que não recebem alimentação em seus locais de trabalho neste dia, mas também para outros bolivianos que vivem na cidade há mais tempo e se sentem saudosos do gosto e cheiro típicos dos pratos e bebidas bolivianas.

Assim, cada espaço da praça é disputado, seja pelos vendedores de comida ou de mercadorias distribuídos nos seus entornos, seja pelos que aí vão em busca de um momento de entretenimento, de troca de informações, de notícias do país de origem, pelos jornais vendidos numa das barracas, de um novo emprego, de um corte de cabelo, ou simplesmente de uma paquera.

Aproveitando essa significativa presença boliviana na praça, alguns grupos evangélicos têm tentado conquistar seguidores, entre eles a Igreja Batista e a Universal do Reino de Deus, mediante a realização de cultos no seu espaço central.[6] Às vezes é possível observar também a presença de outros grupos religiosos, como é o caso da Congregação Israelita por um Novo Pacto Universal, cujos membros são de origem equatoriana, peruana e boliviana, e se vestem com roupas longas e coloridas. Sua pregação enfatiza a necessidade de observar os dez mandamentos, que levam estampados num pano branco. Além disso, cantam hinos ao som do *charango* e pandeiro para chamar a atenção dos espectadores.

O cenário da praça parece ter sido transplantado do Altiplano boliviano

---

[6] Vale notar que essas igrejas utilizam elementos culturais como a música típica e danças folclóricas, como estratégia para atrair seguidores. Num domingo, foi possível observar que a Igreja Universal do Reino de Deus apresentava num telão imagens do seu culto na Bolívia, onde bailarinos vestidos com roupas típicas acompanhavam o canto com coreografias próprias do folclore boliviano.

para São Paulo com pequenas variações e nos remete a um passado não muito distante em que as praças de nossas cidades eram locais de encontro para as populações que viviam em torno delas, particularmente para fazer o tradicional *footing* e para ouvir a banda tocar no coreto central. Nesse caso, não há coreto e nem bandinha, a não ser em momentos comemorativos, mas a música folclórica boliviana que se intercala com outros ritmos latinos e o *rock* garantem animação particular por várias horas. Por volta das 20 horas, o cenário começa a ser desfeito e as pessoas começam a se retirar, em grupos ou sozinhas, para recomeçar mais uma árdua semana de trabalho e, quem sabe, já pensando no domingo vindouro, quando a rede de relações e trocas será novamente acionada e recriada nas suas várias dimensões.

A vitalidade deste *pedacito* da Bolívia em São Paulo nos permite dizer que a Praça Kantuta poderá tornar-se uma referência para a cultura boliviana na cidade, pois além das múltiplas atividades já explicitadas, nela realizou-se pela primeira vez em 2003 a *entrada* de carnaval. Organizada pela Associação Padre Bento, a *entrada* contou com a participação dos vários grupos culturais existentes na cidade, entre eles os grupos Kantuta, Raza India, Morenada Bolivia Central, Unión Fanáticos, Flor de Puya e Raíces de Bolivia.

Como em todo carnaval, não poderia faltar também o tradicional concurso de fantasias, neste caso com participação das crianças, que se vestiram de *cholita, moreno, caporales*, cigana e pepino. O que mais chama atenção, entretanto, é a permanência de uma prática cultural já pouco comum no contexto brasileiro, sobretudo nos grandes centros urbanos, que é a brincadeira com água. Aos poucos essa prática foi caindo em desuso, em razão da sua repressão, uma vez que tais brincadeiras poderiam transformar-se em violência.

Além desse "espaço boliviano" da praça, é possível constatar também a presença desses imigrantes nos mais diferentes e longínquos lugares da cidade. Entre eles destacam-se as várias canchas de futebol distribuídas nos bairros centrais e periféricos da cidade; as feiras livres; eventos culturais como a Festa das Nações, organizada pela Casa de Cultura Japonesa; a Pastoral do Migrante, nos últimos domingos de cada mês, nas festas devocionais e Festa Internacional dos Migrantes;[7] bares e restaurantes distribuídos em bairros centrais como o Pari, Brás, Luz, Belenzinho, e outros na periferia da cidade, como era o caso do restaurante Recanto Boliviano, no bairro Vila Nova Cachoeirinha, que passou a ser chamado Centro de Tradição Latina.

Se, por um lado, a presença cultural boliviana ganha visibilidade em alguns espaços da metrópole paulistana, em razão do crescente processo organizativo e da mobilidade social alcançada por alguns, por outro, poucas mudanças ocorreram nos problemas enfrentados pelos imigrantes no cotidiano. Entre eles, destaca-se a situação jurídica, que não apresentou mudanças substanciais desde a última anistia do governo brasileiro em 1998. Vale citar o episódio de 20 de julho de 1997, quando o jornal *O Estado de S. Paulo* publicou matéria sobre bolivianos em São Paulo, na qual afirmava que o autor deste trabalho denunciava a existência de "trabalho escravo" no seu recém-publicado livro. Dias depois, com base em denúncia feita pelo Sindicato dos Costureiros da Capital, a Polícia Federal, junto com o Ministério do Trabalho, prendeu empregadores e vários costureiros indocumentados, na Vila Buenos Aires, zona leste da cidade de São Paulo.

No rescaldo dos fatos e acusações envolvendo o próprio pesquisador, o fato é que este episódio teve peso na mobilização do grupo, em busca de saída para o problema da indocumentação. Autoridades consulares, empregadores e empregados, junto com a Pastoral dos Migrantes, passaram a discutir o problema em sucessivos encontros, buscando soluções. Uma delas seria uma ampla anistia para os indocumentados no país.

Com o processo de anistiamento iniciado em setembro e culminado em dezembro de 1998, houve trégua nas denúncias do Sindicato dos

---

[7] Este evento, iniciado em 1989, denominado de *Show Latino-Americano*, passou a ser chamado de Festa Internacional das Nações em 1998, para no ano seguinte ser transformado em Festa Internacional dos Migrantes. Na sua décima segunda edição, em 2001, a presença boliviana nas apresentações foi expressiva, com participação de quatro grupos folclóricos e um grupo musical. Realizada todos os anos no mês de setembro, a partir de 2003, essa festa passou a ser celebrada no mês de junho, coincidindo com as comemorações do dia do migrante, no dia 25.

Costureiros, e muitos empregadores e empregados tiveram oportunidade de regularizar suas situações. Porém, muitos deles não manifestaram interesse em regularizar-se; isso se deve às exigências e aos custos da documentação requerida pelo governo brasileiro que, associados a outros fatores, como o pouco interesse dos empregadores de que seus empregados saíssem da clandestinidade e o possível retorno ao país de origem num futuro próximo, fizeram que os resultados do processo de anistiamento fossem irrisórios diante do esperado pela Pastoral do Migrante.[8]

Dessa forma, finalizado tal processo, e com a chegada de novos contingentes de imigrantes, o problema da indocumentação continua a dificultar suas vidas, num Brasil que ainda mantém uma lei de imigração cunhada segundo os princípios da Segurança Nacional dos anos de 1980.

O baixo número de anistiados pode ter revelado que o fato de estar ilegal no país não muda muito a vida dos que trabalham no ramo da costura, já que a lógica desse mercado de trabalho é regida pela total desregulamentação. Nesse sentido, num primeiro momento tal situação não interfere nos seus projetos de mobilidade econômica e social, uma vez que o sonho de todos é ter a própria oficina. Entretanto, estar documentado é um requisito necessário para quem pretende montar a sua oficina de costura, exigência esta definida pelos próprios coreanos, como condição para continuar fornecendo-lhes trabalho, em razão das constantes denúncias veiculadas pelos meios de comunicação envolvendo-os nesse mercado de trabalho clandestino. Como conseqüência de tal exigência, surgiu a idéia de se formar uma associação comercial que agrupasse os donos de oficinas de costuras, com objetivo de intermediar os conflitos entre as comunidades coreana, árabe e brasileira, prestar serviços na área jurídica e de contabilidade, e garantir descontos de máquinas e aviamentos nas lojas da cidade, bem como formar uma cooperativa para os associados.

---

[8] Por dados da Polícia Federal (SER/DPMAF), em 1998 foram anistiados 39.131 no país, dos quais 14.006 bolivianos, o maior grupo anistiado. O segundo foi o chinês, com 9.940, e o terceiro, o libanês, com 3.091. Mas as expectativas da Pastoral do Migrante eram de que ao menos 50.000 imigrantes deveriam ter sido beneficiados por esta lei.

A organização, denominada Associação Comercial Bolbra, foi fundada no dia 6 de agosto de 2001.[9] Vale dizer, no entanto, que esse mercado de trabalho passou por transformações, uma vez que, além da quantidade, os fornecedores de encomendas passaram a exigir também qualidade, em razão da forte competição que as confecções enfrentam num mercado globalizado. Algumas oficinas já incorporaram altas tecnologias em seu processo de produção. Outras, porém, continuam artesanais, não se sabe até quando.

As relações de trabalho continuam, entretanto, marcadas pela superexploração e até mesmo em alguns casos por situações de escravidão. É o caso de Miguel, natural de Cochabamba, trazido por uma brasileira para trabalhar em sua oficina de costura com promessa de que ganharia U$500.00 dólares mensais. Tendo entrado clandestinamente no Brasil, foi levado para seu cativeiro, durante a noite, na Rua São Caetano (região central), onde permaneceu por três meses sem sair. Quando aí chegou, a mulher que o trouxe disse que se tratava de *outro burro no curral*. Miguel calou-se e se perguntava sobre o significado dessa expressão. Seus companheiros, também bolivianos, lhe disseram que a mulher não os pagava e tampouco os deixava sair, com medo de que buscassem outro serviço. Seu dia-a-dia era totalmente dedicado ao trabalho. Levantava-se às seis horas da manhã e se parava uma hora apenas, para alimentar-se com a pobre comida que lhe era oferecida. Para minorar a solidão e as agruras do dia-a dia, uma farta coleção de músicas bolivianas e latinas era posta à sua disposição, pois a música mantinha vivos nele os vínculos com a terra natal e o sonho de poder voltar um dia para os familiares, quem sabe um pouco melhor do que quando saíra. Porém, no dia 6 de abril de 2001, não suportando mais tamanha humilhação, ele tomou a decisão de fugir. Ajudado pelos companheiros, pulou o alto muro do cativeiro num dia em que sua "patroa" tinha ido a uma festa. Com muito medo, caminhou a pé várias horas até uma delegacia de polícia, onde permaneceu até o

---

[9] No dia 24 de novembro de 2001, tomou posse a primeira junta diretiva da associação, em grande festa na quadra de ensaio da escola de Samba Camisa 12, no Belenzinho. O presidente da associação, Juan Villegas, em inflamado discurso, disse que era hora de pôr fim à exploração nas oficinas de costuras, e repetiu a palavra "basta" por três vezes.

dia amanhecer. No dia seguinte foi encaminhado à Polícia Federal e de lá à Pastoral do Migrante, onde permaneceu por alguns dias até o regresso à Bolívia. Toda a sua dor e humilhação ficaram registradas nesta sua fala que ouvimos, no dia 12 de abril de 2001: "Sabe o que mais me dói? Eu queria levar uma lembrança, alguma recordação do Brasil, para dizer algo. Porém, não tenho dinheiro. [. . .] Porque também trabalhar de motorista aqui, não conheço sequer as ruas, nada, e como não tenho documento brasileiro, mais complicado se faz. A única solução é retornar à Bolívia. É o que mais me dá pena".

Se para os costureiros as ofertas de trabalho continuam em alta, ainda que em situações precárias, o mesmo não acontece com outros profissionais mais qualificados como, por exemplo, os médicos. Estes são obrigados a enfrentar a mesma competição experimentada pelos brasileiros na busca de uma vaga no setor formal do mercado de trabalho, ou ainda aceitar trabalhar de forma clandestina, até que seus diplomas sejam reconhecidos pelo Conselho Regional de Medicina. Em outras regiões do país, como é o caso da região Norte, eles trabalham em hospitais de pequenas cidades do interior, ou ainda abrem as próprias clínicas.

Outra questão emergente é a necessidade que a comunidade sente de buscar uma forma de participação mais efetiva no cenário político brasileiro, uma vez que na condição de estrangeiros eles não têm direito a voto. Nesse sentido, já começa a ser veiculada a proposta de uma candidatura de alguém com ascendência boliviana ou naturalizado brasileiro para algum cargo público, pelo menos de âmbito municipal, já que a cidade é onde a maioria deles reside e trabalha.

2. A Pastoral do Migrante:
espaço de solidariedade e diferenças

A preocupação com os migrantes na Igreja Católica surgiu em meio aos grandes movimentos migratórios, a partir do final do século XIX. Nesse momento, a Itália passava por um processo de transformações econômicas e sociais, e milhões de pessoas emigravam para as Américas em busca de terra abundante, na tentativa de realizar sonhos pessoais e familiares. Interpelado por esse fenômeno social de grande magnitude, em que povoados inteiros se esvaziavam, João Baptista Scalabrini, bispo da cidade de Piacenza (norte da Itália), teve a iniciativa de criar uma congregação de sacerdotes para assistir os seus compatriotas no outro lado do oceano.[10] Assim, no dia 28 de novembro de 1887, surgia a Congregação dos Missionários de São Carlos, cujos primeiros membros chegaram ao Brasil no ano seguinte.

As intervenções de Scalabrini na sua época foram importantes para criar uma nova compreensão do problema das migrações e dos migrantes. Segundo ele, *para o migrante a pátria é a terra que lhe dá o pão*, ampliando, assim, a concepção de nacionalidade, exatamente num momento em que se procurava afirmá-la com a criação de um Estado Nacional na Itália, cuja reunificação só viria a acontecer em 1870.

Porém, somente mais tarde, em 1952, a Igreja se manifestava oficialmente sobre o problema, lançando a encíclica *Exul Familia*, de Pio XII, a qual explicitava a preocupação da Igreja com o grupo familiar no processo migratório. Em 1969, Paulo VI lançou o documento *Pastoralis Migratorum Cura*, com objetivo de fomentar a pastoral dos migrantes em toda a Igreja. Em 1978, foi criada a Pontifícia Comissão pela Pastoral das Migrações e Turismo, *Chiesa e Mobilità Umana*. No Brasil, em 1969, a Congregação Scalabriniana criava o Centro de Estudos Migratórios, com a finalidade de estudar o fenômeno das migrações no país, sobretudo o êxodo rural que atingia o ápice na década de 1970. Anos mais tarde, em 1985, surgiria o Serviço Pastoral dos Migrantes (SPM), vinculado à Pasto-

---

[10] Pelas cartas escritas pelos imigrantes italianos a seus familiares, é possível ter idéia das desventuras vividas por eles no Brasil. Giovanni Polese, em uma de suas cartas, diz: "Altro che aviamo de bruto, non aviamo divertimenti, ne osterie, ne cese [igreja], ne preti, e piú male di non avere il dotore da vecino". Um outro, Donato Zambon, em carta enviada ao comprade, ressalta o desejo de regressar à sua terra natal para reencontrar suas tradições religiosas. Ele diz: "Di piú fo noto Che si l'altissimo Dio mi darà un po' di fortuna, quando sara un pochi di anni, torno nella mia patria, solo perché desidero di ritornare onde Che fa costume la religione Cattolica; qui si va allá Messa chiare volte, perché la strada è molto lunga e faticosa". Pede ainda que seu compadre mande rezar três missas por sua intenção, e que depois enviaria pelo correio o dinheiro correspondente (Franzina, E., 1980:160, 167, 169).

ral Social da CNBB. A proposta dessa entidade é dinamizar e estimular a organização dos migrantes, em busca de uma sociedade justa e solidária, aberta às diferenças culturais. Hoje, esse organismo, além de coordenar e divulgar o Dia do Migrante no mês de junho, apóia as iniciativas que objetivam mudanças sociopolíticas, como a exigência de reforma agrária, apoio a projetos comunitários que visam melhorar a qualidade de vida dos migrantes, como a construção de poços comunitários na Paraíba, a defesa dos direitos trabalhistas dos migrantes sazonais que trabalham no corte da cana no interior paulista, a reivindicação de legislação imigratória compatível com os processos de integração regional, entre outros. Vale lembrar, porém, que esse trabalho é feito em diálogo com organizações não-governamentais e igrejas de outras denominações.

O trabalho com os latino-americanos surge, portanto, ancorado numa preocupação maior da Igreja em acolher novos grupos de (i)migrantes, envolvendo-os na luta por seus direitos.[11] Nesse sentido, a pastoral dos latino-americanos de São Paulo, iniciada pelos missionários scalabrinianos no final dos anos 70, na igreja Nossa Senhora da Paz (Glicério), tem como objetivos gerais criar espaços para celebração das várias dimensões da fé dos imigrantes, resgatando suas culturas específicas em busca da comunhão e participação, bem como a afirmação de sua cidadania (Bettin, 2000:13-16). Assim, a Pastoral oferece assessoria jurídica permanente, encaminhando pedidos de documentação, resolvendo problemas trabalhistas, familiares, entre outros. Importa ressaltar ainda as redes de solidariedade existentes entre os imigrantes, oferecendo acolhida a quem mais precisa, como foi o caso de duas crianças chilenas órfãs, as quais permaneceram por vários meses na casa de uma compatriota.

Se, por um lado, a Igreja abre este espaço aos vários grupos de imigrantes, com base em seus objetivos de evangelização e aglutinação do "rebanho", por outro, cada grupo procura disputar o próprio lugar, em busca da veiculação e recriação de suas identidades. Foi assim que, no início dos anos 90, se observou o começo da participação dos bolivianos nas

---

[11] No dia 6 de dezembro de 2001, o Serviço Pastoral dos Migrantes recebeu o Prêmio USP de Direitos Humanos, em reconhecimento pelo trabalho que a instituição vem realizando na defesa dos Direitos Humanos no Brasil, particularmente dos migrantes.

atividades da Pastoral e um declínio, ainda que conjuntural, dos chilenos, grupo majoritário até então e detentor da coordenação dos trabalhos realizados naquele espaço eclesial.

Isso se deveu ao fato de que, em 1992, com a eleição de um coordenador para cada grupo que integra a Pastoral, ocorreu uma nova configuração de forças dentro da sua coordenação, uma vez que os bolivianos passaram a reivindicar mais espaço e participação nas decisões. Foi nesse contexto que ocorreu um fato significativo, a realização da primeira festa de Nossa Senhora de Copacabana no espaço da Pastoral, no dia 5 de agosto de 1995, a partir da instituição de um festeiro. Desde então, a realização de festas "nacionais" assumiria conotações de disputa de espaços políticos e, ao mesmo tempo, de afirmação de identidade.

Estimulados pelos bolivianos, os chilenos também tomaram iniciativa de realizar a festa de sua padroeira, a Virgen del Carmen, em 1996, seguindo os moldes da festa boliviana, com danças folclóricas no interior e exterior do templo, e a realização de novenários (nove semanas antes da festa). Durante a festa ocorre também a mudança do manto da imagem, o qual é trocado durante a missa, no momento do ofertório, e procissão com imagens da Virgem – a oficial (que permanece na capela durante todo o ano) e a peregrina (que visita as famílias) – até o salão de festas que, a partir de 2000, passou a ser delimitado por grande toldo contíguo ao templo. Porém, o que diferencia essa festa das bolivianas é a ausência da instituição dos festeiros. No caso, um grupo se encarrega de organizá-la, patrocinando um jantar para arrecadar fundos dois meses antes da sua realização.

Outro marco importante para a comunidade chilena foi a inauguração da capela da Virgem do Carmo em 1997, no interior da igreja Nossa Senhora da Paz. Na ocasião, a imagem da santa recebeu pela primeira vez um manto pintado com a flor que representa a nação chilena: *el copihue*. Em 1998, com a vinda de um padre Marcos, que trabalha no santuário da Virgen de la Tirana (norte do Chile), a festa ganhou expressão maior. Vale notar dois fatos significativos na edição desse ano, que revelam o quanto os símbolos polissêmicos presentes na festa podem dar lugar a diferentes interpretações. O primeiro se deu no início da missa, quando a imagem, transportada para um altar de destaque no interior do templo, se desprendeu do seu andor e caiu no chão, rompendo apenas a base de gesso. Diante do imponderável, o padre chileno aproveitou o momento para fazer a sua interpretação, dizendo que a Virgem teve a mesma experiência dos migrantes, uma vez que eles tropeçam, caem e se levantam várias vezes em suas trajetórias de vida. O outro fato foi a presença de um grupo folclórico boliviano, o Kantuta, que apresentou algumas danças folclóricas, entre elas a *diablada* e os *caporales*, também apresentadas pelo grupo chileno Quinchamalí. O fato provocou as mais variadas reações entre os bolivianos, porque, segundo eles, essas danças são originárias da Bolívia, sendo, no primeiro caso, da região das minas (Oruro), e no segundo, de Los Yungas (região próxima a La Paz), e que, portanto, os chilenos estariam "roubando" seu folclore.

Se, por um lado, os bolivianos têm razão quanto à origem de tais tradições, por outro, não nos podemos esquecer que a região onde hoje está o santuário da Virgem de La Tirana pertencia ao antigo Vice-Reino do Peru. Trata-se, portanto, do que se poderia chamar, segundo Franz Boas, de área cultural mais ampla, em que os limites políticos não contam, uma vez que devotos bolivianos e peruanos, entre outros, cruzam as fronteiras todos os anos para participar dessa festa no mês de julho.[12] Por outro lado, há que se mencionar ainda o fato de que a Virgem do Carmo é também a padroeira de La Paz, devendo, portanto, ser festejada igualmente pelos pacenhos. Porém, não é o que se observa. Ao contrário, a festa se reveste de forte conotação nacionalista, posto que a Virgem do Carmo é a padroeira do Chile. Um outro detalhe observado em 1999, que comprova a per-

---

[12] Outro exemplo no contexto andino é a festa de Nossa Senhora do Carmo em Paucartambo, Cusco (Peru). Toda a responsabilidade da organização da festa recai em *el prioste*, cargo maior dela, e os *fundadores (karguyuq)* das danças, que se encarregam de pagar a alimentação e a bebida dos dançarinos de seus grupos. No entanto, compete ao festeiro maior, em geral pertencente a famílias abastadas do local, assumir a maior parte dos gastos, como prover alimentação, bebida e transporte, entre outras coisas, para os vários dias de festas. Na festa também é acionado um sistema de cooperação mútua similar ao encontrado no contexto boliviano, em que o festeiro pede colaboração a outras pessoas da comunidade, denominado de *jurka*. Além da população local, dela participam os migrantes, que todos os anos regressam para tomar parte da festa. Assim, também aqui o processo migratório não significa ruptura, já que os vínculos com a comunidade são mantidos e recriados anualmente por meio da festa (Koch, 1998:150-5).

meabilidade das fronteiras culturais, foi a presença de um pequeno prato com terra colocado num compartimento de madeira sobre o qual repousa a imagem da Virgem do Carmo, revelando associações com o culto à *Pachamama*, que talvez estejam presentes também entre os devotos de La Tirana em São Paulo, ainda que de forma velada.

Entretanto, como não poderia deixar de ser, diante das iniciativas de bolivianos e chilenos, os paraguaios também se mobilizaram, e a capela da Virgen de Caacupe, padroeira nacional, foi inaugurada em 1998, embora este fosse o primeiro grupo a introduzir a imagem de sua padroeira na igreja Nossa Senhora da Paz, em dezembro de 1991. Realizada nos dias que se aproximam ao dia 8 de dezembro, festa da Imaculada Conceição no hagiológico católico, a festa vem ganhando relevância no espaço da Pastoral, sobretudo a partir do momento em que se estimulou a realização dos novenários nas famílias. Vale notar que os paraguaios constituem o único grupo de imigrantes a receber a visita de um bispo anualmente e a organizar um grupo folclórico, El Renacer, com integrantes de outras nacionalidades pertencentes à Pastoral.

Assim como os paraguaios, os peruanos, um dos grupos que passaram a integrar a Pastoral mais recentemente, também se organizaram e construíram sua capelinha na mencionada igreja, transformando, assim, este templo num santuário latino-americano e, particularmente, de devoções marianas. Entretanto, entre os imigrantes peruanos a devoção predominante não é a mariana, mas a do Señor de los Milagros.[13] A primeira festa em louvor a esse santo realizada por eles no local foi celebrada no dia 31 de outubro de 1999. Além dessa devoção, outras duas são evocadas: San Martín de Porres, o mesmo festejado pelos bolivianos em São Paulo, e Santa Rosa de Lima, primeira santa latino-americana declarada pela Igreja.

Vale notar ainda que, a partir de 2001, peruanos e paraguaios adotaram o mesmo esquema de novenários seguidos pelos bolivianos, ou seja, com temática específica para a reflexão, cantos e orações ao santo de sua devoção.

---

[13] Entretanto, no dia 27 de abril de 2003, uma imagem da Virgen de Chapí (padroeira de Arequipa) foi entronizada na capela dos santos peruanos, aumentando, assim, o número de invocações à Virgem Maria na igreja Nossa Senhora da Paz.

Entre os paraguaios, às vezes, a novena acontece junto com a celebração da missa, em alguma residência, onde são partilhadas entre os participantes alguma comida e bebida típicas. Em geral, as novenas acontecem aos sábados à noite, de acordo com a disponibilidade dos assistentes.

A dinâmica desse processo de manifestações religiosas e culturais no espaço da Pastoral dos Migrantes revela que ele passou a ser um lugar de veiculação e (re)construção de identidades, não só para os latino-americanos, mas também para outros fiéis que freqüentam a paróquia local. Vale lembrar que este espaço eclesial é utilizado também pelos imigrantes italianos, os construtores da Igreja Nossa Senhora da Paz na década de 1940. Eles foram os primeiros a freqüentar a paróquia, desde que o bairro do Glicério, onde está edificada a igreja, era um bairro italiano. Hoje eles retornam pelo menos uma vez ao mês para uma missa celebrada em italiano ou para participar de outras festividades. A cada celebração mensal, uma associação ligada a alguma região italiana assume a responsabilidade de preparar um lanche após a missa, o qual é animado também com música típica da região. Importa ressaltar que o aumento da presença latino-americana neste espaço "italiano" fez que esses pioneiros imigrantes aumentassem também sua participação em alguns eventos comuns, como é a caso da Festa Internacional dos Migrantes, pois, segundo alguns deles, poderiam perder tal espaço. Vale lembrar ainda que a igreja foi freqüentada pelos coreanos na década de 1960, quando viviam na "Vila Coreana", situada na Rua Conde de Sarzedas, de onde iniciaram sua inserção no ramo das confecções em São Paulo.

No caso dos brasileiros, um processo de afirmação identitária semelhante ao encontrado entre os imigrantes também ocorre na igreja Nossa Senhora da Paz. Exemplo disso foi a realização da festa de Nossa Senhora Aparecida no dia 12 de outubro de 1999, com a veiculação de alguns símbolos nacionais, como o hino pátrio, a bandeira e o mapa do país, elementos não observados anteriormente. Na festa de 2000, a imagem da santa também foi levada até o salão de festa, o que representa fato novo nesse contexto, pois para a Igreja os limites entre o sagrado e o profano parecem estar mais delineados. Assim, a presença do "outro" fez emergir em "nós", brasileiros, a necessidade de reafirmar quem somos.

Entretanto, a afirmação de uma identidade nacional não anula as especificidades e formas de ser próprias de cada região, nem no caso do Brasil, nem de outros países de onde provêm os imigrantes que freqüentam a paróquia. Um exemplo disso é a realização de uma missa, com música, trajes e linguajar próprios dos pampas, denominada pelos gaúchos de *missa crioula*. Essa celebração acontece uma vez por ano na igreja Nossa Senhora da Paz, sendo servido um churrasco ao som de música e danças típicas dessa região do país. Além de ser uma manifestação cultural e religiosa, a festa tem caráter beneficiente, pois seu ganho é revertido para as obras sociais da Casa do Migrante.

Estimulado pelos gaúchos, um grupo de pessoas da paróquia local teve a iniciativa de realizar uma missa *caipira*, com música, trajes e símbolos que retratassem o universo rural paulista, já totalmente transformado pelo avanço do processo de modernização. A missa é realizada no mês de junho, no contexto das festas juninas, no qual são veiculados alguns elementos que procuram retratar a cultura *caipira*, como o chapéu de palha, a roupa feita de tecido xadrez, a dança da quadrilha, a batata-doce, o quentão, a pipoca, a canjica, o milho verde, entre outros. Entretanto, vale lembrar que tais práticas culturais não são exclusivas do contexto paulista, e são encontradas também em outras regiões do Brasil.

Essa variedade de formas de celebrar a missa evidencia, por um lado, que práticas culturais próprias do meio rural brasileiro são recriadas na metrópole e, por outro, que a brasilidade tem várias formas de se manifestar, num país marcado por acentuadas diferenças regionais, sociais e culturais, mas que se veste de verde e amarelo, pelo menos de quatro em quatro anos, quando a seleção brasileira de futebol entra em campo para "defender" a nação. Isto é precisamente o que ocorre também com as festas dos imigrantes no espaço da Pastoral, já que cada uma delas, sendo ocasião de afirmação de uma identidade "nacional" entre os imigrantes, nem por isso deixa de permitir que, em diferentes contextos, mesmo festivos, outros elementos contrastivos sejam mobilizados para a afirmação de outras identificações locais e regionais.

3. A Pastoral do Migrante e as formas de devoção popular

Nascida nos anos 70 do século passado em meio à efervescência das lutas populares pela terra, moradia, saúde, salário justo, entre outras, a Pastoral dos Migrantes tem-se caracterizado como espaço de manifestação das várias formas de expressões da chamada "piedade popular" ou "catolicismo rústico".[14] Seja nesse momento de crescente politização dos discursos veiculados nas práticas religiosas das Comunidades Eclesiais de Base, ou no atual momento de redefinição dessa forma de ser igreja no Brasil, a Pastoral do Migrante tem dado atenção particularizada às práticas religiosas e culturais recriadas pelos migrantes que vêm do interior do Brasil para os grandes centros urbanos, onde a maioria tem fixado moradia, a partir dos anos 50.

Assim sendo, essa Pastoral tem enfatizado sobretudo as práticas que sugerem a idéia de caminhada, de mudança, de conquista da utopia da "terra prometida", onde a cidadania seria exercida por todos e para todos. Nesse sentido, a valorização das romarias, caminhadas, procissões e novenas tem ocupado lugar de destaque nessa Pastoral voltada para a questão da mobilidade humana, politizando-as de acordo com as diretrizes das Conferências de Medellín e Puebla, as quais delineiam um modelo de Igreja voltada para as questões sociais, exigindo dos seus seguidores compromisso político com as transformações das estruturas que produzem a pobreza e a dominação. Toda esta "mística da caminhada", como a definem os próprios militantes, tem sido veiculada no farto material produzido pela própria Pastoral, como camisetas, livretos, panfletos e cartazes da Semana do Migrante, cuja temática de cada ano está relacionada à Campanha da Fraternidade, organizada pela Conferência Nacional dos Bispos do Brasil

---

[14] Analisando as expressões do catolicismo rústico no Contestado, Duglas Teixeira Monteiro afirma que este catolicismo apresenta uma particularidade que é "uma impregnação religiosa da vida cotidiana". Nesse sentido, segundo o mesmo autor, "inexistiria nele uma demarcação nítida entre os fenômenos da natureza, da sociedade e do sobrenatural – a concepção rústica do mundo seria cosmicizante" (Monteiro, 1974:84).

no período da quaresma. Vale lembrar que a campanha de 1980 abordou exclusivamente o tema da migração no Brasil, com o lema: *Para onde vais?*

Outra forma de veiculação do ideário desta prática pastoral são os cantos e canções elaborados por pessoas envolvidas com as diversas lutas sociais no Brasil. Entre elas, temos canções populares de autores consagrados, como Luís Gonzaga, Mílton Nascimento, Cazuza, Gonzaguinha, entre outros, as quais são incorporadas no repertório das celebrações e encontros, porque elas traduzem os ideais de luta defendidos por esses militantes. Nelas são expressas as agruras e a melancolia do povo retirante diante do problema da seca, em canções como a consagrada *Asa Branca* de Luís Gonzaga, a qual diz: "Quando olhei a terra ardendo qual fogueira de São João, eu perguntei a Deus do céu, ai, por que tamanha judiação". Ou ainda no canto do mandacaru: "Na terra seca não tinha suor, nem lágrimas saem dos olhos que sentem dor. Tamanho verão o céu prometeu, não há quem resista a tão grande calor. Só mandacaru. Só mandacaru. Só mandacaru, resistiu tanta dor".

Outras canções expressam o estranhamento do migrante na própria pátria, onde não se reconhece como cidadão brasileiro: "Eu venho de longe, eu sou do sertão. Sou Pedro, sou Paulo, Maria e João. Eu sou brasileiro, mas sou estrangeiro. Lutei pela pátria e ganhei cativeiro". Outras, porém, veiculam a esperança de um novo país, com a terra dividida e pão em todas as mesas, como o canto *Ordem e progresso*: "A ordem é ninguém passar fome, progresso é o povo feliz, A Reforma Agrária é a volta do agricultor à raiz".

Assim, se por um lado as canções traduzem os sofrimentos e sonhos de todos os migrantes de origem rural, por outro, cada grupo tem suas devoções e festas específicas, que traduzem num outro contexto o sonho da abundância e alegria próprias das sociedades camponesas, nas quais o desperdício não significa incúria, mas é sobretudo *um dos aspectos da festa permanente* (Monteiro, 1974:15). No caso dos migrantes oriundos do Nordeste brasileiro, é comum observar um destaque aos santos da devoção popular como Santo Antônio e São João. Marilda Menezes e outros pesquisadores constataram que, nas vésperas dos festejos de São João em

Campina Grande (Paraíba), chegavam à cidade cerca de dez ônibus por dia procedentes de São Paulo e Rio de Janeiro. São os migrantes que retornam anualmente para a festa do santo, como forma de resistir à descaracterização da sua cultura nos grandes centros urbanos. Lá eles se reencontram com suas raízes culturais, com a fartura propiciada pelo milho verde, com os amigos e parentes e com a alegria que toma conta de todos nos vários dias de festas (Menezes, 1990:9-12).

Outra devoção muito difundida é do Padre Cícero de Juazeiro do Norte (Ceará), chamado carinhosamente por eles de *Padim Ciço*. Embora sua santidade não tenha sido reconhecida pela Igreja Católica, para o povo, no entanto, ele é um santo que os protege nas longas e intermináveis peregrinações em busca de trabalho e vida melhor por este Brasil afora. Além das devoções já conhecidas e consagradas pela piedade popular, temos também a introdução de outras novas, criadas pela própria Pastoral dos Migrantes, como é o caso da invocação à Nossa Senhora dos Seringueiros, ou ainda de Nossa Senhora Mãe do Nordeste, em cuja representação a Virgem se identifica com uma mulher trabalhadora dessa região do país, caminhando na caatinga com um balde de água na cabeça e acompanhada de uma criança.

É nesse contexto de dispersão que deve ser entendido o acolhimento da Pastoral aos imigrantes latino-americanos, bem como suas devoções e suas festas, uma vez que vivem uma situação diferenciada da enfrentada pelos migrantes internos. Como já apontamos, a devoção predominante é a mariana, nas suas diferentes advocações, com raras exceções, como é o caso dos peruanos, cuja devoção é mais cristocêntrica, pelo menos entre os oriundos de Lima. Não é por acaso que todas essas devoções tenham encontrado espaço para suas manifestações exatamente num templo dedicado à Virgem Maria, Nossa Senhora da Paz, onde cada (i)migrante pode sentir um pouco do amparo materno, com o qual já não pode mais contar, da solidariedade rompida e reconstruída nas suas itinerâncias, das cores, sabores, sons e ritmos recriados nas festas organizadas por eles.

Todos esses sentimentos são expressos também nos cantos religiosos, muitos deles compostos por autores bolivianos que vivem em São Paulo, os quais procuram manifestar as rupturas propiciadas pelo processo migratório, como um canto à Virgem de Urkupiña, cantado em todas as suas novenas: "Crucé fronteras para llegar a estas tierras lejanas, abandoné a mi madre, abandoné a mi pueblo. Virgencita de Urkupiña ilumina la luz de nuestros días, danos la fuerza para llevar, para llevar esta vida". Em outros, porém, os sentimentos de pequenez e de estar em falta com a Virgem Mãe são explicitados nos hinos de pedido de perdão à Virgem e não a Cristo, a quem se deve implorar misericórdia, segundo a teologia cristã. Tal concepção religiosa assim se expressa: "Madrecita de Urkupiña perdona todas mis culpas, perdoname mis pecados, mi Virgencita Divina. Desde tierra lejana te pedimos, Virgencita, nos ayudes y nos cuides, nos salves de todo el mal". O mesmo pedido é feito também à Virgem de Copacabana neste canto: "Le pido a mi madre, Virgen de Copacabana, le pido me cuide, me perdone y me bendiga".

A saudade da terra natal e o sentimento de abandono são expressos em canções como *Añoranzas,* de Pepe Bitancur, a qual diz: "El indio con su cargamento toca su quena y su lamento, sus notas trayen con el viento su caminar y sufrimiento. A mi patria boliviana yo quiero volver mañana, a quejarme a mi mama, Virgen de Copacabana".

Porém, hinos como *A Vuestros Piés Madre* expressam ainda mais as agruras vividas no cotidiano e a busca do amparo maternal e terno da Virgem, uma das poucas mediações possíveis com a qual pode contar quem vive no dia-a-dia situações de solidão e culpa, sentimentos incutidos pela própria Igreja no seu processo de evangelização. Tudo isso assim se traduz: "A vuestros piés madre llega un infeliz, cercado de angustias y de penas mil. Escuchad, benigna bella Abigail, sus graves delitos, su pena y sentir. Con mis graves culpas a Dios ofendí. Oh! Qué desventura, Oh! Qué frenesí. Mas qué madre mía, me pesa ay de mí, lo confiesso y lloro cual otro David. En tanta desgracia no es dable vivir, suplico señora, doleos de mi. A quién dulce madre podrán acudir vuestros tristes hijos, a quién sino a tí?".

A festa é, portanto, um dos lugares privilegiados desse encontro anual dos imigrantes bolivianos com a Virgem Mãe, numa pátria estrangeira, já que, apesar das dificuldades enfrentadas por eles, o Brasil é a terra que possibilita acalentar sonhos de possível mobilidade econômica e social.

No entanto, para que os festejos aconteçam no espaço eclesial, é preciso negociar alguns parâmetros para sua realização. É o que veremos a seguir.

4. DAS REGRAS DO JOGO

A regulamentação do espaço da Pastoral para realização das festas bolivianas se deu em 1996, com a segunda visita dos missionários bolivianos a São Paulo, e a primeira de um bispo boliviano, monsenhor Toribio Ticona. Nesse momento, foram estabelecidas normas para realização dos *presteríos* no espaço da Pastoral. Entre elas, destaca-se a necessidade de o casal de festeiros estar casado pelo civil e pelo religioso[15] e participar por dois anos nas atividades da Pastoral.[16] O último requisito conflita com uma forma própria de viver a fé dos imigrantes, para os quais a obrigação de freqüentar a igreja não é uma prática arraigada, uma vez que, para eles, o mais importante são as práticas devocionais e festivas realizadas ocasionalmente, e não a prática sacramental expressa na freqüência à missa e à comunhão eucarística. Como justificou o professor Gonzalo Cárdenas: "Tenemos una fe profunda. No siempre hay que ir al templo. Tenemos un templo acá adentro".

Ante tal regulamentação, as opiniões se dividem, sobretudo no que diz respeito à obrigação de estar casado pela igreja. As reações a tal requisito são as mais variadas, e, em alguns casos, até contundentes. Contudo, a maioria manifestou sua discordância em relação a ele. Um *ex-pasante* da Virgem de Urkupiña, que na época da sua festa, 1995, não estava casado

---

[15] Vale citar o exemplo do *pasante* da Virgem de Copacabana de 1999, o qual recebeu o sacramento do matrimônio dezoito anos depois do casamento civil e dois meses antes da realização da sua festa. Para ele, "foi a Virgem que quis assim", posto que, se não tivesse sido escolhido para organizar a festa, também não se teria casado no religioso.

[16] Nos estudos sobre a festa do Espírito Santo em Mossâmedes, Carlos Rodrigues Brandão constatou a existência de um "código de candidatura", elaborado pelos eclesiásticos para os que queriam organizar a festa. Entre as várias normas, destacam-se: "Ser pessoa que freqüente a igreja, pelo menos na missa de Natal, durante a Semana Santa e nas cerimônias da Festa do Divino; não freqüentar o centro espírita; ser generoso". Segundo o mesmo autor, a condição econômica do candidato também era um requisito importante, embora não fosse explicitada (Brandão, C. R., 1985:187-8).

pelo religioso com a sua esposa, afirmou categoricamente: "La Virgen no programa sus pasantes, no! La Virgen acepta a las personas que son voluntarias en el momento, sea cuál sea su color, su religión. No importa, el importante es que en el momento está aceptando, está se manifestando con una reponsabilidad de asumir para pasar" (25/6/2001). Outra *ex-pasante* da Virgem de Copacabana, que também foi coordenadora do grupo boliviano na Pastoral, assim opinou: "Como voy a hechar piedra en los demás? Pero, para mí, el que tiene fe, tiene que pasar. Ha habido las prostitutas en la Bíblia. ¿Como la gente va a tirar las piedras en las personas y obrigarlas a casarse también?" (20/5/2001).

A mesma reação contrária a este requisito pode ser encontrada entre os que ainda não foram *pasantes* no espaço da Pastoral, ou que não participam das suas atividades.

Outra medida foi o interdito sugerido pelo padre boliviano Walter Sánchez, em relação à presença da imagem da santa no salão de festas. Nas edições de 1996 (Copacabana e Urkupiña), o altar foi preparado para a Virgem, porém permaneceu vazio, e sua imagem só foi introduzida no salão, carregada pelos *pasantes* egressos e pelos entrantes, depois do ritual da entrega dos encargos da festa.[17] Depois de percorrer o local, ela foi reconduzida à sua capela inaugurada, nesse mesmo ano, situada dentro da igreja Nossa Senhora da Paz, A *pasante* desse ano, Norma, assim se manifestou a esse respeito: "Es una cosa que para nosotros siempre hacemos la fiesta para la Virgen, un pretexto para divertirnos. Entonces es la fiesta para la Virgen, tiene que estar presente, porque hacemos la festividad para ella, nuestra crendice hacemos con que estamos todos, con nuestros coetillos y todas esas cosas. La fiesta no es para los pasantes, ni para los padrinos, ni para las autoridades que están allá, es para la santa. En todo lugar allá en las fiestas que yo fue, está en primer plano, la Virgen hace parte" (23/7/2001).

No ano seguinte, o interdito foi ignorado, e a imagem da Virgem foi conduzida para o lugar da festa, já não mais o salão paroquial, cujo espaço

---

[17] Este ritual consiste em entregar o encargo da festa ao futuro festeiro, no qual se inclui a dança da *cueca* (dança tradicional boliviana) e o ato de brindar, em geral com cerveja.

se tornara pequeno, mas para o pátio da igreja, que foi coberto com uma grande lona plástica. Porém, uma solução intermediária foi encontrada pelo padre Beto, coordenador da Pastoral na época, ou seja, à meia-noite a Virgem deveria ser recolhida, prenunciando, assim, o final dos festejos. Tal preocupação revela, na verdade, que para a Igreja os limites entre o sagrado e o profano estão bem demarcados, e que sua tolerância em relação à convivência dessas duas esferas também tem os seus limites.

Outros pontos de tensão têm sido a atenção especial oferecida aos padrinhos da festa e a atribuição de papéis durante a organização dos festejos. Com relação ao primeiro, a origem da polêmica deve-se ao fato de que para aqueles está reservado lugar de destaque, com mesas adornadas de forma diferenciada, além do menu especial e de farta bebida. Diante de tal distinção, alguns participantes da Pastoral presentes em uma reunião preparatória reagiram dizendo que era vergonhoso fazer tal separação entre patrões e costureiros, e que esta seria uma das razões pelas quais eles não compareçem a essas festas. Outro sugeriu que essa atenção diferenciada aos colaboradoes da festa, que passam a ser chamados *compadres*, fosse feita na casa do *pasante*, depois da festa. Porém, um dos festeiros defendeu essa tradição, dizendo que é obrigação retribuir a quem colaborara na realização de sua festa. De fato, na lógica da dádiva, o dom deve ser retribuído, e a festa é o cenário agonístico mais apropriado para tanto.

No que diz respeito à atribuição de papéis na organização das festas, a Pastoral elaborou uma lista de encargos, tanto para os coordenadores do grupo perante a Igreja quanto para os *pasantes,* a fim de tornar mais claras as responsabilidades de cada parte envolvida. Compete, portanto, aos coordenadores organizar a estrutura geral do evento; programar todas as reuniões; programar todas as novenas em conjunto com os *pasantes*; preparar o material das novenas junto com padres e seminaristas; montar e desmontar a lona; comprar e vender comidas e bebidas; montar equipe de voluntários para trabalhos de caixa, bar, iluminação e limpeza do local; contratar seguranças; assegurar a presença dos guardas de trânsito para coordenar a procissão; coordenar e prever os horários de apresentação dos grupos folclóricos e o término da festa e, finalmente, zelar pelo bom êxito do evento.

Por seu turno, aos *pasantes* compete: divulgar o evento; decorar a igreja, coordenar a montagem e desmontagem dos arcos e *cargamentos* (carros enfeitados); organizar a procissão; animar a festa, providenciando uma banda ou conjunto musical; decorar com flores a cada mês a capela da Virgem durante o ano que segue; providenciar flores, velas e incenso para os novenários. Os festeiros terão direito também a trinta mesas para seus convidados e algumas vagas no estacionamento da igreja.

A instituição de tais normas provocou acaloradas discussões entre o *pasante* da Virgem de Copacabana de 1999 e os coordenadores da Pastoral, uma vez que ele as entendeu como ingerência da igreja na organização da sua festa, condicionando, assim, o seu poder de decisão. Surge, portanto, uma situação nova, ou seja, a disputa para impor um "modelo de festa" que atenda ao mesmo tempo aos interesses da instituição eclesial e os seus protagonistas, os festeiros.

Porém, o que mais causou divergência entre este *pasante* e a Pastoral foi a questão da indicação do festeiro de 2000, uma vez que o indicado pelo *pasante* de 1998 renunciou dias depois da sua escolha, deixando o cargo vago até as vésperas da festa de 1999, momento em que a discusão veio à tona nas reuniões da Pastoral. Vale lembrar que tanto na Bolívia quanto em São Paulo é praxe escolher os festeiros sempre com dois anos de antecipação, para que estes tenham tempo suficiente para preparar a festa, porém com a diferença de que, em São Paulo, os festeiros são indicados com a anuência da Pastoral.

Para os devotos em geral, quando alguém é escolhido para realizar a festa não deveria renunciar, porque, segundo eles, é a vontade da Virgem que não estaria sendo respeitada e, portanto, algo de mal poderia acontecer na vida dessas pessoas. Para a *ex-pasante* da Virgem de Copacabana de 1999, aceitar ou não a indicação "depende de la fe de la persona". E acrescenta: "En Bolivia mayormente se nombra en el momento de la fiesta, no se les avisa con antecipación. Entonces ahí se ve la reacción de la persona, porque nosotros los bolivianos tenemos miedo de nuestras santas. Tenemos respeto y miedo porque sabemos que un día, decían nuestros antepasados, va a castigar" (13/7/2001).

Félix, outro *ex-pasante* da Virgem de Urkupiña de 1995, argumentou que, quando o festeiro renuncia, a igreja assume o encargo da festa. Para ele "la iglesia pasa la fiesta, porque es una celebración. Este año no se pasará, pero al año habrá. No veo que la Virgen haya tenido alguna vez un abandono, es muy difícil. Eso puede acontecer en último caso. Pero yo nunca he visto un abandono" (25/6/2001).

O vazio deixado pela renúncia do *pasante* 2000 propiciou uma discussão da maior relevância, isto porque, segundo as regras da Pastoral, é da competência do festeiro que organiza a festa indicar o seu sucessor, não para o ano seguinte, mas para o posterior, obedecendo, assim, a regra dos dois anos. Entretanto, o *pasante* de 1999 entendeu que a indicação do festeiro para o ano 2000 seria de sua competência, como acontece na Bolívia, e passou a reivindicá-la, apresentando como candidato seu padrinho de casamento, oriundo de La Paz e dono de uma confecção. Contrapondo-se ao seu desejo, a Pastoral sugeriu que, por ocasião do ano jubilar, fosse dada oportunidade de passar a festa a um grupo de pessoas que sempre participaram dela e que, por razões econômicas ou por não constituírem casais, não tinham tido ainda tal privilégio. Tal sugestão foi feita por Monsenhor Castillo, bispo boliviano que visitava os compatriotas por ocasião da festa da Virgem de 1998, quando sucedeu o fato. Segundo ele, para o ano 2000 se deveria dar um novo sentido a estas práticas, ou seja, "mais espiritual e pastoral".

Diante desse impasse, as opiniões se dividiram. Em uma das reuniões, o *pasante* de 1999, procurando fazer valer o direito de indicar o sucessor, argumentava dizendo que esta seria uma oportunidade para abrir o espaço das festas a outras pessoas que não participam delas. Para uma devota, quando alguém se oferece para *pasar* a festa, não deve ser recusado, pois é a vontade da Virgem que está sendo expressa, e portanto, deve ser cumprida. Para outros, o candidato apresentado, oriundo de La Paz, era, portanto, conhecedor das tradições *paceñas*. Além disso, ele era *oficinista*, podendo, assim, reunir grande número de costureiros. Porém, para a maioria dos devotos, a condição primeira para realizar a festa é a devoção à Virgem, deixando entrever que a instituição do *presterío* é autônoma e que os requisitos apresentados pela Pastoral eram restritivos.

Por seu turno, o padre coordenador justificou a proposta da Pastoral lembrando que ela estipulara algumas normas para "facilitar a caminhada do grupo, e não para controlar ou excluir alguém", e ressaltou que tais normas foram aprovadas em conjunto com a igreja boliviana – representada por alguns missionários em 1996 – e os coordenadores do grupo boliviano na Pastoral. E acrescentou que a festa do ano 2000 teria significado especial, uma vez que se inseriria dentro das celebrações do Ano Jubilar proposto pela Igreja. Seria, portanto, uma oportunidade para retribuir a quem sempre participa e trabalha de forma generosa na Pastoral.

Com base nessa perspectiva, Norma, ex-*pasante* da Virgem de Urkupiña, fez a proposta de que seria um gesto bonito oferecer a possibilidade de passar a festa às mulheres que trabalham na Pastoral há vários anos. Tal proposta foi acolhida pela maioria, uma vez que se enquadrava na proposta oficial. Ante a reação do grupo, e num gesto liminar de não querer abrir mão de suas prerrogativas, o autor da proposta contrária manifestou-se e indicou o casal de coordenadores dos bolivianos como organizadores da festa do ano 2000. Imediatamente o padre coordenador interveio dizendo que esse casal deveria ser assessorado pelo grupo de mulheres mencionado na proposta anterior. Resolvido o impasse, foi feita votação simbólica para legitimar a tão discutida proposta, sendo confirmada por todos os presentes. Essas tensões não deixaram, porém, de ter desdobramentos no interior da própria festa, como se verá a seguir, evidenciando que nem sempre coincidem os motivos religiosos dos que fazem a festa e dos que propiciam a sua realização.[18]

---

[18] Os desdobramentos dessas tensões serão retomados no Capítulo 4 deste trabalho.

Capítulo 2
OS IMIGRANTES BOLIVIANOS E SEU CICLO DE FESTAS

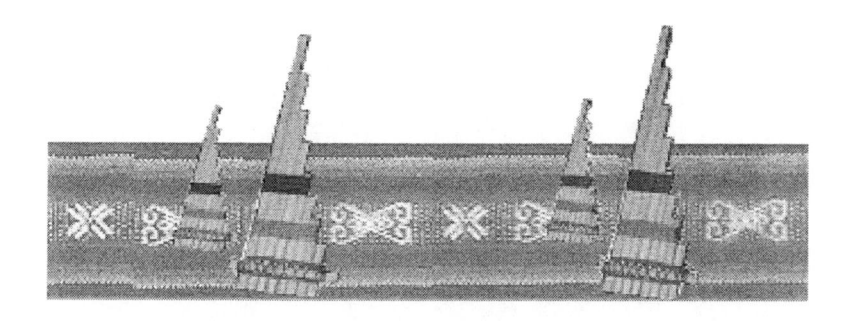

1. As festas marianas e o seu contexto

> Virgencita de Urkupiña
> ilumina la luz de nuestros días.
> Danos la fuerza para llevar,
> para llevar, para llevar esta vida.
>
> Cantemos, cantemos,
> con mucha devoción,
> cantemos, cantemos.
> con nuestro corazón.
> CANTO À VIRGEM DE URKUPIÑA,
> José Bolivia

TIDO POR ALGUNS como mês "perigoso", capaz de reservar surpresas desagradáveis, o mês de agosto apresenta-se a cada ano para os imigrantes bolivianos em São Paulo como nova possibilidade de recriação de suas práticas socioculturais e religiosas. É neste mês, início de novo ciclo agrícola na Bolívia[1] e em São Paulo marcado pelo ritmo acelerado de trabalho nas oficinas de costura, que se concentra o ciclo de festas em honra da Virgem Maria, sob as advocações de Copacabana e Urkupiña. A primeira, da padroeira nacional, é a festa que deveria congregar filhos e filhas dispersos na metrópole paulistana, e a segunda, da

---

[1] É nos primeiros dias do mês de agosto que os camponeses fazem suas oferendas à *Pachamama* por meio das *mesas* rituais, como uma forma de pagamento adiantado pelos frutos que se espera colher da Mãe Terra (Juárez, 1995:240).

padroeira do departamento de Cochabamba, parecia despertar mais o interesse dos imigrantes que vivem na cidade, pelo menos até o ano 2000. Isso porque a Virgem de Urkupiña já era festejada na cidade pelos seus devotos desde 1985, quando houve seu primeiro *presterío*, ao passo que com a de Copacabana só viera acontecer o mesmo a partir de 1995 na Pastoral. Desde 2001, porém, essa realidade parece ter mudado, com a realização da festa da Virgem de Copacabana, a qual extrapolou todos os parâmetros observados até então, como se verá no decorrer deste capítulo. Já perto do final do ano, temos ainda uma outra festa mariana, em honra da Virgem de Cotoca, padroeira de Santa Cruz de la Sierra, celebrada por um grupo de cruzenhos, em caráter privado, numa data próxima ao seu dia, 8 de dezembro.

Se o mês de agosto é o ponto alto das festividades durante o ano, é difícil determinar então seu início, uma vez que existem outras festividades dedicadas a outros santos da devoção popular, como é o caso de San Martín de Porres, festejado no mês de novembro.

Na verdade, o ciclo de festas bolivianas na Pastoral do Migrante inicia-se com o novenário que dá iníco a sua preparação. Diferentemente do novenário feito durante os nove dias que antecedem alguma festividade do catolicismo rústico, na Pastoral ele é realizado de novembro a julho, totalizando, assim, os nove meses que antecedem cada uma. Essa prática foi uma proposta introduzida pela Pastoral do Migrante em 1995. Antes, não havia novenários, mas apenas um encontro que acontecia numa sexta-feira, véspera da festa, na residência do festeiro ou em algum bar da cidade, entre eles Don Roberto, do falecido festeiro Roberto Fernández, no Canindé. Dele participavam os padrinhos e outras pessoas mais próximas do *pasante*. No caso específico do ciclo de festas realizado pela família Trigo, como veremos à frente, também não havia novenários. Segundo o festeiro José Trigo, na verdade o "novenário" realizou-se durante os nove anos em que foram realizadas as festas. Afirma ele: "Nosotros cabalmente hemos llamado novena a estas fiestas que nosotros hacíamos años tras años, y en el décimo año volver a la casa. Pero, no pasó ésto. Siempre no la pedían [festas] a un amigo, porque siempre han sido amigos, nuestros parientes, no podíamos negar" (28/6/2000).

Um marco importante nessas celebrações festivas foi o ano de 1994. Isto porque, nessa ocasião, vieram alguns missionários da Bolívia a São Paulo, para fazer uma visita pastoral a seus compatriotas, e trouxeram uma imagem da Virgem de Copacabana, a qual foi entronizada solenemente na igreja Nossa Senhora da Paz, sede oficial da Pastoral do Imigrante Latino-Americano na cidade.[2] No final da visita, foi escolhido o primeiro *pasante*, Roberto Fernández,[3] que se encarregou de preparar a primeira festa da santa na cidade (1995), a partir de uma organização própria que é a recriação do *presterío* (relativo ao que faz um *préstamo*, isto é, um empréstimo da imagem da santa) ou *pasantazgo* (o que passa a imagem da santa e o encargo da festa para outro festeiro), importando ressaltar que, entre os pacenhos, é mais comum a categoria de *preste*, ao passo que entre os cochabambinos é a de *pasante*. Entretanto, a bem da verdade, o festeiro é um *preste* que se tornará um *pasante*.

Outras duas práticas culturais comuns a todas estas festas são a instituição dos padrinhos e a oferta dos *aynis*. A primeira diz respeito às pessoas que são escolhidas para colaborar com o festeiro na organização da festa. É comum, portanto, escolher padrinhos de orquestra, de banda, de arco, de *cargamento*, de ornamentação da igreja, de troca de manto da Virgem, de fogos de artifício etc. Vale notar que em São Paulo essas pessoas passam a ser chamadas de *compadres*, em razão das relações de troca de dons entre eles. Já a prática cultural do *ayni* refere-se à dádiva/em-

---

[2] Ao todo foram três imagens, uma para São Paulo, uma para Campo Grande (MS) e a outra para Corumbá (MS), lugares onde a Pastoral do Migrante também desenvolve trabalho entre os bolivianos. Além desses lugares, a Virgem de Copacabana é venerada no Rio de Janeiro desde o início do século XVII. Segundo Frei Agostinho de Santa Maria, por volta de 1637 o padre Miguel da Costa trouxe de Portugal uma imagem de Nossa Senhora de Bonsucesso, mas não conseguiu entronizá-la na igreja da Misericórdia, porque o altar estava ocupado pela imagem da Virgem de Copacabana (*Santuário Mariano*, Tomo X, 1723, Livro I, Título II). A Virgem é venerada também em Reriutaba (CE), Passa Quatro (MG) e Pinhalzinho (SP).

[3] Vale notar que, após a sua morte em 1996, devotos da Virgem já não se lembram do dia do seu falecimento, mas asseguram que ele morreu no dia 15 de agosto, dia da Virgem de Urkupiña, deixando entrever que a história virou mito. Todos os anos, no dia 2 de novembro, amigos do falecido e devotos se reúnem em torno do seu túmulo para homenageá-lo com alimentos, orações e cantos.

préstimo, que deverá ser retribuído no momento oportuno ao que ofertou, seja quando ele for escolhido para ser *pasante,* seja quando organizar qualquer outro tipo de festa no âmbito privado. Essa troca de obrigações não gera, entretanto, relações de compadrio.

Com o início do ciclo de festas no espaço da Pastoral, todas as primeiras sextas-feiras de cada mês os devotos se reuniam na igreja Nossa Senhora da Paz, para assistir a uma missa e, em seguida, partilhar alguma comida típica, em geral *salteñas,* bem como para se divertir ao som de ritmos bolivianos e latinos e, ao mesmo tempo, discutir os preparativos da festa.

No ano de 1996, porém, os novenários começaram a ser realizados fora do espaço da Pastoral, começando pelas residências dos *pasantes* e tendo continuidade na de outros devotos que se ofereciam para fazê-lo. O dia escolhido para esses encontros foi o sábado à noite, uma vez que muitos trabalham nesse dia da semana até o meio-dia. Outra novidade introduzida nos novenários foi a reflexão sobre um tema relacionado à vida sociocultural e religiosa dos imigrantes. Para cada encontro é preparada uma folha com um tema específico, abordando uma temática sócio-religiosa e cultural.[4] Vale notar que temas de conotação mais social e política geravam um certo desconforto entre os participantes, sobretudo entre os donos das oficinas de costura, quando era discutida a problemática da exploração da mão-de-obra de seus trabalhadores, ou ainda entre os homens, quando eram abordados temas relacionados às relações de gênero. De modo geral, os temas das novenas giram em torno de uma temática que enfoca o compromisso com a justiça social, seja no âmbito das relações laborais, das leis de migração, do respeito às diferenças, ou ainda nas relações entre compatriotas e integrantes da comunidade latino-americana.

O público que participa desses encontros é diversificado e varia de acordo com a rede de amizades de que cada família organizadora dispõe.

---

[4] Para os novenários de 1998 e 1999, foi preparado um livreto com os temas para os nove encontros, seguindo o modelo adotado pela Pastoral dos Imigrantes da Argentina. Entretanto, em razão dos custos, não foi editado nos anos subseqüentes.

Algumas pessoas fazem questão de receber convite formal do anfitrião do novenário, seja por telefone ou impresso. Em alguns casos, estes convites apresentam um certo requinte, trazendo impresso o nome dos *pasantes* e a estampa da Virgem. Em geral, cada novenário reúne cerca de sessenta a cem pessoas, também de outras nacionalidades. Vale registrar a reação de uma devota chilena presente num destes encontros. Segundo ela, "los bolivianos rezan poco", alusão ao fato de que tais novenas se transformam em momentos festivos, nos quais a bebida farta propicia intensa sociabilidade entre os participantes que partilham a mesma tradição. Isso revela as diferentes formas de se expressar a fé entre os diversos grupos de imigrantes.

Porém, tal estranhamento com essa nova forma de novenário também pode ser encontrada entre os próprios bolivianos. Interrogada sobre as novenas, Rocio respondeu: "É meio diferente porque não se reza. Acho que foi a minha mãe que esteve aqui e ela fez uma crítica: «Mas como, novena em que não se reza? Tem que rezar, novena é para rezar». Aí eu me toquei, falei: «É mesmo». Mas acho que foi uma adaptação [. . .]" (25/7/2001). Para Félix, ex-*pasante* da Virgem de Urkupiña, "lo que están haciendo en cada novena es fiesta, no es novena. La novena es una devoción de reza, de oraciones, de um rosario que dice que tiene que rezar en las nueves novenas" (25/6/2001). Já Guilhermo, outro ex-*pasante* da Virgem de Copacabana, ressaltou que a forma de novenário adotada pela Pastoral é muito boa pois, segundo ele, "es para uno refletir. No es para beber. Entonces yo hallo que las novenas deven ser más religiosas y leer para refletir siempre" (3/6/2001). Porém, outros remarcam a importância do novenário como espaço de sociabilidade para o grupo que participa desses encontros. Norma assim se expressou sobre este aspecto: "A mí me gustan las novenas porque vemos gente, conversamos. Es la única oportunidad que tenemos de ver las amistades, se crian lazos en la medida en que se va conociendose. Entonces ya viene aquella cosa bonita de comadre y compadre, y vamos nos entrozando más" (23/7/2001).

A preocupação com o excesso de bebida, seja nos novenários, seja nas festas, tem sido expressa por alguns participantes, sobretudo os pertencentes ao grupo dos profissionais liberais. Para eles, o excesso de bebida é prática "pagã" e, portanto, inadequada a uma celebração cristã e, sobretudo, às realizadas no espaço eclesial. Num dos novenários, sua organizadora sugeriu que as doações em bebidas, ou seja, os *aynis,* fossem trocadas por alimentos que seriam doados aos mais pobres da comunidade.[5]

A participação dos mais jovens nesses encontros é pequena, evidenciando, assim, a dificuldade que eles enfrentam para viver entre duas tradições culturais, a de seus pais e a do país de nascimento. Porém, na grande festa tal presença é mais expressiva, e isto se deve ao fato de que nesse evento eles apresentam várias danças folclóricas da Bolívia, participando, assim, de forma mais ativa e exibitiva.[6]

Cada novenário é, na verdade, uma antecipação e condensação da grande festa do mês de agosto, porque nele são veiculados elementos da cultura material, como os *aguayos ou awayu,*[7] utilizados para cobrir os altares; símbolos nacionais, como a bandeira, o hino nacional, cantado quando há a presença de uma banda; ritmos, danças e comidas próprias de cada região da Bolívia. Por elas se percebem também elementos de organização social, pois é nesses encontros que as relações de compadrio são fortalecidas e ampliadas, elementos da religiosidade popular boliviana, como o ato de incensar a santa no final de cada novena (*q'owa*), feito por cada devoto presente, a bênção com a água-benta feita pelo padre da Pastoral, os cantos dedicados à Virgem, feitos por pessoas do grupo, a *ch'alla* à *Pachamama,* expressa no primeiro gole de bebida oferecido. Por outro lado, aí circulam também elementos de expressão das identidades étnica, social, nacional e cultural, como as línguas originárias, símbolos, gestos e cores e, finalmente, elementos de ordem lúdica, pois esses en-

---

[5] A questão da bebida como elemento de sociabilidade será retomada no Capítulo 4 deste trabalho, dentro do contexto das festas e rituais.
[6] A forma como a segunda geração vê essas práticas culturais e se insere nelas será objeto de análise mais aprofundada no Capítulo 4 deste trabalho.
[7] Tecido retangular multicolorido confeccionado em vários padrões. Na Bolívia, o *aguayo* é utilizado pelas mulheres indígenas para carregar as crianças e os alimentos nas costas, para revestir mesas, camas, arcos, bem como nos rituais à *Pachamama,* no mês de agosto, quando são colocadas sobre ele as oferendas. É utilizado também para forrar o chão da cozinha onde as mulheres dão à luz seus filhos (Juárez, 1995:38-9).

contros são momentos de intensa sociabilidade, alegria e partilha de valores e sonhos comuns.

Em cada novenário, chamam a atenção a beleza e a plasticidade dos altares da Virgem, os quais seguem uma estrutura comum em sua maioria, sempre montados em três níveis. Em alguns casos, observamos também a confecção de arcos, em geral adornados com flores ou com *aguayos* e objetos de prata. Nesses altares, uma variedade de elementos da cultura material e imagens são exibidos, de acordo com a criatividade e origem dos devotos. Na parte superior são colocadas as imagens peregrinas da Virgem, a de Copacabana e a de Urkupiña, sempre levadas dentro de suas capelinhas, feitas de madeira e vidro. No nível médio são colocadas outras imagens, como alguns santos(as) de devoção dos brasileiros, entre eles, Nossa Senhora Aparecida, São Benedito e São Judas Tadeu. Em um novenário observamos também a presença de uma imagem de São Jorge, porém colocada de forma discreta, em umas das laterais do altar. Em outro altar constatamos uma variedade maior de santos(as), revelando a capacidade que o catolicismo popular tem de incorporar as devoções das mais diferentes origens. Além das imagens das Virgens bolivianas, havia uma Nossa Senhora de Guadalupe, uma Nossa Senhora da Paz, uma de Aparecida, um crucifixo, duas imagens do Menino Jesus, um San Martín, um quadro do Sagrado Coração de Jesus, um da Última Ceia e outro do Papa João Paulo II e uma foto do falecido esposo da senhora que organizou o novenário. Entre os outros santos da devoção dos bolivianos exibidos algumas vezes, temos o Santo Cristo de Limpias,[8] além das várias imagens da Virgem de Ukupiña trazidas pelos devotos para *assistir* à novena. Finalmente, na parte inferior do altar são colocadas as velas, às vezes formando pares ou trios, dependendo do caso, o incenso, a água para a bênção final e as flores trazidas pelos devotos, sempre com abundância e variedade. Outros elementos que têm aparecido com certa fre-

---

[8] Vale notar que, na lógica do catolicismo popular, onde o santo exerce função mediadora entre os devotos e uma divindade superior, muitas vezes a devoção a Jesus aparece como a de um outro santo qualquer, não estabelecendo, portanto, a diferenciação feita pela teologia oficial entre um santo e Jesus, como a segunda pessoa da Santíssima Trindade.

qüência são o pão e o vinho, distribuídos entre os devotos no final da novena, uma alusão ao contexto eucarístico da liturgia oficial.

Alguns desses encontros transformam-se também em verdadeiras romarias. Em virtude da distância dos locais de sua realização, como, por exemplo, em bairros como Guaianases, ou em cidades da grande São Paulo, como Diadema e Osasco, algumas vezes faz-se necessário alugar um ônibus para que um maior número de pessoas possa participar. Tanto na ida quanto na volta, o ambiente é de intensa alegria entre os participantes, que cantam cantos religiosos em louvor à Virgem ou canções populares bolivianas, sobretudo as que recordam seus respectivos lugares de nascimento. Nesse sentido, tais encontros propiciavam intensos momentos de sociabilidade e de resgate do passado, de um passado que continua vivo na memória do grupo e iluminando o presente.

O que se observa, no entanto, é que se, de um lado, o ciclo de festas realizado no espaço da Pastoral do Migrante vem fortalecendo-se e se consolidando, de outro, temos o declínio de algumas festas realizadas fora do âmbito eclesial, como é o caso da primeira festa da Virgem de Urkupiña realizada na cidade por um grupo de residentes bolivianos, a partir de uma organização própria, que é a instituição do *presterío*. A iniciativa foi de Juanita Trigo, que trouxe uma imagem da Virgem do seu santuário em Quillacollo, após receber uma graça. Este ciclo de festas teve início em 1985, finalizando em 1999. Ante tal desfecho, caberia perguntar se o mesmo não acontecerá com outras festas de caráter familiar realizadas fora da influência eclesial. Tudo parece indicar que sim, pois o número de festas realizadas em louvor à Virgem de Urkupiña fora do âmbito eclesial tem diminuído nos últimos anos. Até 1999 eram nove. Em 2000 foram realizadas sete, e em 2001 cinco. Se de um lado se constata pequena retração das festas à Virgem de Urkupiña, de outro, temos aumento das festividades em louvor à Virgem de Copacabana, três no ano de 2001. Será necessário, portanto, investigar quais são os fatores subjacentes à dinâmica desse ciclo festivo e quais são as razões que vêm conferindo destaque às festas marianas celebradas no espaço da Pastoral do Migrante.

Além das festas devocionais realizadas, seja no âmbito público, seja no privado, temos outros momentos festivos em nível mais restrito, acionados por diferentes motivos e ocasiões, como os batizados, casamentos, aniversários, bênção de um novo local ou de um novo conjunto musical, o fim do luto, entre outros. Nesses eventos festivos também são veiculadas relações de reciprocidade fundamentadas no compadrio místico e ritual. Importa, pois, indagar o sentido que tais relações passam a ter num novo contexto marcado, às vezes, por disputas internas e pela estigmatização social. Iniciaremos, portanto, a etnografia das festas pelas de caráter mais privado, para depois chegar ao âmbito das manifestações festivas públicas, particularmente as realizadas no espaço eclesial e, assim, entender os significados que elas passam a ter para o grupo que as celebra e para a Pastoral que as acolhe.

2. As festas do batismo e do primeiro corte de cabelo (RUTUCHA)

Das festas observadas entre os bolivianos em São Paulo, a do batismo e do primeiro corte de cabelo talvez sejam as que mais dinamizam as relações de reciprocidade entre os membros do grupo, expressas no compadrio místico. Isso porque são as que acontecem com maior freqüência e explicitam também a convivência entre dois sistemas de crenças, pois ao terminar o ritual do batismo católico, já na porta da igreja, inicia-se o outro, o de consolidação das relações de compadrio, simbolizadas nos cumprimentos e nas *mixturas* (papel picado) jogadas na cabeça dos novos compadres e comadres. Vale notar ainda que no ritual católico só comparecem os pais e os padrinhos de batismo e, em alguns casos, o padrinho de *rutucha* não comparece à igreja.[9] É importante lembrar também que esse tipo de ritual é comum entre os costureiros e oriundos do Altiplano boliviano.

Em geral, o batismo é realizado no sábado à tarde, e a festa se estende noite adentro até a madrugada de domingo. Importa dizer que houve

---

[9] Em algumas partes da Bolívia proíbe-se a participação da mãe da criança na cerimônia religiosa, circunstância que reforça o papel específico dos padrinhos, caso seu afilhado fique órfão (Juárez, 1995:43).

certa resistência dos bolivianos à proposta da Pastoral, quando esta estipulou que seria necessário fazer uma preparação para o batismo e que os batizados seriam realizados somente nos domingos, e de preferência no último do mês, quando é realizada a missa em castelhano para os latino-americanos. No entanto, essa norma foi flexibilizada com a mudança do padre coordenador, a partir do ano de 2000.Vale notar ainda que uma das razões pelas quais muitos pedem o batismo para os filhos está fundamentada na idéia de que criança sem batismo se torna vulnerável às doenças.

Terminado o ritual católico na igreja, o segundo tem prosseguimento num salão de festas alugado para o evento, pois dele participa um número considerável de pessoas, entre cem e duzentas. Para garantir a animação um conjunto musical é contratado e, em alguns casos, também uma banda de metais, que toca ritmos tradicionais da Bolívia.

A cada momento, o estalido dos *coetillos* (bombinhas) anuncia a chegada de novas famílias que se vão agregando à festa, muitas trazendo os seus *aynis* (presente a ser retribuído), que são recebidos pelos anfitriões da festa no entrada do salão. Em geral, esse dom oferecido é abundante, variando de duas a dez caixas de cerveja por família convidada.[10] A entrada dos *aynis* também é ritualizada, pois sua chegada é anunciada pela banda que toca um ritmo de suspense, denominado *diana*.[11] Nesse mo-

---

[10] Numa festa em que se celebrava o batismo de quatro crianças, observei que foram ofertadas mais de quarenta caixas de cerveja até às 24 horas, horário em que me retirei da festa. Segundo uma informante que permaneceu até o final dos festejos, o número teria sido de sessenta, tratando-se de um verdadeiro *potlach*, ou, segundo Duglas T. Monteiro, um dos aspectos da festa permanente (Monteiro, 1974:15).

[11] Segundo Sérgio, dançarino do grupo Kantuta, o termo *diana* quer dizer um novo amanhecer (*el alba*) e, no contexto das festas marianas, significa agradecimento pelo dom recebido. No contexto das festas natalinas, a Diana é uma figura do pastoril que representa a visita dos pastores ao Menino Jesus em Belém. De origem ibérica, no Nordeste brasileiro, os pastoris são cordões que se formam para homenagear o Menino Jesus com cantos e louvações, em geral aos sábados, do Natal até as vésperas de carnaval (Cascudo, 1988:588-9). Entretanto, na mitologia grega Diana é, segundo Begg (1987), a deusa "da madeira", "do ramo dourado", cujo nome significa "resplandecente" ou ainda "Ana dual", ou seja, a deusa da Terra e da Lua. Na era cristã ela aparece, segundo o mesmo autor, como a deusa das bruxas e a rainha da noite, e seu festival teria dado origem à festa da Assunção da Virgem celebrada no dia 15 de agosto (Begg, 1987:64).

mento, o anfitrião da festa dirige-se à porta do salão para recebê-los, e rapidamente um garçom traz numa bandeja alguns coquetéis para o brinde, um deles denominado de *bandeira boliviana*, uma vez que o líquido apresenta as três cores nacionais. Antes de brindar, é imperioso *ch'allar* o *ayni*, isto é, fazer uma libação deixando cair sobre ele um pouco de bebida, pois ele é uma dádiva da *Pachamama*. Em seguida o anfitrião entrega algumas garrafas de cerveja aos convidados, duas ao esposo e duas à esposa.

É comum nessas festas os padrinhos oferecerem um bolo para cada criança batizada. Caso sejam batizadas várias crianças de uma mesma família, cada uma receberá o seu, sempre seguindo um mesmo estilo, ou seja, em três níveis. Além dos bolos, os padrinhos oferecem aos afilhados vários tipos de presentes, desde brinquedos até computador, se o afilhado(a) for um(a) jovem. Em geral os presentes são exibidos no meio do salão, para que todos possam vê-los, e depois da sessão de fotos, os presentes são abertos.

Em alguns casos, durante a festa, por volta das 24 horas, realiza-se também o ritual da *rutucha* (aimará) ou *umaruthku* (quéchua), ou seja, do primeiro corte de cabelo, quase sempre realizado quando a criança completa o primeiro ano de vida. Em geral o ritual é precedido pela tradicional dança da *cueca*, como uma forma de afirmação das relações de compadrio. Esta é dançada pelos pais e padrinhos da criança, os quais brindaram três vezes com diferentes tipos de bebidas. Em cada brinde o garçom atira com veemência a bandeja ao chão, causando um barulho estridente, e todos *ch'allan* naquele lugar.

No momento do corte do cabelo, a criança é colocada sobre uma mesa revestida com um *aguayo* e sobre ele é comum colocar também um prato com cereais, entre eles batata e *ch'uñu*, elementos que lembram a abundância. O primeiro a cortar o cabelo é o padrinho de *rutucha*, o qual, antes de fazê-lo, deve colocar uma nota de dinheiro, sempre num valor elevado, para que os demais possam seguir o exemplo. Vale lembrar que, no contexto rural boliviano, o padrinho doa um animal, que deverá dar início ao patrimônio do afilhado(a). Depois de cortar o cabelo, este recebe do pai da criança um copo com cerveja e faz a *ch'alla* do cabelo, que é colocado sobre os cereais com o dinheiro. Em seguida, depois de brindar, cumprimenta o novo compadre e comadre. E, assim, sucessivamente, os casais aproximam-se e repetem o mesmo gesto de cortar uma mecha do cabelo, enrolá-la no dinheiro e colocá-la sobre os cereais.

Interrogado sobre o significado desse gesto, um informante nos disse que o cabelo simbolizava sorte, e que ele havia cortado uma mecha na parte superior da cabeça pois, segundo ele, é nesta área que está localizado o cérebro da criança e, portanto, a sua inteligência e força.[12] Esse ritual fundamenta-se na crença de que o cabelo possui uma força oculta e, portanto, é sagrado. Nesse sentido, é preciso deixar crescer seu *qulti* (bolo de cabelo na nuca), que significa prosperidade. Em razão de tal crença, alguns deixam o cabelo crescer para o resto da vida.

Após o ritual, em geral é servido um prato, e o mais comum neste tipo de festa é o leitão assado. Mais tarde é servido também o bolo do batismo. E assim a festa segue até a madrugada, permeada por intensa alegria proporcionada pela dança e por brindes trocados entre amigos e compadres. Uma senhora presente a um desses festejos enfatizou a necessidade de ser casado pela igreja para ser padrinho de batismo, e acrescentou a idéia de que o padrinho imprime caráter no afilhado, expressando, assim, a sacralidade e a importância do compadrio entre eles, seja o místico, seja o ritual, pois é por meio dele que uma ampla rede de relações sociais é acionada em momentos vitais da vida do grupo.

3. As Festas de Finados

Para os bolivianos, as comemorações de finados ganham ritmo de festa e iniciam-se, na verdade, na véspera, ou seja, no dia primeiro de

---

[12] O cabelo cortado é amarrado em um pano pequeno e guardado em lugar seguro. Na Bolívia, ele é escondido entre as vigas do teto, ou pode ser queimado também. Porém, em nenhuma hipótese pode ser perdido, por tratar-se de "algo potencialmente perigoso" (Juárez, 1995:46). Para análise dos vários significados que o corte de cabelo adquire nas várias culturas, ver E. R. Leach. "Cabelo mágico". In: Roberto da Matta. *Edmund Leach*. São Paulo: Ática, 1983, cap. IV.

novembro, dia de Todos os Santos.[13] É nesse dia que é montada nas suas residências a *Tumba de los Muertos* ou *Altar de Todos los Santos*, em memória de algum falecido da família. Segundo a tradição, o altar deve ser montado durante três anos consecutivos,[14] a partir do ano do seu falecimento. Segundo Julieta, é imperativo montar este altar no primeiro ano de falecimento da pessoa, pois sua alma "viene con mucha hambre" e, por isso, a mesa deve ser abundante. O altar deve estar pronto às doze horas do dia primeiro, pois é neste momento que as almas começam a chegar, para servir-se dos alimentos de que gostavam em vida. Se for um adulto, haverá mais pratos salgados do que doces, e se for criança, será o inverso.

A montagem dos altares varia de acordo com a criatividade e possibilidades das pessoas enlutadas. Alguns são mais simples e, em geral, são montados na sala da casa, ou ainda em meio às máquinas de costura, no caso dos costureiros. Sobre uma mesa revestida por uma toalha branca ou preta, são colocados os pães antropomorfos, representando figuras humanas, e zoomorfos, representando animais mitológicos, como o condor, a serpente, o lagarto, o sapo e a lhama, ou ainda o elefante, animal representativo de culturas orientais. As comidas e bebidas variam de acordo com o gosto e a idade do(a) falecido(a). Se ele era criança, são colocadas guloseimas e refrigerantes. Se era adulto, cerveja, *chicha* e cigarro. As frutas, flores e velas, as fotos dos(as) falecidos(as) e objetos pessoais, como peças de roupa, são elementos comuns a todos os altares. Importa notar que a disposição dos elementos sobre os altares obedece sempre à lógica da formação de pares. Outros altares, porém, são mais requintados, obedecendo à estrutura de três níveis e apresentando, assim,

---

[13] Vale notar que em outros contextos, como é o caso dos Estados Unidos, o verdadeiro Dia de Finados é o *Halloween*, "uma burlesca e, às vezes, sinistra mascarada de crianças e adolescentes, outra festa de outono que cai na véspera do Dia de Todos os Santos, que é também a véspera do dia primeiro do mês de Arthyr do antigo Egito, dia de aniversário da morte de Osíris, abatido pelas potências do mal, tornando-se por isso o Deus dos mortos" (Yourcenar, 1985:133).

[14] A razão dessa prática está fundada na idéia de que somente durante os três primeiros anos após a morte é possível fazer algo pelo defunto. Depois disso já se não se pode fazer mais nada (Albó, apud: Van Den Berg, 1991:16-7).

riqueza de detalhes e símbolos que só podem ser compreendidos com base em uma cosmologia andina que lhes confere sentido.

Ao meio-dia, após alguns minutos de oração em silêncio, faz-se a despedida do falecido.[15] Um informante nos disse que na Bolívia se realiza um ritual para a despedida da alma, o qual consiste em alguém vestir-se como o falecido costumava fazer, e depois sair debaixo do altar, simbolizando, assim, a sua despedida. Finalizadas as homenagens em âmbito familiar, o altar é desfeito e parte dos pães é levada ao cemitério, onde são colocados sobre o túmulo da pessoa recordada, e depois são distribuídos entre os que o visitarem.

É costume realizar também a *ch'alla* sobre seu túmulo e depois fazer um brinde entre os presentes em sua memória. Uma vez concluído o ritual, a festa continua, seja no interior do cemitério, seja fora dele, numa parte mais tranqüila e isolada, onde as pessoas se acomodam no chão, como num piquenique, e partilham os pães, comidas e bebidas, em geral cerveja e *chicha*.

Entre os cemitérios da capital, os de Vila Formosa e de Vila Nova Cachoeirinha concentram número considerável de bolivianos(as) falecidos(as), e é neste último que está enterrado o primeiro *pasante* da Virgem de Copacabana, o tiraquenho (Tiraque, Cochabamba) Roberto Fernández, falecido em 1996. A cada ano cresce o afluxo de pessoas que visitam seu túmulo e participam da festa, uma forma de retribuir-lhe pelas várias festas que ele proporcionou à comunidade boliviana em São Paulo.

A cada ano cresce também o número de pessoas que se reúnem para celebrar a sua memória, em geral pessoas que participam da Pastoral. É comum colocar sobre o túmulo do falecido plástico preto, no qual são depositados os pães, *los urpus* (forma de pomba) e *t'anta wawas* (forma de crianças). Além das flores, não pode faltar uma bandeira boliviana, ainda

---

[15] Segundo Luís da Câmara Cascudo, o meio-dia é a hora mais solene, misteriosa e sagrada do dia para as populações do interior brasileiro. Assim, segundo o mesmo autor, "o instintivo respeito sertanejo ao dia é um possível vestígio das crenças solares, articuladas com os cultos das horas, celebração das Horaias". A hora do meio-dia é o momento em que os anjos cantam glórias a Deus e, portanto, é o mais adequado para fazer-lhe pedidos pelos viajantes ou pelos que estão ausentes (Cascudo, 1988:290).

que pequena, indicando a identidade nacional do grupo. Todos os anos é realizada uma breve liturgia por algum coordenador ou pessoa ligada à Pastoral, a qual consiste em recitar orações pelos falecidos de todos os presentes, bem como entoar alguns hinos litúrgicos. Entre eles vale destacar um hino em louvor à Virgem de Copacabana e um outro próprio para este dia, segundo alguns devotos, que é o canto de *alabanzas al Santísimo Sacramento*. Além dos cânticos à Virgem, outras duas canções que pudemos ouvir em uma dessas celebrações merecem ser destacadas. A primeira, com um tom melancólico, intitulada *El indio con su cargamento*, parecia apropriada para o momento, uma vez que traduzia um pouco os sentimentos de saudades desses imigrantes, seja da pátria ou dos amigos e parentes que já morreram, mas que continuam presentes nos rituais de comensalidade realizados por eles. A segunda era uma canção em homenagem às mães, intitulada *El llanto de mi madre*, cantada em quéchua por algumas senhoras cochabambinas presentes.

Em geral, após o ato litúrgico em torno ao túmulo do referido *expasante*, inicia-se um outro em torno ao próprio túmulo ou debaixo de algumas árvores, a alguns metros do local, em memória de algumas pessoas falecidas na Bolívia. Nesse ato, a família dos falecidos improvisa um túmulo, estendendo um pano preto no chão e sobre o qual são colocadas as fotos dos parentes mortos, as *t'anta wawas* e algumas frutas. Concluído também este ato, inicia-se a distribuição dos alimentos. Cada um procura acomodar-se como pode para degustar os pães, acompanhados de algum tipo de bebida, cerveja, vinho suave e *chicha*. É comum também confraternizar-se na parte exterior do cemitério à sombra de algumas árvores, onde todos os anos Dona Olímpia, dona de um restaurante no Bom Retiro, aproveita a oportunidade para vender *chicharrón* e *chicha* a quem quiser degustar pratos bolivianos.

Todos os que chegam passam primeiro no túmulo do *pasante* falecido, para um momento de oração e para acender uma vela, e só depois se aproximam do local onde são partilhadas as comidas e as bebidas trazidas por algumas pessoas que perderam os entes queridos. Outro detalhe importante é que, ao finalizar a comida, todos devem dizer "que reciba la oración", gesto que revela a importância da comensalidade como mediação entre vivos e mortos.[16] Diante do clima de festa presente nesses encontros, uma vez o pesquisador sugeriu a uma senhora que estaria faltando somente a presença de uma banda para completá-la. A sua resposta foi a de que uma banda chamaria muito a atenção dos brasileiros, que já se admiram ao ver "aquele piquenique" dentro do cemitério. Uma outra nos disse que alguém, ao visualizar os alimentos sobre o túmulo, teria comentado que se tratava de uma "macumba", e, portanto, teria recusado receber os pães. Alguns brasileiros, porém, se aproximam e ousam perguntar sobre este costume, até mesmo comparando-o com uma prática semelhante, realizada pelos japoneses. Interrogado por uma brasileira sobre o significado de se oferecer o primeiro gole de bebida à Terra, Guilhermo respondeu dizendo que os brasileiros o fazem "para o santo" e eles para a *Pachamama*, a Mãe Terra. Dessa forma, diferenças culturais são sempre motivo de estranhamento, exatamente por se desconhecer a cultura do outro.

4. As festas de fim do luto

A festa de fim do luto é outro momento de estreitamento de relações de reciprocidade entre mortos e vivos e destes entre si. Expressa também a passagem do(a) viúvo(a) de um estado de interdito social e, portanto, de perigo, para outro de abertura a novas relações sociais e amorosas. Vale lembrar que, antes da festa do fim do luto (*cabo de año*), são realizadas as missas de nove dias, um mês, três meses e seis meses e finalmente a festa de fim do luto, como afirmou Margarita: "Entonces, el alma siempre necesita su cabo de año, porque no podemos cargar toda una vida el luto que tenemos, no, la ropa negra que llevamos, el duelo que llevamos, cada una de las personas. Entonces, cuando ya es fin de año, cabo de año, las personas dolientes sacamos aquel dolor, con alegría, para que no tengamos más dolor, aquella pena que nos ha dejado tanto" (13/10/2001).

---

[16] Retomaremos a questão no Capítulo 4 deste trabalho.

A primeira parte do ritual consiste na celebração de uma missa, à qual todos os familiares compareçem ainda de luto. A segunda se dá num salão de festas, alugado pela família, no qual se prepara um altar com uma toalha preta, vasos de flores, frutas (banana, abacaxi e laranja) e a foto do(a) falecido(a).

Importa dizer que para esse tipo de ritual é praxe nomear padrinhos, um casal que não tenha vínculos de parentesco com o(a) falecido(a) para realizá-lo. Em geral, o padrinho de luto convida a todos os presentes para fazer um brinde em memória do falecido, vertendo sempre o primeiro gole à *Pachamama* e, em seguida, pede a alguém que faça uma oração pelo falecido. Nesse momento todos se acercam ao altar e rezam. Depois disso, o altar é retirado e as frutas repartidas entre os presentes, deixando entrever mais uma vez que para essas pessoas a comensalidade é a mediação entre vivos e mortos.

Concluída essa parte, o padrinho pede licença a todos solicitando que se retirem, para que seja feita a mudança de roupas. Num lugar à parte ficam os homens, acompanhados do padrinho, e em outro, a viúva com a madrinha e pessoas da família. Segundo Javier, que já realizou o ritual de *cambio de ropa* em La Paz, é comum o padrinho oferecer cerveja ao afilhado ou afilhada, para descontrair-se um pouco e relembrar momentos da vida vividos com o(a) falecido(a). Entrementes, aos convidados é servido algo para comer, em geral *salteñas* e bebidas, cerveja e refrigerante. Após algum tempo, a viúva ou viúvo entra no salão, já com roupa social, acompanhada(o) do padrinho ou madrinha e familiares do falecido, ao som de uma música de suspense, *la diana,* e de *coetillos*. Em seguida se realiza a dança da *cueca*, em que o padrinho dança com a afilhada e a esposa deste com o pai da viúva. Segundo Javier, os parentes não podem dançar entre si, indicando a abertura da família a novas alianças. É comum durante o baile realizarem-se vários brindes com diferentes tipos de bebida. Terminado o ritual, todos participam do baile, que em geral é animado por algum conjunto boliviano existente na cidade.

Importa notar ainda que nesse tipo de festa é possível observar também a oferta de caixas de cervejas aos anfitriões da festa, num sinal de que o *ayni* é acionado também nessas celebrações.

5. CH'ALLA DA CASA E LUGARES PÚBLICOS NA TERÇA-FEIRA DE CARNAVAL

A *ch'alla* da casa na terça-feira de carnaval é prática comum entre os bolivianos em São Paulo, seja entre os de classe média, profissionais liberais, ou entre os trabalhadores e donos de oficinas de costura. Como uma tradição que deve ser mantida, a maioria dos entrevistados confirmou ter realizado esta festa ou pelo menos dela participado alguma vez na casa de amigos. Trata-se de ritual privado e familiar, porém acontece também em lugares públicos, como bares e restaurantes, e em praça pública, como era o caso da Praça Padre Bento, e depois a Praça Kantuta, lugar de encontro dos bolivianos no bairro do Pari.

Para Clementina, é importante *ch'allar* porque "es una tradición desde nuestros padres, según también nosotros tenemos la creyencia de que se no ch'allamos; no nos va bien y si ch'allamos nos va bien" (15/9/2001). É um ritual de caráter familiar pois segundo Roberto Santiago só tem sentido quando várias pessoas se reúnem para realizá-lo. Para ele, "en realidad cuando uno se junta con un grupo de amigos, se acuerda de las costumbres. Mis amigos, la mayor parte de ellos se fueron a Bolivia y están allá. Entonces uno se va quedando más solo, y ahí falta ánimo, falta gente para hacerse las cosas, porque uno solo hacerse la ch'alla no es costumbre" (9/6/2001).

O ritual consiste em aspergir os cantos da casa com algum tipo de bebida, que pode ser cerveja, álcool ou vinho. Todos os espaços da casa são aspergidos, incluindo lugares de trabalho, bem como o pátio exterior. Além da aspersão é comum também espalhar *mixtura* (papel picado) nos vários cantos já orvalhados, bem como guloseimas, pequenos doces que são oferecidos à *Pachamama*. Interrogada sobre o ritual, uma participante de um desses eventos disse que faltava um "preparado",[17] como se faz na

---

[17] Mesa ritual, cujos elementos devem ser combinados para agradar aos "seres tutelares". Entre os elementos básicos, temos a *kuka* (folha da coca), a *wiraq'uwa* (planta herbácea do Altiplano, que ao queimar-se produz muita fumaça), *llamp'u* (sebo do peito da lhama), *titi* (couro de gato silvestre ressecado), *mullu* (pedra branca), *chiwchi* (miniaturas de esta-

Bolívia, para ofertar à *Pachamama*. Em alguns casos, o incenso também se faz necessário como elemento de purificação do ambiente. E para dar maior solenidade ao ritual, não podem faltar os *coetillos* (bombinhas), fazendo alarde do acontecimento, também entre os vizinhos, que ficam curiosos por saber o que está acontecendo.

Em outros casos, o ritual se realiza de forma "ecumênica", em razão da presença do padre/pesquisador, convidado para aspergir com água-benta os presentes, a casa, objetos de trabalho e as máquinas, em se tratando de oficina de costura. Em geral, estas são enfeitadas com bexigas e serpentinas.

Após o ritual, é servido um almoço com alguns pratos típicos, entre eles o *fricasé*, a *sopa de maní* (amendoim) e o *puchero*, um prato apropriado para a ocasião, segundo alguns participantes. Este prato é preparado com carne de porco, carne bovina e de carneiro, acompanhado de alguns legumes, entre eles o repolho. As opções de bebidas também são variadas, predominando a cerveja, e em alguns casos são encontradas bebidas típicas como o *mocochinche* ou *khisa* (em quéchua, refresco de pêssego dessecado), a *chicha* de *maní* (amendoim) e a *chicha* de milho. Uma vez terminada a comensalidade, inicia-se a tradicional brincadeira de molhar o outro com água, a qual só é concluída quando todos estiverem devidamente encharcados de água, incluído o pesquisador.[18]

---

nho que reproduzem objetos domésticos), *sullu* (feto de animal, lhama, vicunha, alpaca, cerdo, ovelha e coelho), *lanas* (lãs de cores vivas), *quri t'anta, qullqi t'ant'a* (lâminas de papel dourado e prateado), *insinshu* (incenso de cor amarelada), *kupala* (resina aromática de cor cinzenta), *alcohol* (álcool), *winitu* (vinho), *papila* (papel que envolve a oferenda). Se a mesa é de caráter benigno, ela se chama *Tulsi misa*, composta de objetos açucarados de diferentes tamanhos e cores. Se é com fins malignos, ela se chama *Ch'iyara misa*, compostas também com ingredientes apropriados (Juárez, 1995:231-7).

[18] Em sua viagem ao Brasil no início do século XIX, Jean-Baptiste Debret constatou que a brincadeira de molhar o outro com água era a atividade central do carnaval carioca ou entrudo. Os preparativos do carnaval brasileiro consistiam em fabricar os "limões de cheiro", frágil invólucro de cera do tamanho de uma laranja, cuja transparência permitia ver o volume de água que continha. As cores variavam do branco ao vermelho e do amarelo ao verde. Além da água, o polvilho também era utilizado pelos negros para atacar as negras que encontravam pelo caminho. Embora fosse atividade lúdica preponderante entre os negros, afirma Debret que parte da população branca também se deliciava com esse tipo de brincadeira (Debret, J.-B. *Viagem pitoresca e histórica ao Brasil*. São Paulo: Martins-Edusp, 1972:219-22).

Para dar continuidade à festa, não pode faltar o baile com as danças típicas da Bolívia, e que podem ser encontradas em outros países andinos, como a *morenada, caporales, cueca, wayño* etc. A ocasião é propícia também para se ouvir músicas típicas de carnaval, cantadas em quéchua e num tom jocoso e desafiador, com o qual todos riem e se divertem. Para acompanhar esse tipo de ritmo, os participantes dançam formando dois blocos de pessoas de braços dados, que se encontram sapateando, numa atitude desafiadora. Além da música em língua autóctone, um outro elemento diacrítico pode ser observado nesse tipo de festa, ou seja, pessoas vestidas com roupas típicas, como é o caso da *pollera*, uma forma de reconstruir, ainda que momentaneamente, a identidade cultural, étnica e regional do grupo.

Além das residências e ambientes de trabalho, em alguns locais públicos também é realizada a *ch'alla*. Entre eles, vale citar a Praça do Pari até 2002, e depois a Praça Kantuta, bares e restaurantes bolivianos espalhados pela cidade.

Na Praça do Pari, era comum observar pessoas *ch'allando* em diferentes pontos da praça. Para a realização do ritual, os participantes demarcam uma área da praça com algumas garrafas e serpentinas, indicando uma relação direta com a *Pachamama*. Como em outras festas e rituais, não podem faltar os *coetillos*, um indicador do início dos festejos. Como no ritual da *ch'alla* da casa, é o chefe da família que asperge o local com cerveja, sempre observando a regra dos quatro cantos, e em seguida brinda com os demais presentes. Da mesma forma, todos repetem o gesto de ofertar o primeiro gole à *Pachamama*.

O restaurante Rincón La Llajta, que em quéchua quer dizer "um pedacinho da minha cidade", localizado entre o Bom Retiro e Campos Elísios, é um outro local onde todos os anos acontece o *ch'allaku* de carnaval, com danças, cantos e a tradicional molhança com água ou bebida. Todos os que entram no local devem passar por este ritual de "iniciação", e não poderia ser diferente com o pesquisador também. Aí, é comum encontrar *chicha* à venda, pois sua proprietária é oriunda de Cochabamba, lugar onde a tradição dessa bebida fermentada do milho é muito arraigada, não obstante as intensas campanhas das cervejarias em difundir o seu produto.

6. As festas de San Martín de Porres

Iniciadas em 1989, as festividades de San Martín de Porres têm-se mantido entre os devotos bolivianos com regularidade. Todos os anos no dia 3 de novembro, ou numa data aproximada, eles celebram sua festa em São Paulo. Originária do Peru, a devoção se difundiu por vários países hispano-americanos e, particularmente, entre os bolivianos que, mesmo fora do país, celebram o santo "crioulo" de vassoura na mão e rodeado de animais. Martín nasceu em Lima no dia 9 de dezembro de 1579, e era filho do fidalgo Juan de Porres (espanhol) e de Ana Velásquez (negra de origem panamenha), daí a razão de sua pele morena. Embora sendo filho de família nobre, no mosteiro de Santo Domingos Martín aceitou realizar as tarefas mais humildes, cuidando da limpeza da casa e dos doentes, uma vez que, segundo as normas da ordem da época, não era permitido a negros, índios e seus descendentes exercer nenhum cargo importante.

Segundo a senhora Marta, que já organizou a sua festa duas vezes em São Paulo, a imagem do santo foi trazida ao Brasil dentro de uma caixa de sapato por um devoto que fez uma promessa com objetivo de reconciliar-se com a esposa. A partir de então, sua festa em São Paulo tem sido organizada por um grupo de bolivianos que se revezam para ser *pasantes* e que, por sua vez, convidam pessoas do seu círculo de amigos para dar continuidade ao ciclo de festas. Em geral a festa é realizada nas residências dos próprios festeiros, outras vezes em algum lugar alugado por eles e reúne em torno de cento e cinqüenta a duzentas pessoas. Vale lembrar que a Pastoral não tem nenhum tipo de ingerência nessa festa, sendo convidada apenas para oficiar a missa.

Essas festas apresentam estrutura comum, qual seja, a instituição dos *pasantes*, o ritual da passagem dos encargos da festa, os padrinhos de orquestra, de banda, de *colitas* (objetos feitos artesanalmente, representando elementos culturais do grupo, como instrumentos musicais, máscaras da *morenada* ou *diablada*, *llamas*, *cholitas* etc.), de *cotillones* (chapéus de palha ou papel de várias cores), os *aynis*, as comidas típicas, entre elas a tradicional *salteña*, os vários tipos de bebidas, em geral cerveja, vários tipos de coquetel e em alguns casos *chicha*, feita pela senhora Dorinha da Vila Cachoeirinha. No dia estipulado para a festa, o padre da Pastoral do Migrante é convidado a celebrar missa no local escolhido, onde é armado um altar para o santo festejado, obedecendo sempre à estrutura dos três níveis. Em geral este é revestido com *aguayos*, apresentando, porém, algumas variações, como o uso de véus brancos em forma de semicírculo, para completar a decoração. É comum também nestes altares a apresentação das bandeiras nacionais, da Bolívia e do Brasil. Quando não há bandeiras, as flores, nas cores vermelha, amarela e verde, lembram a nacionalidade boliviana. Além da imagem do santo, revestida com uma túnica branca e com um manto negro, colocada sempre numa posição de destaque, é comum os devotos trazerem suas imagens pessoais para assistir à missa. Às vezes é possível encontrar também imagens de devoções típicas do Brasil, como a de Nossa Senhora Aparecida e a de São Benedito.

Terminado o ato litúrgico, a festa segue seu curso, em geral animada por um conjunto musical boliviano, que toca vários ritmos bolivianos e latinos. Algumas vezes há a presença de uma banda de metais também. A cada momento novos convidados vão agregando-se à festa, trazendo os seus *aynís*, caixas de cervejas, as quais são recebidas pelos festeiros ao som de um ritmo de suspense, a *diana*.

Um pouco mais tarde, o conjunto musical interrompe sua atuação para que seja servido um prato aos convidados, em geral o pernil de porco assado, acompanhado de legumes e vários tipos de batatas. Já revigorados de suas forças físicas, todos são convidados novamente a cair na dança, até o momento em que esta é interrompida mais uma vez para o momento mais esperado, que é o *ritual da passagem* da festa. Nesse momento, os festeiros atuais são convidados a se postar no centro do salão, e já revestidos com os *aguayos* colocados como uma faixa, de forma transversal, dançam a *primerita*, ou seja, a primeira *cueca*, a qual é interrompida para que os festeiros brindem. Em seguida são convidados os *pasantes* do ano anterior a participar do ritual, os quais dançam com os pares trocados. Novamente a música é interrompida para que eles brindem entre si. Finalmente, é anunciado com grande ênfase o nome dos futuros *pasantes*, para os quais são transferidos os *aguayos*. Nesse momento, várias pessoas se aproximam para cumprimentá-los e jogar *mixtura* (confetes) nas suas cabeças, num sinal de bênção e distinção. Da mesma forma, os "padrinhos de colitas" e "cotillones" também se aproximam para condecorá-los. A música é novamente reiniciada e igualmente interrompida para que os festeiros possam brindar. Concluído o ritual, a música muda para um ritmo mais animado, denominado *wayño*. A partir de então, todos os convidados aderem à dança, e a alegria toma conta de todos até o final dos festejos.

7. As festas dos compadres

Até 1998, data de sua última edição, a festa dos compadres, em homenagem ao Santo Cristo de Limpias ou *rosto de Limpias*, era uma outra oportunidade de encontro para os bolivianos residentes em São Paulo. Oriunda de Cochabamba, esta devoção tem como motivação central reunir os compadres uma semana antes do carnaval. Na Bolívia, a festa acontece numa quinta-feira, porém em São Paulo, em razão do ritmo de trabalho experimentado pelos empregados no ramo da costura e no comércio, a festa é realizada num sábado ou num domingo.

A imagem do santo foi trazida da Bolívia por Marcos Antonio Saavedra, pois ela pertencia aos seus avós, que a haviam trazido da Itália. Na residência dos seus pais, em Cochabamba, foi construída uma pequena capela, onde todos os anos costumavam celebrar a sua festa no mês de fevereiro. Em São Paulo, Roberto Fernández encantou-se com a beleza do santo e propôs ao seu dono a celebração anual da festa ao Santo Cristo de Limpias com objetivo de reunir os compadres, inicialmente apenas com a celebração de uma missa na igreja Nossa Senhora Auxiliadora (Bom Retiro), em 1992.

No ano seguinte, a festa em homenagem ao patrono dos compadres foi celebrada, seguindo o modelo já constatado em outras festas realizadas na cidade, como as de San Martín, com a instituição do *presterío*, dos padrinhos da festa, o ritual da passagem dos encargos da festa, os *aynis*, as *colitas*, os *cotillones* e as danças.

Como as outras festas privadas, estas eram realizadas na residência do *pasante*, embora pudessem ter lugar também num salão alugado, ou num dos restaurantes bolivianos da cidade. Era comum também uma reunião de alguns devotos para realizar uma oração ao santo, num dia anterior à festa, a qual eles denominam de novena. No dia estipulado para a festa, que podia ser um sábado ou um domingo, era feita uma missa no local dos festejos, onde era montado um altar ao santo festejado. Quando a festa acontecia num restaurante, não se removia do lugar a decoração local, em geral quadros de cantores(as), ou ainda estampas de garotas fazendo propaganda de cervejas brasileiras.

Depois da missa, como de costume, era servido um prato típico a todos os convidados. Em geral era o tradicional leitão assado acompanhado de vários tipos de batatas, banana assada e legumes. Um pouco mais tarde, quando a alegria parecia tomar conta de todos, era realizado o rito da *passagem* da festa, o qual seguia o mesmo esquema já descrito para outras festas. Como de costume, aos *pasantes* eram entregues os *aguayos*, simbolizando o compromisso assumido. Porém, algumas vezes entregava-se apenas uma insígnia com as cores da bandeira boliviana (vermelho, amarelo e verde).

Em geral o brinde era feito num copo de vidro comum, porém às vezes ele podia ser também servido num abacaxi cortado ao meio. Os *pasantes* eram condecorados também com os *cotillones*, oferecidos por algum padrinho da festa. Da mesma forma, os convidados eram agraciados com esses chapéus que dão um colorido particular à festa, sempre obedecendo às classificações de gênero, ou seja, às mulheres são oferecidos chapéus na cor rosa, e aos homens, azul. Além disso, eram distribuídas as tradicionais *colitas*, sempre muito disputadas por todos. Concluído o ritual, a festa continuava ao som de vários ritmos bolivianos e latinos.

Um das razões pelas quais este ciclo de festas encerrou-se foi a discordância do dono da imagem com os *pasantes*, pois estes queriam que a imagem do santo permanecesse nas suas residências durante o ano em que eles se encarregariam de organizar a festa. Segundo Marcos, na Bolívia a imagem permanecia na capela de sua família durante o ano, e só saía uma semana antes de sua festa para visitar a casa do festeiro. Entretanto, a proposta do último *pasante* de realizar a festa dos compadres para as crianças foi outro motivo que desagradou os participantes deste ciclo de festas, levando ao seu encerramento.

8. As festas de *alasitas*

O festival de *alasitas* ou de objetos em miniatura, é uma das mais recentes recriações culturais dos bolivianos em São Paulo. Iniciado em 1999, com poucas barracas na Praça do Pari, e depois na Praça *Kantuta*, o evento vem ganhando relevância a cada nova edição. O festival começa no dia 24 de janeiro, dia em que na Bolívia, na cidade de La Paz,[19] se celebra a deidade incaica *El Ekeko*, conhecido como "el diós de la fortuna". Como em São Paulo é feriado no dia 25, em razão do aniversário da cidade, a festa continua nesse dia.

A origem dessa tradição remonta à época pré-colombiana e é uma reprodução em miniatura das feiras comerciais da colônia. A representação do *Ekeko* é a de um boneco feito de gesso, com traços ocidentais, sorridente e de braços abertos, insinuando o ato de querer abraçar alguém. Mas sua indumentária é autóctone, ou seja, com o *chullo* ou gorro de lã, *chaleco* diminuto, sandálias de couro nos pés e um poncho sobre os ombros. Nas costas leva uma sacola cheia de produtos do lugar, tudo em miniatura.

---

[19] Em La Paz celebra-se também neste dia a festa de Nossa Senhora da Paz, padroeira da cidade. O festival estende-se por duas semanas e é realizado numa praça onde a municipalidade pacenha erigiu uma estátua a essa deidade, na qual está escrito: *La municipalidad de la Paz erige este monumento al Ekeko, dios Aymara de la Felicidad, fecundidad y abundancia, símbolo de las más apreciadas tradiciones Kollas del Chuqui, como augurio de prosperidad y felicidad del pueblo paceño.* Nessa praça é possível encontrar todo tipo de objetos em miniatura, casas, carros, dinheiro (dólares e euros), passaportes, malas, instrumentos de trabalho, alimentos, entre outros, numa representação simbólica do desejo das pessoas de verem seus sonhos materializados algum dia. Entre as várias barracas armadas na praça, uma das que mais chamou a atenção foi a que se intitulava BANCO CENTRAL DEL EKEKO. Além da variedade de produtos oferecidos, é possível encontrar também alguns *yatiris*, prontos para lerem a sorte de quem o desejar, utilizando folhas de coca ou estanho que, após derretido, é jogado na água fria, formando as mais diferentes figuras, que são interpretadas por estes sacerdotes andinos.

A aquisição das *alasitas* – termo que etimologicamente quer dizer *cómprame* – deve ser feita no dia 24 e ao meio-dia elas devem ser levadas a uma igreja, para que o padre as abençoe. Segundo uma senhora, em La Paz o padre fica na porta da igreja realizando a bênção, um sinal da demarcação entre os espaços do "sagrado" e do "profano", feita pela Igreja Católica.

Em São Paulo, a festa reúne pessoas de várias classes sociais e a presença do padre da Pastoral tem sido solicitada para abençoar as *alasitas* no próprio local da festa, uma vez que para os bolivianos o ritual só se completa com a bênção católica, com a água-benta e a realização da *ch'alla* (oferenda à *Pachamama*). A novidade em 2003 foi a presença de duas *yatiris* vindas da Bolívia para a festa, as quais cobravam de três a cinco reais para a realização da *ch'alla*.

Em geral, a praça é devidamente decorada com *aguayos* enfeitados com objetos da cultura material boliviana e que são colocados estendidos nas três entradas principais da praça, como uma forma de demarcar esse espaço, tornando-o um "pedaço" boliviano em São Paulo. Outra forma de apropriação simbólica da praça tem sido o hasteamento de uma bandeira boliviana num dos postes de iluminação, na sua parte central. Ao redor dela são montadas as barracas que vendem comidas e produtos típicos da Bolívia. Entre as comidas vendidas, destacam-se o *fricasé*, o *chicharrón*, a sopa de *maní*, o *pollo frito*, a *salchipapa*, as *salteñas*, em tamanho normal e em miniatura, vários tipos de pães, bolos, gelatina e refresco de *durazno* (pêssego).

Todos os anos é realizada uma cerimônia de abertura dos festejos, organizada pela Associação Padre Bento, que é a encarregada de gerir as atividades na Praça Kantuta. Na parte sul da praça, é montado um pequeno toldo com equipamentos de som, na frente do qual se realiza o ato de abertura da festa, com a presença de autoridades representativas da comunidade boliviana em São Paulo. Após a bênção do padre e proferidas algumas palavras pelas autoridades presentes, é tocado o Hino Nacional da Bolívia, cantado com emoção pelos bolivianos e bolivianas presentes.

Enquanto a cerimônia de abertura não começa, os devotos aproveitam o tempo para comprar as *alasitas* e realizar o ritual da *ch'alla*. Alguns as colocam sobre uma mesa ou banco da praça, outros sobre um *aguayo* estendido em algum dos canteiros da praça, onde há terra, uma indicação de que é preciso tocar a Mãe Terra. Em geral se utiliza a cerveja para realizar a oferenda à *Pachamama,* porém se utiliza também o álcool para aspergir os objetos em miniatura, representativos do desejo das pessoas. Depois da aspersão, elas formam um círculo ao redor desses objetos para brindar. Quando um amigo se aproxima, deve participar do brinde e, antes de tomar o primeiro gole, deve *ch'allar* as miniaturas e, em seguida, dizer *salud,* uma forma de desejar que os sonhos aí representados se tornem realidade, com a anuência, evidentemente, do *Ekeko,* da *Pachamama,* da Virgem e de todas as forças do alto.

Para animar a festa, a presença de uma banda ou de um equipamento de som se faz imprescindível, proporcionando a todos momentos de intensa alegria. É importante registrar que nas edições anteriores ao ano de 2003 ocorreram algumas teatralizações na Praça do Pari, representando a entrada triunal do *deus da fartura* naquele espaço da cidade, as quais foram realizadas por alguns integrantes do grupo Kantuta. Vale notar que a pessoa que representava a referida deidade é um profissional liberal na cidade e foi o *pasante* da Virgem de Urkupiña de 2001. Ele se vestia com um poncho vermelho, símbolo da autoridade máxima no Altiplano, com um chapéu e calça pretos, uma bolsa a tiracolo e uma estola colorida ao pescoço e sandálias aos pés. Na mão direita costumava levar uma garrafa de cerveja e na esquerda uma jarra com um tipo de coquetel feito de laranja. Depois de dar uma volta na praça ao som de algum ritmo típico e acompanhado de alguns dançarinos, também vestidos à maneira dos camponeses da Bolívia, o *Ekeko* entrava na parte sul da praça, que fica em frente à igreja de Santo Antônio. Neste momento, iniciava-se o ritual da *ch'alla* em plena praça pública, onde festa, drama e culto entrecruzavam-se numa totalidade única.

Já no centro da praça, formava-se um círculo em torno do *Ekeko.* Enquanto isso, as bailarinas vestidas de *cholitas* colocavam os seus *aguayos* no chão e, abrindo-os, retiravam garrafas de cervejas, serpentinas, *mixturas* e farinha de cereais dentro de pequenas bolsas. Além desses elementos, é importante ressaltar o papel do incenso, símbolo da presença do sagrado nesse espaço "profano". Enquanto alguns prestavam homenagem à deidade celebrada colocando no seu pescoço serpentinas ou jogando papel picado sobre a sua cabeça, outros aspergiam o *Ekeko* com cerveja e lhe davam um cigarro para que o fumasse.[20] Como uma encarnação da própria deidade, e, portanto, possuidor de *mana*, todos queriam aproximar-se dela para que *cha'lle* as suas *alasitas*. Contudo, o momento alto do ritual era quando o *Ekeko* abria a sua *chuspa* (pequena bolsa) e tirava os dólares em miniatura e começava a distribuí-los entre os presentes. Nesse momento, havia grande disputa por uma nota de dinheiro, pois esta não era uma nota qualquer, uma vez que já passara por um processo de sacralização. E, para completar o ritual não poderia faltar também a tradicional dança da *cueca*, ao som da composição musical mais conhecida: *Viva mi patria Bolivia*. Concluída esta parte, a festa continuava ao som de outro ritmo muito comum entre os bolivianos, ou seja, a *cumbia*.

9. As festas da Virgem de Cotoca

Iniciada em 1994, a festa da Virgem de Cotoca tem-se mantido circunscrita a um grupo de famílias cruzenhas que se reúnem anualmente para celebrar a padroeira do departamento de Santa Cruz de la Sierra. A iniciativa foi de Homer Franco e Edgar Flores, que organizam os festejos e dividem os encargos da festa. O dia da festa é 8 de dezembro, data em que no hagiológio católico se celebra a Virgem da Imaculada Conceição.

Em geral a festa tem lugar na residência de um dos organizadores, que se revezam na sua realização, porém outros lugares, como o clube do Campo de Marte, na região oeste de São Paulo, podem ser também o cenário para a festa. Isso porque nesse local há um espaço para práticas esportivas e, portanto, procura-se unir o útil, o agradável e o religioso, realizando aí a festa da Virgem. Os festejos iniciam-se com uma missa e, em seguida, acontece o almoço, em geral um churrasco servido aos

---

[20] Um informante me disse que é preciso oferecer ao *Ekeko* um cigarro todas as sextas-feiras, caso contrário ele se aborrece e não atende aos pedidos.

presentes. Algumas vezes a banda Ondas de Bolivia e o grupo folclórico Kantuta são convidados para animar a festa. Porém, diferentemente das outras festas marianas, esta não tem a instituição do *presterío* e do *ayni* e da mesma forma o culto à Mãe Terra não faz parte das práticas religiosas e culturais desta celebração. Como outras festas privadas realizadas na cidade, esta também vem passando por um período de declínio.

10. AS FESTAS DA VIRGEM DE COPACABANA NA IGREJA NOSSA SENHORA DA PAZ

Tendo sido iniciado por proposta da igreja, este ciclo de festas apresenta algumas particularidades, uma vez que a Virgem de Copacabana é a padroeira da nação boliviana e, portanto, deveria congregar maior número de bolivianos na cidade. Sua imagem foi trazida a São Paulo pelos missionários bolivianos que visitaram os compatriotas em agosto de 1994. Nesse momento, foi escolhido seu primeiro *pasante*, o Sr. Roberto Fernández, tido como grande dinamizador e divulgador das devoções marianas na cidade. Em 1995 aconteceu a primeira festa da Virgem na igreja Nossa Senhora da Paz e, a partir de então, os festeiros foram sendo indicados, segundo as regras estipuladas pela Pastoral. Na página seguinte temos um quadro do perfil dos festeiros deste ciclo de festas.

É sabido que, em todos os lugares e culturas, a festa sempre mobiliza um grande número de pessoas em torno da sua realização. Como um grande mutirão, sua organização começa meses antes da sua data, intensificando-se nos últimos dias que a antecedem. No caso em análise, os preparativos iniciam-se pelo menos três dias antes da festa, com a arrumação do local externo, um grande toldo armado no pátio da igreja. Todos os anos são colocadas bandeirinhas de papel-manteiga, segundo as cores nacionais bolivianas, o vermelho, o amarelo e o verde, indicando o caráter nacionalista da festa. Além disso, alguns balões coloridos também ajudam a dar ao local um toque de "festa do interior". A preparação da comida também é iniciada dois dias antes da festa, bem como os preparativos da liturgia.

Quadro 1. Perfil dos festeiros das festas da Virgem de Copacabana

Ano	Festeiros	Profissão	Origem
1995	Roberto Fernández (falecido)	Comerciante (restaurante)	Cochabamba
1996	Roberto Santiago Yolanda de Santiago	Representante comercial Do lar	La Paz La Paz
1997	Guilhermo Salazar Marta de Salazar	Comerciante Comerciante	La Paz La Paz
1998	Arturo Ramírez (filho) Blanca Ramírez (mãe)	Empresário Do lar	Cochabamba Cochabamba
1999	René Durán María de Durán	Eletricista Do Lar	Potosí Oruro
2000	Víctor Yugar Margarita Cañedo de Yugar Vitalino Suxo Centellas María Miguel de Suco Nelson Severich (filho) Cupertina Frontanilla (mãe) Emilia Terán Rocio Peñaranda Bernardes Mary Valderrama Lidia Urkiza	Oficinista (confecção) Enfermeira Marceneiro Do lar Oficinista (cortador) Do lar Doméstica Publicitária Enfermeira Costureira	Oruro Oruro La Paz Brasil Potosí Oruro Cochabamba La Paz La Paz Beni
2001	Germán Poma Clementina de Poma	Empresário (confecção) Do lar	La Paz La Paz
2002	Marta Flores Ticona Filhos	Comerciante Comerciante	La Paz La Paz
2003	Leandro Callisaya Maria Virginia Q. de Callisaya	Empresário (confecção) Confecção	La Paz La Paz

No sábado pela manhã, o ritmo de trabalho aumenta, pois é preciso deixar tudo pronto para o início dos festejos. Neste momento, são montados os arcos na parte exterior e interior do templo. Para cada um deles é nomeado um padrinho, que se encarrega de montá-lo, de acordo com sua criatividade. Cada arco é uma síntese de elementos culturais partilhados, sobretudo no Altiplano, como os objetos de prata, artesanatos, objetos religiosos, imagens de deidades, como a do *Ekeko*, alimentos, como as pipocas coloridas, típicas de Copacabana, chamadas de *pasankalla*, entre outros. Porém, há um elemento comum na maioria dos arcos, o tecido multicolorido, o *aguayo*. Vale notar que o número de arcos tem-se mantido estável, cerca de oito, a cada ano. Um deles tem-se repetido todos os anos em razão dos significados que esta festa assume, por ser realizada numa data próxima ao dia da independência da Bolívia. Nesse sentido, os elementos presentes no arco remetem ao passado político do país e à construção de sua identidade nacional. Revestido com grandes *aguayos*, o arco apresenta na parte superior três quadros: no centro o brasão da Bolívia, à sua esquerda, um quadro representando o libertador Simón Bolívar e à sua direita, outro representando o Marechal Sucre. Acima dos quadros são colocadas ainda as bandeiras da Bolívia e do Brasil, além de uma grande *Kantuta,* flor que tem as cores da bandeira da Bolívia, constituindo também um símbolo nacional e que é feita de papel-crepom para enfeitar o arco, bem como os nomes dos *pasantes* do ano.

É comum neste ciclo de festas a procissão com os *cargamentos* (carros enfeitados com *aguayos*, objetos de prata, madeira, bonecas, bandeiras etc.), a qual sai da casa do *pasante* no início da tarde e percorre várias ruas da cidade, fazendo, às vezes, algumas paradas na frente de algumas residências de bolivianos, até chegar ao seu destino, a igreja Nossa Senhora da Paz, na Rua Glicério (região central). Cada *cargamento* é expressão da criatividade da pessoa que se oferece para fazê-lo durante três anos.[21]

É praxe o *pasante* ofertar bebidas ou comida aos que fizeram os *cargamentos* antes da partida para a igreja. Nesse momento, eles brindam entre si e *ch'allan* cada carro enfeitado. A presença de uma banda de metais contribui para animar a todos e introduzi-los no ritmo da festa. Vale notar que a imagem da Virgem é colocada sobre uma perua, dentro de uma *totora* (embarcação típica do lago Titicaca), e vai à frente dos *cargamentos*.

A chegada do cortejo com a Virgem à Rua Glicério é sempre marcado pela expectativa e emoção entre os que já o aguardam no local, sendo recebido com *coetillos*, aplausos e papel picado. Nesse momento a imagem é retirada do carro e levada pelos *pasantes* até a igreja em procissão. À

---

[21] Para Laumonier, o *cargamento* é "um antigo costume das zonas mineiras, onde se «carregam» os animais de transporte com a abundância de produtos de prata e outros metais. O objetivo desse «transporte» é fazer passar perante a Virgem toda riqueza obtida da terra e oferecê-la como agradecimento. Num dia de festa, até os animais utilizados no trabalho diário devem ser enfeitados para serem oferecidos em oblação" (1991:33).

frente do cortejo duas pessoas levam as bandeiras do Brasil e da Bolívia e outra uma vasilha de barro com incenso. Logo atrás alguém carrega o estandarte da Virgem, o mesmo usado na primeira festa da santa, em 1995. Os sacerdotes presentes também acompanham o cortejo após o andor da Virgem. Um pouco mais atrás, é comum algum grupo folclórico acompanhar a Virgem dançando alguma dança típica da Bolívia, sempre ao som de uma banda.

A chegada da Virgem ao pátio da igreja é sempre marcada por grande queima de fogos, cujo ruído misturado ao som da banda produz momentos de profunda comoção entre os devotos. Antes de sua entrada na igreja são executados os hinos nacionais de cada país, e o hino boliviano, em geral executado por uma banda, é cantado com entusiasmo por todos. Enquanto se executam os respectivos hinos, dois jovens, filhos dos festeiros, conduzem as bandeiras de cada país para o átrio da igreja. No final de cada hino, são comuns gritos de aclamação à nação homenageada. Em seguida, entram os celebrantes e, finalmente, o andor da Virgem, conduzido pelos *pasantes* atuais e futuros, ao som de alguma canção típica da Bolívia, entre elas *Viva mi patria Bolivia*, considerada o "segundo hino nacional" desse país.

Durante a celebração da missa, o que mais chama a atenção dos presentes é o momento do ofertório, quando pessoas com trajes típicos, representando cada departamento da Bolívia, entram dançando alguma dança característica de cada lugar, cuja música é tocada pelos músicos que animam a celebração. Nessa hora as atenções voltam-se para o corredor central da igreja e muitos acompanham a música e as coreografias com palmas.

Concluída a celebração da missa, os *pasantes* são convidados a se aproximar para receber a bênção com o manto da Virgem. Depois da família do *pasante*, geralmente se aproximam os outros festeiros, padrinhos e devotos em geral. Depois de passarem sob o manto e receberem água-benta, todos vão retirando-se para fora do templo, onde as pessoas procuram acomodar-se nas mesas que restam, uma vez que parte delas é reservada para os padrinhos da festa. As mesas em geral são ornamentadas com uma toalha de tecido, um vaso de violetas e uma pequena bandeira boliviana. Já no pátio exterior, os compadres começam a confraternizar-se com algum tipo de coquetel ou cerveja, que são oferecidos pelo festeiro.

Terminado o ritual da bênção, a Virgem é levada para o lado de fora da igreja, ao som do hino *A vuestros piés madre* e acompanhada pelo estouro dos *coetillos*. Sua imagem é colocada num altar armado para recebê-la. Uma vez entronizada a imagem da Virgem, a festa segue seu curso com as apresentações folclóricas realizadas pelos grupos existentes na cidade. O repertório das danças apresentadas varia a cada ano, mas em geral algumas delas se repetem, como a conhecida *morenada*, os *caporales*, a *diablada*, os *tinkus* etc. As duas primeiras são danças que recordam a presença na América de escravos africanos, e a *morenada* apresenta um ritmo cadenciado e representa o trabalho pesado realizado nas minas, ao passo que os *caporales*, de ritmo mais acelerado, retrata a figura do capataz com um látego na mão controlando os escravos. Já a *diablada*, originária do contexto das minas, expressa a luta entre as forças do Bem e do Mal (noções introduzidas pelo cristianismo), em que as forças benignas representadas pela Virgem triunfam sobre o maligno, *El Tío*, deidade subterrânea dona dos minerais.

Finalizada as apresentações folclóricas, um grupo musical encarrega-se de animar a festa, tocando vários ritmos bolivianos e latino-americanos. Nos intervalos musicais o público presente aproveita o tempo para alimentar-se com a variedade de pratos oferecidos, entre eles *o fricasé*, o *chicharón*, sopa de *maní* (amendoim), além das *salteñas* e empanadas de queijo. Vale notar que aos padrinhos da festa é servido um prato especial.

Por volta das 21 horas, acontece o esperado ritual da *passagem da festa*. Nesse momento, a atenção de todos se volta para o centro do salão onde, ao som do tradicional ritmo da *cueca*, o casal de *pasantes*, com os *aguayos* amarrados em forma diagonal, dança *la primerita*, intermediada pelos gritos de "aro, aro", o que significa que é hora de brindar, de "ch'allar la fiesta que están pasando, para que todo salga bien", como explicitou Julieta. Geralmente a bebida servida é a cerveja, apresentada aos festeiros em duas taças grandes. Enquanto eles brindam o garçon atira a bandeja ao chão causando grande estalido, sinalizando que o brinde deve ser feito rapidamente e de uma só vez. Em seguida são chamados os futuros *pasantes*, para dançar *la segundita*, juntamente com os atuais. Novamente o mesmo rito tem lugar, com a interrupção da música para os brindes. Finalizada a segunda parte do ritual, inicia-se a terceira, com a revelação do nome dos festeiros para o ano seguinte.

Terminado o ritual da *passagem da festa*, aos convidados são oferecidas algumas recordações dela, denominadas *colitas* e *cotillones*. Essas lembranças são obsequiadas por um padrinho e durante sua distribuição se instaura grande disputa por uma delas, pois em geral não há em número suficiente para todos. Vale notar que, após sua distribuição, a festa se transforma num verdadeiro carnaval, em que as diferenças parecem desaparecer, pelo menos nesse momento de grande efusão de alegria e calor humano.

Enquanto a maioria dos presentes se diverte ao som de vários ritmos latinos, aos *pasantes* são oferecidos os *aynis*, colocados num lugar de destaque para serem vistos por todos.

Quando se aproxima a meia-noite, o padre coordenador da Pastoral pede para interromper a música, com a finalidade de recolher a imagem da Virgem. Nesse momento, um sentimento de tristeza invade a todos, porque é a hora de despedir-se da *Mamita* e dos amigos. Os novos *pasantes*, já em exercício, tomam a dianteira e se encarregam de conduzir o andor da santa para o interior do templo, ao som do seu hino *A vuestros piés Madre*... Num gesto de despedida, ou melhor, de *un hasta luego*, os devotos tocam o andor da Virgem pela última vez, enquanto este percorre o salão de festas. Após ter sido retirada do seu andor, a imagem é conduzida pelos *pasantes* à sua capela, onde permanece até os próximos festejos. Novamente a emoção toma conta de todos, especialmente dos ex-festeiros, que não hesitam em derramar algumas lágrimas como sinal de alívio pela missão cumprida, porém entristecidos pelo fato de que já não terão a companhia da imagem da santa em suas casas durante o ano.

Finalmente, o padre coordenador da Pastoral agradece a todos e os abençoa. Em seguida entrega a imagem da Virgem peregrina aos novos *pasantes*, indicando que um novo ciclo de festas deverá reiniciar-se proximamente. Enquanto isto, do lado de fora, a música tenta manter o ritmo e o ânimo dos que não querem abrir mão dos últimos momentos de festa, pois esta já começa a fazer parte da memória de todos, engendrando, assim, um novo ciclo festivo, prenhe de possibilidades, emoções, ritmos, cores, sabores e expressões de fé.

10.1. As festas da Virgem de Copacabana na igreja São João Batista

O ciclo de festas em louvor à Virgem de Copacabana realizado na igreja São João Batista de Pirituba é o mais recente em São Paulo. Tendo sido iniciado em caráter privado pelo Sr. Humberto Aguilar, originário de La Paz e casado com a Senhora Sônia (brasileira), a festa passou a ser celebrada nessa igreja a partir do ano de 2000.

Antes da celebração da missa, que é feita com a comunidade local, na maioria composta de brasileiros, acontece uma pequena procissão na praça da igreja, com a imagem da santa sendo carregada pela esposa do curador da imagem. Às vezes, algum grupo folclórico é convidado para animar a celebração litúrgica, cantando canções e apresentando danças típicas em homengem à Virgem. Após a celebração, os festejos continuam no salão da igreja ou em algum outro lugar alugado pelo *pasante*. Vale notar que neste ciclo de festas não há o ritual da *passagem da festa*, uma vez que tem sido a mesma família que se encarrega de organizar a celebração.

11. As festas da Virgem de Urkupiña na igreja Nossa Senhora da Paz

O início do ciclo de festas em louvor à Virgem de Urkupiña na Pastoral do Migrante está intimamente ligado ao fato que marcou a entronização da Virgem de Copacabana na igreja Nossa Senhora da Paz, em agosto de 1994. Nesse mesmo ano, Marcos Antonio Saavedra trouxe da Bolívia (Quillacollo) uma imagem da Virgem de Urkupiña, para que a festa fosse aberta aos devotos. A idéia concretizou-se em conversa entre Roberto Fernández, primeiro *pasante* da Virgem de Copacabana, e Félix Flores, que se ofereceu para realizar a primeira festa da Virgem de Urkupiña em 1995. A partir de então, novos festeiros foram escolhidos, sempre com a anuência da Pastoral. No quadro da página seguinte temos um perfil deles durante os sete anos de festas realizadas, segundo a profissão e origem.

Quadro 2. Perfil dos festeiros do ciclo de festas da Virgem de Urkupiña

Ano	Festeiros	Profissão	Origem
1995	Felix Gusman Flores	Empresário	Potosí
	Gloria Jimenez	Do lar	Potosí
1996	Milton José da Silva	Radialista	Brasil
	Norma Moruno da Silva	Dentista	Oruro
1997	Luiz Vargas (falecido)	Mecânico	Tarija
	Alicia de Vargas	Do lar	Tarija
1998	Jorge Vasques Sanches	Mecânico	Cochabamba
	Ana A. Astete Vasques	Do lar	Potosí
1999	Victor Palenque	Administrador	La Paz
	Mônica de Palenque	Do lar	La Paz
	Javier Miranda	Gerente comercial	Cochabamba
	Rosa de Miranda	Do lar	Cochabamba
	Antonio Gamboa	Médico	La Paz
	Marta de Gamboa	Do lar	Cochabamba
2000	Jaime Quiroga Canelas	Projetista	Cochabamba
	Mirna Montaño de Quiroga	Comerciante	Cochabamba
2001	Rolando Panozo Teran	Dentista	Cochabamba
	Damiana Coca de Panozo	Dentista	Cochabamba
2002	Juan Seferino Zenteno	Comerciante/confecção	Tarija
	Olimpia Cecilia F. de Zenteno	Comerciante/confecção	Cochabamba
2003	Martiniano Ninavia Echeverría	Técnico industrial	La Paz
	Nieves Vargas de Ninavia	Confecção	Cochabamba

Todos os anos, na véspera de sua festa, celebrada numa data próxima ao dia 15 de agosto, os *pasantes*, coordenadores e padrinhos de decoração e de manto se reúnem na igreja para os preparativos da festa. Enquanto se realiza a troca do manto, que em geral é feita por D.ª Alicia, ex-*pasante*, outros se encarregam de adiantar os demais preparativos da festa, como o adorno da igreja, que geralmente recebe grande quantidade de arranjos florais, a decoração do pátio exterior, coberto com um grande toldo e que se transforma no grande salão de festa, a preparação de parte da comida, da liturgia, entre outros.

No dia da festa, pela manhã, são realizados os últimos preparativos, como a arrumação das mesas e das cadeiras para os convidados debaixo do toldo, o som para os músicos, a preparação do bar onde é servida a be-

OS IMIGRANTES BOLIVIANOS E SEU CICLO DE FESTAS   95

bida, e a armação dos arcos. Estes variam quanto a número e estilo, de acordo com a criatividade e origem da madrinha de arco. Se ela for originária de La Paz, os objetos culturais utilizados na confecção dos arcos serão dessa região da Bolívia. Se é de Santa Cruz, os elementos veicularão, por sua vez, outra tradição cultural. Entretanto, os estilos repetem-se a cada ano, com os arcos enfeitados com *aguayos*, objetos de prata e madeira, com flores naturais, ou ainda com *pasankallas*, as pipocas coloridas.

A parte religiosa da festa é iniciada com a celebração de uma missa, por volta das 15 horas. No iníco da celebração, forma-se pequeno cortejo na porta principal da igreja para entronizar solenemente a imagem da Virgem, que já se encontra dentro do templo. À sua frente vão a cruz, as bandeiras nacionais, os celebrantes e por fim os *pasantes* que, ajudados por um outro casal, conduzem a imagem da santa para seu altar, montado especialmente para a ocasião. Durante o ofertório da missa, algumas pessoas vestidas com roupas típicas levam produtos característicos de cada departamento da Bolívia, começando pelo de Cochabamba, lugar de origem dessa devoção mariana. Além dos elementos culturais típicos, são ofertadas também as pedras, depois depositadas nos pés da Virgem, no altar exterior, para que os devotos possam fazer seus "empréstimos". É comum participarem também desse momento litúrgico pessoas de todas as regiões da Bolívia e mesmo de outras nacionalidades, uma vez que a Virgem de Urkupiña é conhecida na Bolívia como a "Virgem da Integração Nacional".

Terminada a celebração eucarística, inicia-se a procissão pelo bairro, nas ruas que circundam a igreja. É comum realizar-se queima de fogos de artifício na saída da imagem da santa do templo. Nesse momento, forma-se um cortejo com coroinhas à frente, estes vestidos com túnicas brancas, seguidos pelos padres e o andor da Virgem, carregado pelos *pasantes* e devotos que fazem algum tipo de promessa. Pouco mais atrás, seguem a procissão bailarinos do grupo Kantuta, que todos os anos homenageiam a Virgem com a dança dos *Caporales*, animada pelo som de uma banda. Eventualmente outros grupos folclóricos também participam da procissão, como o grupo Salay, formado por costureiros cochabambinos. Vale notar que, enquanto alguns devotos rezam durante o cortejo, outros ensaiam alguns passos, tentando acompanhar o ritmo animado da dança, e se aproximam do andor da Virgem para atirar-lhe pétalas de rosa ou *mixtura*.

A aproximação da imagem da Virgem do pátio da igreja é sempre marcada por grande emoção, pois ela é recebida com grande queima de fogos de artifício. Em seguida é colocada em altar montado no salão de festa, em lugar de destaque. E, para finalizar a parte litúrgica propriamente dita, os dançarinos do grupo Kantuta recebem uma bênção do padre, pois fizeram promessa de dançar sempre nas festas da Virgem de Urkupiña.

Concluída essa parte, iniciam-se as apresentações folclóricas com os grupos que em geral já participaram da procissão. Quase sempre as danças se repetem, apresentando os *caporales*, a *morenada*, a *diablada*, os *tinkus*, entre outras. Após as danças, há um intervalo para que os convidados possam ser servidos, lembrando que os padrinhos da festa recebem tratamento diferenciado, seja num lugar à parte que lhes é reservado com uma mesa devidamente revestida com toalha de pano e adornada com flores, seja com um prato de comida especial e bebida grátis. Aos demais convidados são oferecidas outras opções de comida, como a tradicional *salteña*, o sanduíche de *chola* (pão com pernil de porco) e outros pratos quentes, como a sopa de *maní* e o *fricasé*, entre outros.

Por volta das 21 horas inicia-se o momento mais esperado em todas as festas, ou seja, o ritual da *passagem*. Este segue o mesmo esquema já descrito em outras festas, apresentando, às vezes, pequenas variações de detalhes, como por exemplo, em vez de se servir a bebida em duas taças de vidro, utilizam-se duas *tutumas*, recipiente feito da casca de coco seco, utilizado para servir a *chicha* em Cochabamba.

Concluído o ritual da *passagem da festa*, o ritmo da música muda e se toca um *wayño*, ou *wayñito*, como os bolivianos costumam denominá-lo de forma afetuosa, dança animada em que os pares realizam várias coreografias, como a formação de círculos e túneis, sob os quais todos passam dançando. Nesse momento o ambiente é tomado por grande calor humano, pois o contato entre os pares se dá de forma muita próxima e marcada com um tom de sensualidade.

Já por volta de meia-noite, a imagem da santa é recolhida na sua capela, momento marcado por grande tristeza, porque é um sinal de que a festa se aproxima do final. Carregada pelos *pasantes* que saem e os que entram, a Virgem dá uma volta no salão, acompanhada por alguns devotos que tocam o andor ou retiram alguma flor para guardar como lembrança. Enquanto no interior do templo os *pasantes* se despedem emocionados da sua *mamita*, e os novos festeiros recebem a imagem da Virgem peregrina das mãos do padre, no lado de fora, outros continuam divertindo-se e brindando, aproveitando os últimos momentos de festa. Nesse momento a equipe da limpeza entra em ação e aos poucos os devotos vão retirando-se e a festa vai deixando de ser realidade para tornar-se memória.

11.1. AS FESTAS DA VIRGEM DE URKUPIÑA NA IGREJA NOSSA SENHORA DAS DORES

Além da festa em louvor à Virgem de Urkupiña celebrada no espaço da Pastoral do Migrante, existe uma outra que vem sendo realizada na igreja Nossa Senhora das Dores, no bairro do Ipiranga. O ciclo de festas foi iniciado pelo médico Ivar Aguilar Rojas e sua esposa Angélica, os primeiros *pasantes*, que tiveram a iniciativa de trazer a imagem da Virgem em 1993.[22] Segundo ele, esta festa "era para conservar as tradições, porque nós temos filhos e por isso queremos que eles conservem a mesma tradição nossa. E uma religião, eu acho importante conservar, porque a religião não nasce com ele. Então não seria legal ter de abandonar a cultura, a tradição. Isto é importante para conservar as raízes da gente" (9/10/2001).

Importa dizer, no entanto, que este ciclo de festas distanciou-se um pouco da tradição do *presterío*, uma vez que o ônus de sua realização não recai sobre o festeiro, mas depende da colaboração da comunidade, que doa a comida e a bebida para os festejos. É cobrado também ingresso simbólico de cinco reais, com o objetivo de condividir os gastos da festa, bem como de impedir a entrada de pessoas indesejadas. Não há, portanto, neste caso, a instituição dos padrinhos e o ritual da passagem da festa, constatado em outras realizadas na cidade. Existe aqui, porém, uma pe-

---

[22] Além do casal responsável pela imagem e os festejos, existe uma equipe organizadora composta pelas senhoras Antonieta David, Elza Monticuco Xavier, Terezinha Lucia Iotti Borges e Cristovão Moraes.

culiaridade, que é ausência de condições para os que queiram ser festeiros, bem como a oportunidade de organizar a festa oferecida também aos brasileiros, uma vez que o número de bolivianos que dela participa é pequeno. É em razão desta pequena presença boliviana que a primeira organizadora desta festa, a S.ra Angélica, optou por fazer mais uma "confraternização religiosa" do que "uma festa assim tipicamente boliviana".

Os festejos iniciam-se com a realização da novena na referida igreja, nove dias antes do dia da santa, o 15 de agosto. No dia da festa, um dia próximo à data oficial, é realizada uma missa em português, seguida de uma procissão em torno da igreja, e logo após o ato litúrgico, no salão paroquial, são oferecidos alguns salgadinhos, *salteñas*, bebidas e o tradicional bolo de aniversário da Virgem. A música que anima a festa é variada, composta de ritmos bolivianos, particularmente a *cueca*, que abre os festejos, e brasileiros, como o pagode e *axé music*, entre outros. Entretanto, como na igreja Nossa Senhora da Paz, esta festa também tem horário para terminar, por volta das 23 horas, revelando que o espírito dos imigrantes que anima a festa nem sempre combina com as regras das instituições eclesiais que lhes dão acolhida, como se verá posteriormente, ao longo deste trabalho.

Capítulo 3
UM OLHAR PELOS MEANDROS DA HISTÓRIA

1. As devoções marianas na época colonial

> El indio con su cargamiento
> Toca su quena y su lamento
> Sus notas trayen con el vento
> Su caminar y sufrimiento.
>
> A mi patria boliviana
> Yo quero volver mañana
> A quejarme a mi mama
> Virgen de Copacabana.
>
> *Añoranzas*, Pepe Bitancur

A PRESENÇA DA IGREJA CATÓLICA no continente latino-americano foi marcada por tensões, como não poderia deixar de ser, em razão de sua preocupação inicial de alargar o território dos que professavam a fé no Cristo, preocupação que se traduziu na idéia de missão e de que, portanto, era preciso empenhar-se para salvar as almas daqueles povos, tidos como gente "sem fé, sem lei, sem rei" (Vainfas & Souza, 2002:12). E para que isso fosse possível, estabelecer relações com o poder político e econômico da época foi de fundamental importância.

Se, por um lado, seria precipitado dizer que a evangelização nos Andes, e particularmente na igreja de Charcas (Bolívia), teria sido um fracasso, por outro, não se pode negar que ela foi conhecida pelos indígenas antes da prática antievangélica dos colonos do que pela pregação do clero. Nesse sentido, como afirma Barnadas, "la evangelización colonial se convierte en una evangelización colonizante y acaba en una evangelización colonizada por aquél sistema político que empezó ofreciéndole su rendida colaboración" (1977:3).

A base dessa evangelização, ainda que de forma incipiente, foi sem dúvida a paróquia, como instrumento de difusão da doutrina, veiculada sobretudo nas missas dominicais. Porém, em todo dela se desenvolviam outras atividades, como as festas devocionais, realizadas pelas confrarias. A elas competia organizar a festa, em geral em louvor à Virgem Maria, a partir das coletas feitas entre os devotos. Além da preocupação religiosa, essas confrarias também tinham objetivos sociais, ou seja, a prestação de ajuda mútua entre seus integrantes em momentos de dificuldades, como, por exemplo, a morte de alguém da família (Barnabas. Op. cit., p. 38).

Assim, as festas devocionais passaram a ser um instrumento de evangelização cristã e, ao mesmo tempo, uma mediação entre dois sistemas de crenças, o cristão recém-chegado, e o andino, que o precedia de muitos séculos. De fato, por meio da evangelização eram veiculados temas teológicos e práticas devocionais como missas e procissões, mas também elementos "profanos", como o teatro, danças, desfile de carros alegóricos, entre outros. Além disso, a comida e a bebida abundantes não podiam faltar nas festas. O esplendor de cada uma delas dependia, portanto, dos recursos disponíveis do festeiro (Barnadas, 1977:40).

Importa ressaltar que a propagação deste catolicismo popular esteve particularmente ligada a algumas ordens religiosas que se instalaram na igreja de Charcas, como por exemplo os agostinianos, que, segundo Pierre Duviols, se dedicaram desde o início a uma decidida luta contra o "paganismo" (Duviols, 1977:105). Esta ordem responsabilizou-se pelos santuários da Virgen de La Gracia de Pukarani (La Paz), e o de Copacabana em 1576.

A história deste último santuário revela que ele é um caso emblemático do processo de extirpação de idolatrias na época colonial. Isso porque ele foi construído sobre um local considerado sagrado pelos incas, o lago Titicaca, onde se adorava o deus Sol, a deusa Lua, a deidade Copacabana, entre outras divindades (Salles-Reese, 1997:18). Nesse sentido, afirma Salles-Reese que o objetivo dos missionários não era somente apropriar-se dos lugares sagrados sagrados para os indígenas, mas também impor a fé cristã, em cujo processo a Virgem Maria desempenhou papel central. No entanto, o que se constatou, segundo a mesma autora, foi um sincretismo de forma incompleta, em que o culto à Virgem não eliminou o culto à *Pachamama*. Importa dizer ainda que às margens do lago havia um santuário dedicado a essa deidade onde, segundo Gavilán, "[. . .] los indios de Copacabana [. . .] reverenciaban a la Tierra, y antes de labrarla ofrecían sus sacrificios, pidiendo que acudiese como buena madre, con el sustento necesario a sus hijos, el nombre con que la llamaban era Pachamama, que significa tanto Madre como Tierra" (Gavilán, apud: Montes Ruiz, 1999:124).

Nessa mesma perspectiva, afirma Víctor Santa Cruz que a motivação que levou o índio Tito Yupanqui a esculpir uma imagem da Virgem de Copacabana que se tornaria famosa teria sido o desejo de encontrar uma forma de difundir o cristianismo "entre los hombres de su raza, entre aquellos millares de indios de la meseta peruana, que no sabían qué adorar ni en qué creer desde que habían sido derribados sus ídolos" (Santa Cruz, 1948:103). E a inspiração para a sublime obra, Tito a encontrou numa índia que cruzou o seu caminho nas proximidades do lago Titicaca. Segundo Santa Cruz, a índia "tenía amorosamente en uno de sus brazos a su hijo, mientra con la otra mano levantaba una caña que luego se la puso muy cerca del hombro derecho. El sol iluminaba de lleno, con sus postreros rayos, las facciones de la india. Y ésta parecía con una rara belleza: los ojos dormidos miraban hacia el lago, con una mirada de reposo, de serenidad, cual si no esperaran nada y esperaran todo al mismo tiempo, en una extraña e inexplicable paradoja. Su cutis, tostado por el sol y curtido por los vientos de la altipampa, no tenía arruga alguna, no presentaba ni el menor surco. Y a no haber sido el niño que llevaba en el brazo, se habría dicho que se trataba de una doncella para quien era aún desconocida la relación de los humanos. Sus formas armoniosas resultaban plenamente en el fondo obscurecido del crepúsculo, ya que por un magnífico capricho de la hora, sólo ella resultaba iluminada en aquel altozano por los rayos de sol, que en ese momento parecía hundirse en las aguas del lago" (Santa Cruz, 1948:104).

Embora o referido autor não tenha deixado expresso que o relato acima tenha sido uma versão de Tito, os elementos da narrativa apontam para isso, mesmo porque a descrição da jovem insinua ser ela de origem sobrenatural. Já o relato do Almirante Horacio A. Ugarteche diz explicitamente que "Um dia, na hora do ângelus, quando Tito se encontrava na beira do Lago Sagrado, meditando, viu repentinamente, num reflexo nas águas azuis, uma imagem coroada com o diadema dos Santos". Esta jovem era de origem incaica (Ugarteche, apud: Saavedra, 1991:72) e, assim, mesmo sem ter as habilidades de um artesão, Tito iniciou sua obra em 1581. O primeiro resultado não foi muito animador, mas com a orientação do mestre Diego de Ortiz de Guzmán, de Potosí, ele pode aprender algumas técnicas de escultura e, assim, realizar seu sonho. Levada a La Paz, danificada pela longa viagem, a imagem foi restaurada e recebeu nova pintura. Finalmente, seus devotos a levaram em procissão até Copacabana, percorrendo os cento e cinqüenta quilômetros que separam o santuário de La Paz. Era o dia 2 de fevereiro de 1583, por coincidência dia de Nossa Senhora da Candelária (Saavedra, 1991: 74-97).

Além da devoção à Virgem de Copacabana, temos outras surgidas nos séculos XVII e XVIII, apontando para a importância que a devoção à Virgem Maria teve no alvorecer e expansão da cristandade colonial. Entre elas temos Nuestra Señora de la Natividad (Peñas), Nuestra Señora de la Calendaria (Potosí), Nuestra Señora del Cerezo (Chirka), Nuestra Señora de la Estrella (Chuchulaya), Nuestra Señora de las Nieves (Irupana), Nuestra Señora de Apumalla (La Paz), Nuestra Señora del Socavón (Oruro), Nuestra Señora de Urkupiña (Cochabamba).

Há que se ressaltar ainda o papel da iconografia na difusão deste catolicismo devocional, próprio das camadas populares espanholas, e que na América passa a ser um elemento de comunicação entre europeus e nativos. Isso porque, nessa forma de catolicismo, a relação do devoto com o santo(a) dá-se de forma direta, sem necessidade de alguma mediação. Nesse sentido, há identificação entre os poderes atribuídos a cada um dos santos e as necessidades do cotidiano como, por exemplo, em situações de guerra, de peste, tempestades etc. Assim, além das numerosas advocações da Virgem Maria, temos a veneração aos santos, como São Tiago, que faz justiça e protege dos raios, São João Batista, protetor da fertilidade e saúde do gado, São José, protetor dos carpinteiros, entre outros.

Se, por um lado, a multiplicação de advocações facilitou a penetração do catolicismo, por outro, teve também algumas implicações para o processo de evangelização. A primeira é a possibilidade de pensar na multiplicidade de pessoas da divindade e dos santos, em razão da variedade de mistérios venerados, como é o caso de Cristo (da Ressurreição, da Exaltação, da Coluna, da Paciência, da Sentença, e as denominações de caráter toponímico, como Cristo de la Laguna, de Killakas, de Q'alakawa, de Mankiri, entre outras). A segunda é o caminho aberto para um processo sincrético, uma vez que para os indígenas aimarás o termo *virgem* corresponde à divindade feminina, o que em parte permitiu a identificação da Virgem Maria com a divindade andina *Pachamama* (Barnadas, 1977:43-5). No entanto, resta saber até que ponto uma divindade se identifica com outra e quais são os pressupostos para tanto.

Para Mariscotti de Gorlitz, um possível sincretismo da deidade andina com a Virgem Maria "se explica en función de su común carácter materno y de otras coincidencias estructurales", entre as quais ela aponta a semelhança entre ambos os cultos e a sistemática construção de igreja nos lugares onde anteriormente se venerava a Mãe Terra. Nesse sentido, conclui a autora que as festas marianas se converteram, com o passar do tempo, na natural prolongação das dedicadas à *Pachamama*, que se realizam na abertura do ano agrícola, no dia primeiro de agosto (Marriscotti de Gorlitz, 1978: 224-7).

Entretanto, Van den Berg prefere chamar essa relação entre a Virgem e a *Pachamama* de *cercanía*, ou seja, uma certa proximidade, mas não de sincretismo. Contrapondo-se a Teresa Gisbert que, fundamentando-se na obra de Ramos Gavilán, teria insinuado a influência dos padres Agostinianos na identificação da primeira divindade com a segunda, o mesmo autor vê maior relação da Virgem com a chuva do que com a terra. Isso, segundo ele, se deve ao fato de que, no processo de erradicação de idolatrias, ela foi identificada com os montes, substituindo, assim, os *Achachilas*, representação dos altos montes e dispensadores da chuva (Van den Berg, 1990:242-4). Tal afirmação parece fazer sentido no caso da Virgem de

Copacabana, uma vez que seu santuário foi construído às margens do maior lago do Altiplano, o Titicaca.

Se, por um lado, a hipótese de Van Den Berg é correta, uma vez que em outros contextos a Virgem também aparece relacionada à água, como em Aparecida (Brasil), Lourdes (França), por outro, ela não invalida outras interpretações em que ela aparece relacionada à terra ou, mais precisamente, à montanha. Nesse sentido, Urkupiña (Bolívia) e Nossa Senhora da Penha (Brasil) são exemplos emblemáticos.

Seja como for, este processo de "identificação" ou "cercania" da Virgem com a *Pachamama* deve ser compreendido com base no contexto da extirpação de idolatrias, em que ele pode ter sido uma estratégia de sobrevivência e resistência da religião andina à proposta cristã trazida pelo colonizador, como veremos a seguir.

2. O processo de extirpação de idolatrias

Para Pierre Duviols, a história da extirpação de idolatrias no mundo andino foi, antes de tudo, uma história de violência e repressão, cuja ação se fundamentava, na visão da Igreja da época, nos princípios teológicos segundo os quais a idolatria, além de impedir a graça do Evangelho, era também uma negação da lei natural, ou seja, da disposição inerente a todo ser humano de buscar o Transcendente. Desses princípios advinha, portanto, a jurisdição inquestionável da ação eclesial, a qual ordenava, na sua Constituição Terceira do Primeiro Concílio de Lima (1551), "la destrucción de las huacas".[1] Assim sendo, segundo o jesuíta José de Acosta em sua obra *De Procuranda Indorum Salute,* de 1579, "no se há de tolerar ningún vestigio de superstición gentílica, sino que cualquier especie de idolatría, si se descubre que la han cometido, hay que perseguirla acerbamente" (Duviols, 1977:54). Um relato da ação da Companhia de Jesus no Peru, feito por Estevan Páez no ano de 1605, pode expressar

---

[1] Deidades andinas pré-hispânicas, as quais foram denominadas pelos colonizadores espanhóis de ídolos (cf. Urbano, 1993:15).

ainda de maneira mais incisiva o alcance de tal ação: "El día que llegamos por la tarde / se cortaron estos tres dioses falsos y otro día por la mañana se armaron cuatro cruces altas [. . .] De allí fuimos a colocar la cuarta Cruz en unas / peñas altas, que su vista causaba admiración pues solas en aquel distrito se hallaron; hazian / dos puntas muy altas, y eran las guacas e ídolos antiguos y por esta reverencia al pie de ellas / estaban muchas sepulturas, y cuerpos envueltos en ropa de algodón, y en lo más alto / un sepulcro de indio principal sacáronse los huesos y echáronse en el río, y los demás se / quedaron [. . .]" (Polia, M., 1999:252).

Assim, para o catolicismo colonial, tudo o que não era expressão da fé cristã era considerado idolatria, superstição e heresia. O primeiro Concílio Limense (1551) emitiu uma resolução que determinava o seguinte: "Mandamos que todos los ídolos y adoratorios que hubiese en pueblos donde hay indios cristianos sean derrocados y quemados y si fuese lugar decente se edifique allí iglesia o al menos se ponga una cruz". Tal resolução foi reiterada pelo Segundo Concílio Limense (1567), o qual foi ainda mais longe, obrigando os indígenas a denunciarem a existência de ídolos entre eles, e caso não o fizessem, seriam castigados pelo seu ocultamento (Querejazu Calvo, 1995:32).

Vale lembrar, no entanto, que tal atitude estava ancorada em fatos históricos ocorridos recentemente na Europa cristã, ou seja, a expulsão dos mouros e o cisma católico-protestante de 1517 (Aliaga, 1997:266). Nesse sentido, o catolicismo passava por um processo de depuração e afirmação de identidade que, no bojo da Contra-Reforma, se estendeu também aos Andes, com a chegada dos jesuítas. Para José de Acosta, membro da Companhia de Jesus, "los indios son como niños o como gente inconstante y poco digna de crédito. Hay que llevarlos a espaldas hasta que puedan caminar por sus propias fuerzas" (Acosta, apud: Urbano, 1993:25). Importa dizer, no entanto, que, segundo Duviols, nos primeiros anos da conquista, saque e extirpação de idolatrias sempre aparecem juntos e, ressalta o mesmo autor, "sería equivocado que considerásemos que la destrucción de los templos indígenas y de sus ídolos fue determinada por el celo de un catolicismo militante. En esos años era muy frecuente que la extirpación fuera un cómodo y providencial *pretexto* para el pillaje, puesto que los objetos de oro abundan, especialmente en los templos del demonio" (Duviols, 1977:90, grifo do autor).

Todavia, tal processo enfrentou forte resistência do homem andino, que a expressou de diferentes formas. A primeira foi por meio de alguns movimentos, como o *Muru Uwquy*, ou "enfermidade da mancha", interpretada como vingança das *Wak'as* (lugares ou pedras sagradas); o movimento dos *Vilcas Ayacucho* (1592), o qual pregava que os adeptos do cristianismo morreriam castigados por uma epidemia; o movimento *Yanahuayras* (1596), para o qual uma epidemia de sarampo era o resultado da conversão ao cristianismo, e, finalmente, o movimento *Taki Onqoy* ou *enfermedad del baile* – canto e dança incontrolável de pessoas possuídas pelas *huacas* –, cuja proposta era o rompimento radical com tudo o que expressava o mundo ocidental (Aliaga, 1997:293-5).

Outra forma de resistência foi a expulsão dos que representavam a proposta cristã, ou seja, os sacerdotes. Estes, denominados de *tatacuras*, exigiam privilégios, ou seja, presentes, que acabavam transformando-se em tributos obrigatórios (*rikuchiku*). A resistência se estendia também a outras pessoas, como as autoridades políticas e educacionais. Eram denominados de *q'aras*, ou seja, os que não pertenciam à comunidade (Albó & Quispe, 1987:20).

Segundo Aliaga, o rechaço a estas pessoas estava ancorado também no mito do *Rharisiri* ou *Kharikhari*, cuja concepção estava fundada na idéia de que alguma pessoa estranha à comunidade pretendia extrair um pouco de sebo dos nativos, com objetivo de descobrir a longevidade. Portanto, esta pessoa poderia ser o médico, o professor ou o sacerdote, todos em contato com o mundo urbano, onde se adquiria a maquineta para tal procedimento. As pessoas afetadas apresentavam uma marca no corpo em forma de um C, e os sintomas desta enfermidade eram vômito, diarréia e alta temperatura (Aliaga, 1997:295-7).

Na verdade, a resistência à proposta aculturativa cristã manifestou-se de forma mais ampla, mediante a permanência de ampla gama de rituais realizados no âmbito do privado, para os quais os ministros eclesiásticos não eram convidados. Entre eles temos o ritual do primeiro corte de cabelo da criança, a *rutucha*, ocasião propícia para a ampliação das relações de compadrio e reciprocidade entre os pais e compadres. A repressão a esse ritual se deu com a instituição do batismo obrigatório e a mudança do nome das crianças, ou seja, era preciso dar-lhes nomes cristãos (Aliaga, 1997:317). A permanência deste ritual até hoje entre os imigrantes bolivianos em São Paulo revela que os fundamentos míticos dessa prática religioso-cultural continuam sólidos e convivem perfeitamente com o ritual cristão.

Outro exemplo de rituais que permaneceram com muita vitalidade, apesar da repressão a que os submeteu o cristianismo, é o dos relacionados ao mundo dos mortos. Na cosmovisão andina, as almas falam antes e depois da morte com os vivos e sentem fome e sede em razão da circulação constante entre os dois mundos. Assim, temos o ritual do velório (*Almar Wilt'aña*), o qual deve durar cinco dias, uma vez que as almas se separam do corpo depois desse tempo. Nessa ocasião se evita o termo *morreu*, dizendo-se, em vez disso, "se ha perdido, se ha ido, nos ha dejado". Isso porque a morte é um processo de passagem para o outro mundo, denominado de *Kha-Pacha*, onde os mortos permanecem até se encarnar nas montanhas para ser os eternos vigilantes da comunidade. No momento do enterro também é realizado um ritual, quando o corpo é preparado para a viagem. No caixão são colocadas roupas novas, ponchos, *chuspa* com folhas de coca, comida e bebida.

Depois de oito dias se realiza outro ritual, o da lavagem da roupa do falecido em algum rio. Antes se faz a oferenda aos *Achachilas* e à *Pachamama*. Em seguida, no final do dia, realiza-se o rito de despedida num monte mais próximo, onde as roupas mais velhas são queimadas e as outras são jogadas ao vento com algumas palavras de despedida. Finalizado o ritual, todos regressam para casa sem olhar para trás (Aliaga, 1997:369-90).

Contudo, todas essas relações com o mundo dos mortos têm sua expressão máxima no ritual para as almas, no dia de finados, também chamado de "altar de Todos os Santos" (*Almar Apxataña*). Vale notar que, embora seja um ritual fúnebre, tem caráter marcadamente festivo e alegre, com música e momentos de partilha de comida e bebida, seja na casa do homenageado, seja nos arredores do cemitério, depois do ritual, o que nos permite dizer que, apesar do seu caráter aterrador, a morte também se transforma em festa.

Estes exemplos ilustram que a questão da extirpação de idolatrias nos Andes é algo mais complexo do que possa parecer, exigindo análise de mais longa duração, como sugere Barnadas. Do contrário, incorre-se em conclusões generalizadoras, ao se afirmar que a persistência da religião andina poderia significar o fracasso dos primeiros anos de evangelização (Barnadas, 1993:103). Na verdade, o que se viu foi a permanência de práticas religiosas tanto de um lado quanto do outro, muitas vezes apresentadas com nova roupagem, e que fazem parte do que já foi denominado de "campo mágico-religioso" contemporâneo (Magnani, 1991:7).

3. Um encontro de cosmologias?

Depois de quinhentos anos da chegada dos europeus no "novo mundo", denominado por eles de "América", são muitas as leituras e releituras sobre as implicações e significados que este evento possa ter tido para colonizadores e colonizados. Aparte os aspectos sociais, econômicos e políticos inerentes a este encontro-desencontro, o que nos interessa é saber, da perspectiva da religião, como se deu a relação entre duas cosmologias que aparentemente não apresentam nenhum ponto de convergência, a visão de mundo cristã e a andina. No entanto, análises como a de Aliaga (1997) afirmam que os princípios evangélicos trazidos pelo "civilizado" sempre estiveram presentes na prática religiosa dos povos andinos, deixando, assim, entrever que o processo de evangelização deveria ter-se dado na forma inversa, ou seja, os primeiros é que deveriam ter sido evangelizados por estes últimos.

Entretanto, neste "encontro", marcado pela violência dos invasores e corroborado por um substrato mítico de que o Deus andino Viracocha voltaria pelo oceano para proteger seus filhos, o resultado não poderia ser diferente, ou seja, a imposição de novas práticas culturais e religiosas.[2] Se

---

[2] Situação análoga encontramos entre os congoleses, para os quais a chegada dos portugueses foi, segundo Marina de Mello e Souza, "um acontecimento traumático, e, por terem vindo do mar, eles pertenceriam ao domínio do sagrado". Nesse sentido, afirma

num primeiro momento a visão dos colonizadores poderia parecer a vencedora, o que se observa é a sobrevivência da religião andina sob nova roupagem. Nesse sentido, segundo Taussig, temos o que ele denomina de "criptopaganismo", como uma forma de resposta do homem andino à colonização (Taussig, 1980:159). Seja como for, acredito que o termo *paganismo* não se conforma à situação analisada, uma vez que reproduz o olhar prepotente da cultura ocidental cristã, a qual denomina de pagão tudo aquilo que difere de sua cosmovisão religiosa.

Assim, ao longo da história, se desenvolveria uma relação tensa entre duas cosmovisões, a dos povos originários da região (quéchuas, aimarás, guaranis e tantos outros) e a de origem cristã, trazida pelos europeus, a qual pretendia impor-se como única e verdadeira. Por essa razão, alguns estudiosos do mundo andino (Taussig, 1980; Albo, X. & Werk, M., 1986, Van Den Berg, 1990; Jakob, 1994, Aliaga, 1997) apontam que as manifestações religiosas dos povos originários da região foram recriadas incorporando novos significados com base em uma nova conjuntura histórica. Tal recriação apresenta, portanto, alguns elementos que parecem estar em contínua tensão, como é o caso da noção do espírito do mal, que não existia de forma definida na cosmovisão pré-colombiana, mas que passou a ser incorporada como resultado da imposição cultural realizada pelos conquistadores (Taussig, 1980:169). Foi assim que *el Supay* (quéchua) ou *Supaya* (aimará), deidade benigna e maligna ao mesmo tempo, passou a ser relacionado ao demônio da cosmologia cristã pelos evangelizadores (Duviols, 1977:39).

Num outro contexto, Max Weber constatou que, quando existe a repressão de um culto por outro mais forte, os antigos deuses continuam existindo como "demônios" (Weber, 1969:345). Da mesma forma, para Bourdieu, "toda prática ou crença dominada está fadada a aparecer como profanadora na medida em que, por sua própria existência, e na ausência de qualquer intenção de profanação, constitui uma contestação objetiva

---

a mesma autora que, "a conversão voluntária dos congoleses foi resultado da compreensão particular que tiveram da chegada dos portugueses, vistos como emissários do mundo dos mortos" (Souza, 2002:64-7).

do monopólio da gestão do sagrado e, portanto, da legitimidade dos detentores deste monopólio" (Bourdieu, 1992:45).

Na verdade, na visão de mundo do homem aimará, tudo se relaciona de forma interligada e harmônica: a divindade (*Qullana*), o cosmo (*Pacha*) e a comunidade humana (*Ayllu*), não deixando espaço para concepções dicotômicas presentes na visão cristã como, por exemplo, bem e mal, sagrado e profano, céu e inferno. Nesse sentido, *Pacha* enquanto espaço se subdivide em três níveis cosmológicos: o mundo de cima, *Alax Pacha,* o mundo daqui, *Aka Pacha* e o mundo de baixo, *Manqha Pacha*.[3] Quanto ao tempo, temos também três subdivisões: o tempo das fortes chuvas e do crescimento das plantas, o *Jallu-Pacha*, o tempo dos fortes ventos e, portanto, da estação seca, o *Awti-Pacha*, e o tempo das geadas, propício para elaborar *el ch'uñu, la tunta* (tipos de batatas desidratadas), *o Juyphi-Pacha* (Aliaga, 1997:115-6). Com base nessa perspectiva, segundo Diego Irarrázaval, não seria correto definir a *Pachamama* como *Mãe Terra*, porque *Pacha* significa espaço e tempo vital e *Mama*, mãe. Entretanto, reconhece o mesmo autor que não há um termo em espanhol que seja capaz de expressar o que é a *Pachamama*, ou seja, "la globalidad de la existencia, la vida" (Irarrázaval, 1986:81).

Se para cada atividade relacionada ao tempo da natureza temos uma denominação temporal específica, o mesmo ocorre para as ações históricas. Assim sendo, temos o *Laq'a-Pacha*, tempo dos antepassados que se transformaram em terra e das profundezas alimentam o futuro do grupo; o *Nyra-Pacha*, relativo à história da cultura, enquanto tempo das relações solidárias; *Purum-Pacha*, tempo de cultivar as terras virgens; *Chullpa-Pacha*, tempo das trevas; *Jichha-Pacha*, tempo atual; *Ch'axwaña-Pacha*, tempo da luta pelos direitos usurpados; *Mutuñ-Pacha, Ta'aghisiñ-Pacha, Qayuñ-Pacha*, tempo do sofrimento, da miséria e do desespero; *Kuti-Pacha*, tempo do

---

[3] Representações análogas do cosmo podem ser encontradas em outras sociedades indígenas da América do Sul. Para os tapirapés, por exemplo, o cosmo é representado por meio de "pavimentos sobrepostos" – céu, terra e subterrâneo. Para os marubos o universo está dividido em diversas camadas terrestres e celestes. Da mesma forma para os caiapós-xicrins ele é representado de forma tripartida, "com um mundo superior, um intermediário e um inferior que dividem o eixo vertical em níveis distintos, podendo ainda conceber este espaço sob o registro horizontal" (Gonçalves, 2001:138-9).

retorno do grande universo andino, e assim por diante (Irarrázaval, 1986: 116-22). Semelhante concepção pode ser encontrada na cosmovisão judaica de tempo, para a qual também há um tempo específico para cada atividade humana: tempo da guerra, da semeadura, da colheita, do amor etc. (*Eclesiastes*, 3,1-8).

Vale notar que a cosmovisão andina dos três níveis pode ser observada nos altares talhados em pedra pelos incas na região de Cusco e Machu Picchu, no Peru. Do ponto de vista cristão, essa trilogia é interpretada como uma referência ao mistério da Santíssima Trindade, dogma central do cristianismo. Diante de tal analogia, poderíamos nos perguntar se a trilogia representada nos altares cristãos não seria uma representação da trilogia andina e cristã ao mesmo tempo. Tudo parece indicar que sim, ou pelo menos seria um elemento de diálogo entre ambas as cosmovisões.

Outro ponto de interseção entre as duas cosmovisões diz respeito ao lugar privilegiado da experiência humana enquanto *Jaqi* (homem/mulher), experiência de complementaridade dos papéis masculinos e femininos na constituição de uma comunidade. Para os andinos, a comunidade (*ayllu*)[4] significa o lugar do encontro e da partilha dos bens. É nela onde cada um se sente pessoa e é respeitado, uma vez que é capaz de partilhar com seus iguais. É o lugar onde um projeto comum pode ser gestado e gerido pela participação de todos.

Entretanto, Maurice Godelier, apoiando-se no trabalho inédito de John Murra, *The Economic Organization of the Inca State*, aponta que esta forma de organização social sofreu profundas modificações mesmo antes da chegada dos espanhóis com a dominação incaica. As terras, que antes eram de domínio comunitário e o modo de produção fundado na

---

[4] Vale notar que a raiz *(ha)ay* indica origem comum: *ayma* = ter o mesmo sangue. Assim, *ayllu* significa a comunidade local, convivência comum. Da mesma maneira, outras palavras com a mesma origem mantêm a mesma significação: *aynuqa* = terreno comunitário, *haynatha* = lavrar a terra juntos, *ayni* = ajuda mútua (Van den Berg, 1992: 293). Segundo Mario Polia Meconi, "en época prehispánica el ayllu estaba integrado por los descendientes – verdaderos o supuestos – de un ancestro / héroe cultural común. Por esta razón, todos los miembros de un ayllu conocían un mito de origen común y se reconocían celebrando el culto del ancestro mítico, representado por una huaca llamada *paqarina*, o *paqarisqa* – piedra, peña, cueva, etc." (Polia, M., 1999:271).

cooperação recíproca entre parentes e vizinhos, foram apropriadas pelo Estado inca e passaram a ser trabalhadas pelo mesmo Estado e pelos camponeses, submetidos, a partir daquele momento, a um regime de corvéia. E para instituir esse novo modo de produção, "o Estado fornecia os instrumentos de trabalho e as sementes e insistia em que as pessoas trabalhassem com vestimentas de festa, acompanhando-se de música e cantos. Assim, as formas antigas de reciprocidade econômica e também as da ideologia e do ritual que lhe correspondiam serviam agora ao funcionamento de relações diretas de exploração e servidão econômicas [. . .]" (Godelier, 1975:12-3). Hoje esta forma de vida permanece como valor e, segundo Aliaga, ela está cada vez mais ameaçada pela divisão da terra, pela falta de planificação e apoio estatal (Aliaga, 1997:131). O mesmo ideal de vida comunitária igualitária está presente na gênese do cristianismo, e está expresso no livro dos *Atos dos Apóstolos*, o qual diz que "todos os que abraçaram a fé eram unidos e colocavam em comum todas as coisas; vendiam suas propriedades e seus bens e repartiam o dinheiro entre todos, conforme a necessidade de cada um" (*Atos*, 2, 44-5).

Tanto para a cosmovisão andina quanto para a cristã, a experiência humana só tem sentido se estiver fundada numa correlação de forças entre natureza e sobrenatural, pois a ausência de uma das partes dessa relação poria em risco o equilíbrio do mundo e a própria vida. Nesse sentido, para o homem andino e, especialmente, para os aimarás, tudo está interligado, e por isso é possível denominar a terra de mãe, as montanhas de avós, os animais de filhos e as plantas de irmãs (Van Den Berg, 1992:296). Analogia semelhante pode ser encontrada no cântico das criaturas de São Francisco de Assis, para quem deve existir relação de irmandade entre a humanidade e as criaturas criadas por Deus. Entretanto, vale lembrar que tal visão constrasta com a presente no texto bíblico do *Gênesis* (1,26), segundo a qual Deus colocou "criaturas inferiores" no mundo e subordinou-as ao homem "para servi-lo". Importa ressaltar, porém, que esta visão antropocêntrica da criação começa a ser questionada no final do século XVII, com base em uma argumentação de que "a terra e as espécies que nela viviam não foram criadas em benefício da humanidade, mas tinham vida e história independentes do homem" (Keith Thomas, 1988:201).

De qualquer forma, uma tentativa de interseção explícita e direta entre as duas cosmovisões parece ter-se dado com abordagens teológicas de dois padres agostinianos, Calancha (1610) e Ramos (1619), os quais tratam de andinizar o culto à Virgem e, por sua vez, cristianizar o culto à Pachamama, identificando aquela ao monte de prata de Potosí. Assim, afirma Ramos: "María es el monte de donde salió aquella piedra, que es Cristo" (Ramos, apud: Van Kessel, 1982:272). Com base nessa perspectiva teológica, a Virgem Maria passou a ser identificada a outros montes da região andina, como é o caso de Sabaya, situado no norte andino chileno. Além disso, também foram produzidas representações iconográficas fundamentadas nessa visão teológica. A mais explícita delas é o célebre quadro existente no Museu da Moeda em Potosí, onde, segundo Teresa Gisbert, "en el lienzo se muestra la montaña con rostro femenino y un par de manos con las palmas abiertas. Es la imagen de María inserta en el Cerro y coronada por la Trinidad" (Gisbert, apud: Salles-Reese, 1997:30).

Outra forma mais recorrente de representar a Virgem Maria como Pachamama é pintá-la sobre uma pedra em forma triangular. Tal representação é encontrada na advocação da Virgem da Candelária. Segundo Van Kessel, essas representações acabaram por enfatizar a Virgem como montanha e como pedra, fazendo que ela seja venerada nos montes chamados calvários, como ocorre em toda a cordilheira do norte chileno (Van Kessel, 1982:272). O mesmo fenômeno se dá em Quillacollo, onde, segundo a tradição, a Virgem apareceu sobre um monte (*Or-qo*), derivando daí o seu nome, *Urkupiña*. É neste lugar denominado de calvário que todos os anos no dia 16 de agosto os devotos vão fazer os seus "empréstimos" com a Virgem, na esperança de ver suas pedras se transformarem em dinheiro, casas, carros, viagens, entre outras coisas.

Essa forma própria de combinar diferentes concepções religiosas resultou no que Michelle Bigenho (1993) denomina de "cosmovisión sincrética", cuja forma encontrada para resolução ou exacerbação dos conflitos é, segundo a mesma autora, a prática festiva. É nela que visões de mundo, crenças e tradições aparentemente antogônicas se manifestam nas formas materiais e sensíveis, revelando que o processo cultural é dinâmico, ressignificando práticas culturais tidas ora como "folclóricas", ora como "arcaicas", dependendo do contexto onde são recriadas. A observação de práticas festivas no contexto original revelam, como se verá adiante, que elas são antes de tudo um espaço de manifestação das diferentes tradições culturais e religiosas, e não apenas lugar de sua harmonização, sob controle do catolicismo oficial.

4. As devoções marianas no contexto andino

Vimos anteriormente que as devoções marianas foram uma das estratégias mais bem-sucedidas da evangelização realizada particularmente pelas ordens religiosas na igreja de Charcas (Bolívia, a partir de 1825, com a criação do Estado nacional). O mesmo se pode dizer também com relação a outros países da América espanhola, bem como da América portuguesa, como é o caso do Brasil. Como afirma o documento de Puebla, Maria é a expressão mais alta da evangelização na América Latina (Puebla, 1979, n. 282).

É preciso dizer, porém, que essa evangelização só se tornou possível graças a uma cosmologia partilhada por vários povos andinos, a qual está relacionada aos seus diferentes níveis ecológicos do vasto território andino, possibilitando, assim, a construção de uma visão de mundo estruturada e articulada com o meio físico. Tudo isso encontra respaldo e se realimenta continuamente de modo cíclico no culto às divindades e aos antepassados, reproduzindo-se até os dias atuais. Entre essas divindades cultuadas pelo homem andino neste espaço vital onde a vida humana se reproduz, denominado de *akapacha*, ou *nuestro mundo*, temos os *Mallcus*, ou *espíritos das montanhas* nevadas que circundam as comunidades, cultuado no primeiro nível, a uma altitude de 5.000 metros, a *Pachamama*, ou *Mãe Terra*, celebrada no segundo nível, a 4.000 metros de altura, seja na Cordilheira ou no Altiplano, e o *Amaru*, ou *serpente*, que está vinculado à economia das águas e dos rios e canais de irrigação das terras agrícolas superiores e inferiores, entre 2.000 e 3.000 metros de altura, e que é venerado no terceiro nível (Kessel, 1982:276).

O profundo respeito do homem andino pela natureza se condensa,

UM OLHAR PELOS MEANDROS DA HISTÓRIA   117

por assim dizer, no culto à terra, denominada por ele de *Pachamama* ou *Mamapacha*. Ela "merece veneración porque es sagrada. Por eso no se puede roturar o ni siquiera pisar así nomás. Esto significa que el vivir y el morir depende de la Tierra. El aymara sin tierra ya es un extranjero, ajeno a la comunidad, como si estuviera muerto" (Albó & Quispe, 1987:14). Nessa perspectiva, como afirma Gerardo Fernández Juárez, "para considerar la importancia de la Pachamama dentro de la concepción religiosa aymara es bueno tener presente el carácter insustituible de la madre dentro de una sociedad campesina que há maternizado igualmente a la tierra. Por esta circunstancia, la Pachamama si bien carece de un perfil iconográfico unívoco, está vinculada con frecuencia a una imagen de mujer; de mujer campesina" (Juárez, 1995:153).

Entretanto, para Olívia Harris, *La Pachamama* é a divindade andina mais familiar e ao mesmo tempo mais opaca, uma vez que dela advém toda a abundância de bens dos quais depende a nossa vida. Nesse sentido, a autora a define como "la abundancia o totalidad de arquetipos germinantes del suelo" (Harris, 1988:17). Nesta mesma perspectiva, para Mariscotti de Gorlitz, o respeito que os indígenas têm pela terra chega a se transformar em temor, pois ela se revela a eles como *un ente hambriento y amenazador*, diante do qual é preciso precaver-se, oferecendo-lhe presentes no momento adequado. Entre as várias formas de representação dessa deidade encontradas pela autora, temos a imagem de que a *Pachamama* é uma mulher anciã e de baixa estatura que vive embaixo da terra. Além dessa representação, ela aparece também identificada como um grande sapo do sexo feminino, cuja representação se encontra amplamente visualizada na cerâmica *mochica* e nas máscaras dos dançarinos (Mariscotti de Gorlitz, 1978:31-52). Entretanto, segundo Tristan Plat, seu caráter ambíguo manifesta-se de forma extrema ao ser associada, por um lado, ao *Tío* "diabólico" das minas, intercedendo pelos mineiros, e por outro, à Virgem Maria da tradição cristã (Plat, 1988:32). Nesse sentido, *el Tío* aparece, às vezes, como o esposo da *Pachamama*.

Apesar dessa aparente ambigüidade, parece provável que tal processo de *maternização* da terra tenha possibilitado a grande aceitação do culto à Virgem Maria da tradição católica entre os povos aimarás, constituindo, por conseguinte, importante elemento de interseção entre as duas cosmologias, uma vez que no seu idioma a terra é igualmente denominada *la virgen*. Todo este complexo de crenças fundamenta a lei da reciprocidade entre os humanos, a natureza e o sobrenatural, a qual garante o equilíbrio entre os três mundos de *Pacha*. Se algo não anda bem, é porque a comunidade violou alguma regra dessa relação, por exemplo, como algum descuido na realização dos ritos ou o não-cuidado com os órfãos, entre outros. Tal concepção revela que não se pode usufruir dos benefícios concedidos pela *Pachamama* sem retribuir-lhe com presentes. Por isso, é preciso festejá-la sempre (Albó & Quispe, 1987:15).

Nessa cosmovisão nada está, portanto, isolado, mas existe e se movimenta em função do outro, ou seja, complementa-se numa relação de forças opostas. No plano geográfico, as comunidades de cima se inter-relacionam com as de baixo. O mundo animal comunica-se com o humano por meio dos sonhos, anunciando-lhe bons ou maus presságios. Assim, por exemplo, sonhar com peixe é sinal de frio, com o touro, briga, com o burro, muito trabalho, com a batata, dinheiro, com um caminhão, morte. Ou ainda o ladrar de um cachorro indica a morte de alguém da comunidade, uma vez que os animais também têm a faculdade de interceder junto às divindades (Aliaga,1997:152-6). Essa complementaridade expressa-se ainda no consenso comunitário entre homens e mulheres, o qual deve passar necessariamente pelo coração: *taqi chuyma* (Aliaga, 1997:158). Tal norma nos faz rememorar o que Franz Boas disse num outro contexto sobre sua experiência entre os esquimós da ilha de Baffin, a qual foi registrada no seu diário de campo escrito entre 1883-1884 – para eles, "the value of a person lies in the cultivation of the heart (herzenbildung)" (apud: Stocking, J., 1983:33).

O culto à tríada *Mallcu-Pachamama-Amaru* constitui, na verdade um tríplice culto à fertilidade que gravita em torno da água, fonte de vida. Nesse sentido, como afirma Kessel, esse culto refere-se à tríada da "origem-abundância-distribuição" da água que gera a vida, uma vez que o *Mallcu* cuida das reservas de águas, a *Pachamama* produz os frutos que alimentam a humanidade, e o *Amaru* distribui a água que fertiliza os cultivos, formando assim um sistema ecológico integrado, o qual encontra respaldo na esfera do sagrado, constituindo, assim, os fundamentos para a estrutura social, econômica e política das comunidades aimarás (Kessel, 1982: 277).

É, portanto, neste ecosistema integrado, que dá sustento a uma cosmovisão própria dos povos andinos, que são realizadas as festas da Virgem Maria, seja na cordilheira chilena (norte), onde é venerada sob a advocação de Virgen del Carmen de la Tirana, no dia 16 de julho, seja em Paucartambo-Cusco, onde é celebrada simplesmente como La Virgen del Carmen, também na mesma data, ou no Altiplano boliviano, onde é festejada como La Virgen de Copacabana, em 2 de fevereiro, dia de Nossa Senhora da Candelária, e em 5 de agosto, um dia antes da festa pátria, por ser ela a padroeira da Bolívia. É importante dizer que sua festa, em fevereiro e agosto, coincide com outras duas festas dedicadas à *Pachamama*, a primeira com a festa da fertilidade dos rebanhos, denominada *Floreo* ou *Enfloramiento*, e a segunda com a festa de preparação da terra para a semeadura.

Em todas essas festas marianas do contexto andino, é possível encontrar uma estrutura temporal comum, com a realização das "vésperas", anunciando o início dos festejos, em geral com fogos de artifício e a apresentação de vários tipos de danças pelas fraternidades folclóricas, denominada *entrada*; o dia da festa propriamente dito, marcado pelos atos religiosos oficiais, como a missa e a procissão com a imagem da santa; e o pós-festa, ou "despedida", que em alguns casos se prolonga por mais alguns dias, dependendo do lugar.

Outro elemento organizacional comum à maioria delas, com exceção da festa de La Tirana, é a instituição do *presterío*, em que os festeiros são denominados de *prestes* ou *pasantes* na Bolívia, e de *priostes* ou *mayordomos*[5] no Peru. Sua presença é de suma importância para a dinâmica dos festejos,

---

[5] Na zona costenha do Peru (Incahuasi) o sistema de *mayordomías* implica responder pelos gastos mais importantes da festa, como a contratação dos músicos e dançarinos, os fogos de artifício, adornos e lembranças, bem como o estandarte que acompanhará a procisssão. No caso da festa da Virgem das Mercedes, o *mayordomo* pertence a uma família que tem mantido o cargo por várias gerações. Em geral eles são membros de ricas famílias locais, as quais detêm também algum tipo de poder político (Casas Roque, L., in: Romero, 1993:302-04).

pois eles são a mediação entre a Virgem, na esfera do sagrado, e o povo, na esfera do profano, mediação que se materializa na redistribuição de bens simbolizados na comida e bebida abundantes para todos os convidados, durante os vários dias de festa. A promessa de dançar pelo menos três anos à Virgem, como forma de retribuir-lhe algum favor recebido, é também outro elemento presente em todas as festas.[6]

Uma das características dessas festas devocionais é sua capacidade de aglutinação de devotos, que em geral são oriundos de outros lugares do país e do exterior. Nesse sentido, as fronteiras geográficas e nacionais ficam em segundo plano, prevalecendo as afinidades culturais dos que partilham uma mesma cosmologia e um mesmo sistema ecológico. Por essa razão, é comum ver a dança da *diablada*, da *morenada*, dos *caporales*, entre outras, tanto nas festas da Virgem realizadas em várias partes da Bolívia – Socavón (Oruro), Urkupiña (Cochabamba), Copacabana (La Paz) – quanto na festa de La Tirana (Chile), ou na de la Purísima Concepción (Lambayeque, Peru).

5. As devoções marianas na Bolívia

Vimos no Capítulo 2 deste trabalho que o ciclo de festa realizado pelos bolivianos em São Paulo é amplo e variado, concentrando-se, porém, no mês de agosto com as festas marianas, seja no âmbito da Pastoral, seja fora dele. O mesmo acontece na Bolívia, com a diferença de que, no contexto original, a variedade é maior e as festas são realizadas no mesmo dia indicado pelo hagiológio católico.

Assim sendo, desde a época colonial, com a devoção à Virgem de Copacabana, iniciada em 1583, os santuários marianos na Bolívia se transformaram em grandes centros de peregrinação e manifestação da fé

---

[6] Na costa peruana (Lambayeque), quando um(a) dançarino(a) toma a decisão de não dançar mais para a Virgem, deve cumprir um ritual que consiste em dançar em frente à imagem da santa durante a adoração e pedir-lhe permissão para retirar-se dizendo: "Virgen linda y poderosa, te he acompañado diez años de danzante, hasta aquí te he acompañado, me retiro. . ." (Casas Roque, 1993:311).

popular. Além de Copacabana, temos outros três centros catalisadores destas devoções, como os da Virgem de Socavón (Oruro), da Virgem de Urkupiña (Cochabamba), e o da Virgem de Cotoca (Santa Cruz).

Apesar do caráter regional que cada uma delas possui, vale notar, entretanto, que a devoção à Virgem de Urkupiña tem ganhado relevância nacional e até internacional nas últimas três décadas. Tal relevância se confirma pelo fato de ter sido proclamada pela Igreja boliviana, no final da década de 1970, como "a Virgem da Integração Nacional".

As razões pelas quais Urkupiña vem popularizando-se entre as devoções marianas na Bolívia são múltiplas. Entre elas destaca-se sua localização. Situado nos vales, região central do país, o templo da Virgem facilita o acesso dos peregrinos de todas as partes, particularmente da região de Santa Cruz de la Sierra, lugar de onde vem grande parte dos seus devotos. Todavia, o aspecto mágico-religioso do "empréstimo" da pedra presente nessa devoção parece ser um dos elementos explicativos de sua propagação, como sugere o padre Federico Torrico, pároco de Quillacollo. Interrogado sobre a questão, disse ele: "Copacabana en la conciencia del pueblo es Copacabana, porque es muy querida la imagen de la Virgen, porque además hay una identificación, digamos con la Virgen Morena del Lago, no! Y el otro, pués, es el aspecto de que en el corazón del pueblo es la Virgen de Copacabana, la reina coronada de Bolivia. Pero, por las circunstancias geográficas, digamos, Urkupiña reune más gente y luego por la conotación que le decía, está ligado al aspecto económico. Pero de ninguna manera se le quita a la Virgen de Copacabana su lugar".[7]

Da mesma maneira, Padre Francisco, superior dos frades franciscanos em Copacabana, também concorda com essa explicação, pois, segundo ele, o santuário de Copacabana é visitado durante todo o ano, pela sua importância e por ser também uma zona turística e arqueológica. E acrescenta que "Copacabana es menos comercial, incluso, pués, el santuario manifiesta más un clima de oración, de devoción. En cambio, Ukupiña es

---

[7] Para o padre Federico Toribo, esta preocupação surgiu num contexto de crise socioeconômica e política pela qual passava a Bolívia no final da década de 1980 e princípio dos anos 1980, razão pela qual até mesmo os governos militares também participavam dos festejos (Quillacollo, 17/2/2000).

más folklore, comercial, donde hay multitud de personas. Más que todo, incluso los políticos aprovechan para estar presentes, hacer su campaña y se ha convertido en este sentido" (14/2/2000).

Se, por um lado, é verdade que a devoção à Virgem de Urkupiña vem difundindo-se com maior rapidez, seja no âmbito nacional, seja no internacional, por outro, o argumento de que essa devoção está mais permeada pelos interesses econômicos e políticos, como expressaram os padres acima citados, não se sustenta. Isso porque, de um modo geral, todas as devoções e festas religiosas populares, em qualquer lugar do mundo, apresentam essas características em maior ou menor grau.

O que se observa é que o fenômeno sócio-religioso e cultural da Virgem de Urkupiña tornou-se mais complexo, apresentando uma multiplicidade de aspectos que merecem atenção mais particularizada. Quanto à sua origem, não existem dados históricos precisos que atestam o início da devoção. O documento mais antigo alusivo à sua festa data de 1760 ou 1761 (Beramendy Orellana, in: Taboada Terán, 1999:29). O que se sabe foi transmitido por tradição oral, sobretudo o mito da sua aparição no monte *Qota*, em Quillacollo. O relato a seguir foi colhido da senhora Dora, de oitenta anos, e natural de Cochabamba, a qual diz ter ouvido tal narrativa de sua mãe.

> Mamita me contó, pués, que la virgencita de Urkupiña había encontrado en el Calvario, no!, con una overejita que estaba dando de pastar a sus ovejas. Y dice que la chica todos los días llegaba tarde con las ovejas a su casa, y los padres le dijeran: "Por qùe llegas tan tarde, qué cosa haces?". "Es que hay una señorita con un berzo, tiene a su hijito con ella y nosotros estamos allí jugando y por eso no me llego temprano. Es bien simpática la señorita. Se quieres les voy hacer conocer, así que venga, yo voy avisarles". Bueno, entonces el padre dijo: "Que señorita puede ser con su hijito?". Se pusieran a pensar. Algo debe ser. Entonces dicen que los padres fueron al párroco y dijeran: "Tengo una hija que va a dar de pastar a las ovejas y llega tarde y ahora dice que hay una señorita que le hace compañía y con ella se está conversando y tiene su hijito y con él se queda jugando y llega tarde. Y ahora nos ha

dicho que nos va hacer conocer la señorita. Algo deve ser. Yo quisiera que me acompañes". Eso los padres le dijeran al párroco. Entonces, el párroco les dijo: "Así que la chica esté allí, me llame que yo voy a ir". Bueno, así hicieron los padres. La chica dice así que apareció la virgencita, como una estrella, así apareció la virgencita y se ponía a conversar y se sentaba sobre una piedra y el niñito se ponía a jugar. Corriendo fue donde a sus padres a avisarles: "Ya está aquí, ha venido. Estoy conversando con ella". Los padres, dicen, corriendo se fueron a avisar el párroco y vinieran mucha gente más a ver y encontraron la señorita. Dice, con un vestido, con una túnica de aguayo, color amarillo oscuro, con eso vestida, dice que estaba y su hijito. El párroco le habló y le dijo por que venía a perturbarle la chica todos los días, a conversar. Le dijo: "Es mi compañera, es la única con quien puedo conversar. A mi nadie me conoce aqui, yo quiero que me conozcan". Cuando terminó de hablar, dice que desapareció. Entonces ellos dijeron: "No, esta es una aparición, no es una señorita como dice la chica". Dice que se perdió como entre nubes. Habia un árbol de algarrobo, con él dice que se perdió (entrevista realizada em novembro de 1998).

Comparando esta versão com outras, constatamos que elas variam, porém seus elementos centrais se repetem: a pastorinha, o lugar, a pedra como prova da representação do sagrado[8] e a mensagem transmitida pela Virgem, ou seja, o pedido da construção de uma capela. Vale dizer que alguns desses elementos, como o lugar da aparição, são característicos dos relatos de aparições da Virgem Maria em outros contextos, constituindo o que Pierre Sanchis (1983) denomina de "invocações toponímicas de Maria".

Outra questão que se levanta é a apropriação desses relatos por diferentes pessoas ou grupos, sejam devotos, sejam oriundos de instituições eclesiásticas, sendo, portanto, passíveis de várias interpretações. Para o padre Federico Torrico, a propagação do culto está intimamente relacionada à

---

[8] As aparições de santos e da Virgem Maria em pedras é uma crença muito arraigada em toda a região de Cochabamba e em outras regiões andinas (Albó & Calla, 1996:210).

questão econômica da Bolívia, que em décadas anteriores aos anos 1970 experimentou forte migração de trabalhadores vindos dos vales para as minas. O trabalho que realizavam era exatamente romper a montanha para retirar o mineral. Ocorre que muitos regressavam à festa em Quillacollo, para onde a mesma prática de romper a pedra foi transferida, mas com uma única diferença: nas minas era preciso pedir licença ao *Tío*, deidade subterrânea dona dos minerais, e em Ukupiña, à Virgem. Nesse sentido, afirma o padre: "la gente lleva un pedazo de piedra, significando primero el trabajo. Este trabajo es el resultado de un esfuerzo, es lo económico para obtener todo lo que una familia desea, que es tener una casa propia, un vehículo, o un capital para el negocio. [. . .] Y continua hasta hoy día este hecho de sacar a las piedras para significar, pues, que ellos están trabajando, sacando capital y es la Virgen que les da" (17/2/2000).

Essas correlações entre o trabalho na mina e o ato simbólico de romper as pedras, entre a deidade subterrânea, *El Tío*, e a Virgem Maria, merecem, portanto, algumas considerações. Se, por um lado, a busca de proteção da Virgem para resolver os problemas econômicos pode ser a expressão de uma realidade social em crise, como é o caso da referida atividade da mineração, por outro, ela expressa também a permeabilidade das práticas religiosas na Bolívia, as quais incorporam sem maiores problemas elementos da religião andina e do catolicismo.

Entretanto, autores como Maria L. Lagos vêem nessa devoção um processo de mudança ao longo dos anos. Isso se deve ao fato de que as pedras, antes num contexto camponês, significavam forças vitais para a reprodução da comunidade, pois pertencem à *Pachamama*, e agora passaram a simbolizar "dinheiro" ou "capital", que se toma emprestado da Virgem, e que deve ser devolvido com "juros", no ano seguinte (Lagos, apud: Silva, 1997:246). Se é verdade que a pedra passou por um processo de ressignificação, entretanto, seria perigoso reduzir tal processo a uma visão predominantemente economicista, desconsiderando, assim, uma cosmovisão que dá sentido a práticas culturais de caráter mágico-religioso, como é o caso do culto às pedras no contexto andino.

O mesmo pode-se dizer em relação à percepção comum de que os indígenas perderam seu espaço na festa, sobretudo no dia da denominada

Entrada folklórica, quando milhares de dançarinos pertencentes a várias *fraternidades* apresentam suas danças e coreografias a milhares de espectadores. Se, por um lado, eles perderam evidência diante do poder e brilho de outros grupos de danças, em geral compostos por jovens universitários, por outro, isso não significa que deixaram de participar dos festejos. Prova disso é a realização de uma *Entrada folklórica* só de grupos indígenas, dois dias antes da apresentação oficial. Importa ressaltar que "Entrada" é uma designação arcaica que remete a um fenômeno de longa duração, pois originalmente se referia à chegada festiva, a um lugar, de reis, bispos etc. Entretanto, quando se trata de uma prática cultural dos indígenas, ela é considerada como algo "folclórico", tal como os deuses dos outros são transformados em demônios.

A Igreja, por sua vez, tem-se manifestado com preocupação diante dos excessos de bebida e das práticas mágico-religiosas associadas à devoção da Virgem de Urkupiña, procurando reorientar seus fiéis para uma "purificação da fé". Nesse sentido, dá-se grande destaque à preparação religiosa da festa por meio dos novenários, que são realizados quinze dias antes da data da celebração. Segundo o padre Federico, cada ano é veiculada uma temática para a formação dos devotos, sempre relacionada ao papel da Virgem Maria como mediadora entre Deus e os homens.

Com relação ao dia 16 de agosto, dia *del Calvario*, ou seja, dia de tirar as pedras, a igreja tem feito um trabalho de disciplinarização desse local de culto, mediante algumas obras como, por exemplo, um muro que o circunda, a construção de jardins na sua parte interior e até mesmo de um posto de atendimento médico, o qual foi doado por devotos canadenses. Importa lembrar que na entrada do Calvário foram construídos alguns arcos de cimento em forma de M, transformando assim em arquitetura os arcos de flores e *aguayos* presentes nas festas populares. Em 1985, quando aí estive pela primeira vez, não havia estas obras, e o local para tirar as pedras ficava bem próximo à capela do Calvário. Hoje, ele foi transferido para um lugar mais distante, na parte norte do monte. A igreja também vem orientando os fiéis de que não é necessário levar uma grande pedra para conquistar o que se deseja. Para o padre Federico, basta levar pequenos pedaços, pois eles simbolizam "a firmeza da fé".

Outras medidas têm sido tomadas com relação aos comerciantes das miniaturas e objetos para a realização do ritual da *ch'alla,* e com o uso de bebida em excesso. Quanto aos primeiros, estes estavam anteriormente na parte interior do Calvário, bem como os *yatiris,* sacerdotes de antigos cultos andinos. Agora eles estão do lado de fora do muro, em frente ao portão central. No que diz respeito ao segundo problema, a igreja tem alertado os devotos para não "desvirtuarem" a festa com o alcoolismo, transformando-a num evento "pagão". Na festa de 1999, o arcebispo de Cochabamba, Monseñor Tito Solari, exortou os fiéis para que renunciassem ao uso de bebidas alcoólicas durante os festejos. Por seu turno, o pároco de Quillacollo também observou que as *polleras* das bailarinas de alguns grupos folclóricos haviam encurtado, propiciando, assim, "certos abusos e desejos" (*Los Tiempos,* 12/8/1999).

Na verdade, a presença de elementos mágico-religiosos nesta festa revela que a relação entre o sistema de crença cristão e o andino continua permeada por tensões. Nesse sentido, a visão dicotômica cristã das coisas tidas como "sagradas" e as "profanas" persiste na orientação de sua ação evangelizadora, pois, como enfatizou o padre Francisco de Copacabana, "el evangelio no ha entrado en las raíces culturales, no!. Todavia falta purificar, evangelizar estas cosas, porque aquí hay un sincretismo".

Interrogado sobre a relação da Virgem com a Pachamama, um seminarista presente à festa em 2001 assim se expressou: "La gente piensa y hace esta relación de esta igualdad, por ejemplo, el hecho de sacar piedras es como sacarlo pidiendo a la Virgen de la Pachamama. Muchas veces la gente que viene de distintos lugares para sacar esta piedra lo hace con este sentido, no!, de que la Madre Tierra, es decir la Pachamama que es el ámbito de la cosmovisión tiene que proporcionarlo todo cuanto están pidiendo. En ese caso de las piedras, el económico, no!. Creo que para nosotros como iglesia es un desafio, un reto grande poder analisar hasta que punto esto se puede aceptar y hasta que punto tiene como negativo también".

Se para a Igreja essas manifestações mágico-religiosas são classificadas como práticas sincréticas, para os visitantes e devotos da Virgem o problema não existe, uma vez que para eles o sagrado se manifesta por meio de múltiplas formas e, em vez de se auto-excluírem, o que a tradição cristã denomina "sagrado" e "profano", são formas complementares de expressão de uma mesma visão do sagrado.

5.1 A festa da Virgem de Copacabana em La Paz

No dia 12 de fevereiro de 2000, um sábado, acompanhado de Reinaldo, residente em La Paz, fomos em direção da Villa Copacabana, onde se realizaria uma festa em louvor da Virgem de Copacabana. Situado na periferia de La Paz, este bairro de classe média baixa apresenta os contrastes sociais da capital boliviana, onde grande parte das construções, feitas de tijolo tipo baiano e cobertas com folhas de zinco, ainda não recebeu o acabamento final, conferindo, assim, um tom avermelhado à paisagem.

A festa iniciou-se com a celebração de uma missa na igreja do bairro, da qual poucas pessoas participaram, dentre elas os *pasantes* e alguns convidados. Vale notar que no momento da comunhão somente os dois casais de festeiros se aproximaram para recebê-la. No final da celebração, porém, seguindo o costume boliviano de dar a bênção com água-benta, todos se aproximaram para recebê-la nas mãos.

O translado da imagem da santa ao salão de festas constitui outra particularidade observada nesse contexto, uma vez que a imagem é levada à igreja para *assistir à missa*. Nesse caso, era a esposa do *pasante* que a carregava nos braços, envolta numa manta branca, pois não é colocada num andor. Este mesmo gesto pode ser observado no translado do Santíssimo Sacramento, quando o sacerdote ou ministro da Eucaristia usa um manto especial para não tocá-lo com as mãos. Além da imagem, a devota levava nos braços uma pequena cesta com produtos agrícolas, como o *chuño, abas e papas*, simbolizando o desejo de que não faltem os produtos da terra para alimentação da sua família. Durante o percurso não poderiam faltar os *coetillos*, bombinhas que são estouradas para anunciar os festejos, bem como a *mixtura*, papel picado que é jogado na cabeça dos *pasantes*.

No salão de festa, sobre uma mesa devidamente preparada, havia o bolo da Virgem, o qual era feito em três níveis e nele havia uma insígnia com as cores da Bolívia e uma estampa da Virgem de Copacabana. Além do bolo, havia duas cestas com frutas, dois vasos com flores e duas velas grandes. No local havia apenas um *aguayo*, pendurado em forma triangular na parede ao fundo, bem como alguns adornos (globos) em amarelo e branco. A animação da festa ficou por conta de um conjunto musical eletrônico que tocava variados ritmos musicais, sejam eles bolivianos, sejam latinos.

No momento da comensalidade foi servido um prato quente, denominado *jakonta* (cordeiro com *ch'uñu*, batata e *quinua*). Com relação à bebida, a cerveja predominava, embora outros tipos de bebidas alcoólicas também fossem servidos, como o rum e o *singani* (bebida destilada de uva).

Quanto ao ritual da *passagem* da festa, verifiquei que se entregam aos festeiros do ano vindouro as insígnias com as cores da bandeira nacional (vermelho, amarelo e verde), aos do ano posterior as insígnias na cor azul celeste e aos seguintes a estes na cor rosa. Vale notar que essa forma de *pasar* a festa é típica de La Paz, e em Cochabamba é comum o uso do *aguayo*, amarrado em forma transversal.

Finalmente, observei a presença dos *aynis*, em geral caixas de cerveja oferecidas aos *pasantes*. Enquanto a banda tocava um ritmo de suspense, os festeiros imediatamente dirigiam-se à porta do salão para receber os convidados com seus dons, e uma forma de retribuí-los era oferecer-lhes três tipos de bebidas. Vale notar que, antes de brindar com os festeiros, cada convidado realizava a *ch'alla*, derramando um gole de cerveja sobre as garrafas, uma forma de dizer que a Pachamama deve ser devidamente festejada e agradecida.

5.2 A festa da Virgem de Urkupiña em Quillacollo

Quillacollo, província do Departamento de Cochabamba, situada a treze quilômetros da cidade que tem o mesmo nome do referido departamento e se acha a uma altitude de 2.460 metros, é o cenário onde são realizados anualmente os festejos em homenagem à Virgem de Urkupiña. Milhares de devotos oriundos de várias parte do país e do exterior, particularmente da Argentina, se encontram nesta pequena cidade para festejar a *virgencita*, para agradecer-lhe os favores recebidos, para fazer-lhe um novo pedido, ou simplesmente para dançar ou apreciar a grandiosa *entrada folklórica* que se faz nas vésperas da sua festa, dia 15 de agosto.

Em 2001, ano de observação dessa festa, participaram cerca de 46 fraternidades e grupos de danças formados por camponeses, os quais apresentaram uma variada gama de danças características das diversas regiões da Bolívia. Entre as mais recorrentes estão os *morenos, caporales, tinkus, tobas, diabladas, llameros, suri-sicuris, potolos, waka tok'oris*, entre outras mais. Na verdade, a abertura dos festejos se deu no domingo, dia 12, com a apresentação dos grupos indígenas, um sinal de que, segundo autoridades locais, os protagonistas da festa, *los campesinos,* estariam perdendo seu espaço na "entrada folclórica" do dia 14, esta voltada mais para os turistas. Nesse sentido, as comparações entre as duas apresentações são nitidamente preconceituosas, visando descaracterizar a primeira, por se tratar de um evento de que participam pessoas oriundas do campo e que no contexto urbano são vistas como uma minoria. Uma espectadora assim se expressou: "En la primera reina el caos, existe un excesivo consumo de bebidas alcohólicas y es más comercial. En la segunda es más esencial, hay más orden y no hay tanta cerveza" (*Opinión*, 13/8/2001, p. 10a).

O percurso feito pelos dançarinos é de quatro quilômetros, disputando um lugar com o público e os vendedores ambulantes que ocupavam, as estreitas ruas de Quillacollo, nas arquibancadas montadas ao longo das calçadas, bem como nas cadeiras e sofás que os moradores alugavam por 20 bolivinos para se assistir ao espetáculo de cores e coreografias que cada grupo apresentava com originalidade. Ao terminar o percurso em frente à igreja de San Ildefonso e santuário da Virgem de Urkupiña, os dançarinos se ajoelhavam em frente da imagem da Virgem colocada na porta principal do templo, para receberem a bênção dos padres que se revezavam para abençoá-los sob forte sol que brilhava e aquecia ainda mais os festejos. A bênção consistia em repetir uma oração, que assim dizia: "Por la intercesión de María de Urkupiña, conceda Dios la realización de sus buenos propósitos". Em seguida o padre convidava a todos para rezar uma ave-maria, e depois o grupo se retirava sem dar as costas à Virgem e continuava dançando pelas ruas da cidade, ou se dirigia a um local onde o *pasante* da fraternidade oferecia comida e bebida para todos.

No dia seguinte, dia 15, realizou-se uma missa na praça principal da cidade, denominada de 15 de agosto, a qual ficou repleta de peregrinos, que disputavam um lugar melhor para ver a Virgem passar no momento da procissão, bem como as autoridades eclesiásticas e políticas que estiveram presentes no ato litúrgico, entre elas o recém-empossado presidente da Bolívia, Jorge Quiroga Ramírez. Enquanto o cardeal Julio Terrazas tentava explicitar na sua homilia o sentido cristão da festa, enfatizando que a bebida não é expressão da verdadeira alegria, o som das bandas que tocavam a poucos metros dali, para os dançarinos e *pasantes* dançarem, ecoava com força na praça, demonstrando os vários sentidos do festejar que se confrontavam.

Terminada a celebração oficial, a imagem da Virgem deu uma volta na praça, sendo saudada pelos devotos de diferentes maneiras. Quem estava nas sacadas das casas atirava papel picado e pétalas de flores sobre ela. Os que estavam na praça acenavam com um lenço ou com a folha de cânticos distribuída para a missa. Concluída a procissão, a santa foi recolhida na igreja e os devotos puderam uma vez mais tocar-lhe a imagem e pedir uma bênção. Enquanto isso, do lado de fora, na praça, os dançarinos continuavam homenageando a Virgem com sua música, dança e cores.

No dia 16, o *Dia do Calvário*, a peregrinação em direção ao local começou muito cedo. Um grupo partiu às 3 horas da manhã, de Cochabamba até o santuário da Virgem, onde foi celebrada uma missa para os peregrinos às 5 horas. Pouco mais tarde, às 9 horas, a imagem da Virgem foi levada para o Calvário, onde milhares de devotos puderam reverenciar a santa uma vez mais. Importa notar que o trajeto até o Calvário é de aproximadamente três quilômetros e este ficou tomado de vendedores ambulantes que vendiam de tudo, desde objetos relacionados à Virgem, como é o caso das *alasitas,* miniaturas de objetos que o devoto almeja alcançar, bem como roupas, cds, brinquedos, até um guia para interpretar os sonhos, entre outros. Para satisfazer ao paladar dos visitantes e lhes refazer as forças, vários restaurantes foram improvisados ao longo da via, cobertos com lona plástica e com som em alto volume, capaz de seduzir qualquer passante. Vale notar que era possível ouvir também músicas brasileiras, entre elas o *Morango do Nordeste* e o *É o Tchan*. Além da cerveja Taquiña, de produção local, era oferecida ao peregrino *chicha*, bebida típica de Cochabamba, vendida a cinco bolivianos o balde de cinco litros.

Já no Calvário, em sua parte superior, lugar da aparição da Virgem, segundo a tradição, a multidão de peregrinos disputava um lugar para realizar sua *ch'alla* na devolução da pedra ou para retirar uma nova. A visão que se tem do lugar, para quem vem de fora e pela primeira vez, é a de um grande e improvisado acampamento, semelhante aos do Movimento dos Sem-Terra no Brasil. Porém, a profusão de sons advindos das bandas e dos *coetillos* (bombinhas) indica que uma grande festa está acontecendo no monte Cota, lugar da aparição da Virgem. Cada família trata de delimitar o seu pequeno lote cercando-o com fitas de papel colorido e depois o adorna com plantas, frutas e flores, colocando-se no centro uma casa em miniatura. Em seguida realizam o ritual da *ch'alla* à Mãe Terra para que os seus desejos se tornem realidade. Terminado o ritual, dança-se a tradicional *cueca* ao som de uma banda contratada no local por vinte a cinqüenta bolivianos. Depois todos brindam com cerveja ou *chicha* e aí permanecem por várias horas sentados no chão, partilhando alguma comida e conversando, como se fosse um piquenique num dia de domingo.

Enquanto isso acontece, outros devotos realizam o ritual da retirada da pedra em outro local do monte, onde estão as formações rochosas. Em primeiro lugar, é preciso comprar por 5 bolivianos o *kit* completo com os objetos para a realização da *ch'alla*. Este compreende uma garrafa de álcool etílico, *coetillos*, *mixtura*, serpentina e um pouco de incenso. Em segundo lugar, é preciso alugar uma marreta, ou *combo* como eles o chamam, por 5 bolivianos, para a realização da árdua tarefa. Uma vez realizado o ritual propiciatório por um *yatiri*, para que a *Pachamama* seja generosa com o solicitante, inicia-se o trabalho de golpear a pedra. Alguns conseguem um grande pedaço no primeiro golpe, sinal de que a fortuna será promissora, outros precisam repeti-lo várias vezes para que obtenham a quantidade desejada de pedras, que são acondicionadas numa bolsa plástica, também vendida pelos camelôs do lugar. Finalizada a retirada das pedras, os devotos dirigem-se à capela do Calvário, onde vários ministros (seminaristas) as abençoam com água-benta.

Interrogados sobre os pedidos feitos à Virgem e também à *Pachamama*, embora esta não fosse mencionada, os devotos revelavam que eles giravam em torno da compra de um terreno para construir uma casa, do dinheiro, da saúde, do carro para o trabalho, do diploma universitário e até do passaporte para sair do país. Importa ressaltar que o dinheiro simbólico em miniatura que circula nessa festa, assim como nas realizadas em São Paulo, é o dólar. Porém, já era possível encontrar notas do euro, mesmo antes da sua entrada em circulação na União Européia.

Alguns depoimentos, a seguir, explicitam os desejos de alguns devotos, os quais, na verdade, são os da grande maioria que lá foi em busca de um motivo para continuar sonhando com um futuro melhor. Assim se expressou Julieta Menezes, de Cochabamba: "Hemos venido con una fe única, tener un lotecito y una casita como habíamos soñado, con sus sembradíos, sus verduras. . .". Já Daniel, jovem universitário e integrante da Fraternidad San Simón de Cochabamba, disse que veio pedir "salud a la familia y paz para los bolivianos, no? lo más importante. . .". Alfredo, comerciante de La Paz, que retirou uma grande lasca de pedra, assim se expressou: "mi mayor deseo é tener dinero y mi futuro asegurado". Em seguida acrescentou: "He sacado con toda la fe".

De sua parte, a Igreja vê com reservas essa prática "pouco cristã" de retirar pedras, como expressou um seminarista que estava abençoando os carros ao lado do santuário da Virgem: "Bueno, la cuestión de las piedras, creo, se lo ve, esta es una situación todavia aún criticada, no?. La Iglesia en particular no está tan de acuerdo con ésto, porque no es una expresión de una religión así netamente de la Iglesia Católica. A nosotros nos parece de que, muchas veces, con la religiosidad popular se va tergiversando, se va confundiendo lo que puede ser la expresión de la Fe puramente católica cristiana, creo que es éso, no?, una tergiversación, el hecho de que se quiera dar en nuestra manifestación religiosa un sincretismo, a veces como que va desvirtuando el verdadero camino de lo que es esta expressión religiosa también".

Se, por um lado, a Igreja parece perder o controle dessa prática mágico-religiosa já arraigada entre os bolivianos, por outro, ela procura dar-lhe um sentido cristão, como afirmou o padre Federico Toribo, quando interrogado sobre a participação da Igreja no Calvário: "[. . .] se ha estado controlando, organizando, mas por el contrario se ha cambiado sustancialmente en el Calvario las cosas, con los trabajos que hemos hecho de amurallar los jardines y empezar a cuidar las rocas. Porque la gente saca mucha piedra y deja destrozos a la naturaleza. Entonces, allí está la iglesia, digamos, orientando bastante que no necesitan sacar una piedra muy grande para llevarse, pensando que eso es el capital que les da la Virgen. Sino es significativo que deben llevar pedazos pequeños, por un lado, y por otro, pues que la piedra también tiene un simbolismo de la firmeza de la fe. Por ese lado estamos orientando". Entretanto, no ano de 2001 a própria Igreja pôs à disposição dos peregrinos dez mil bolsinhas com pequenas pedras para serem vendidas, com a justificativa de que o dinheiro daí arrecadado seria aplicado nas obras da paróquia.

A descrição etnográfica que fizemos das festas marianas em dois contextos diferenciados, o de destino e o de origem dos imigrantes bolivianos, nos possibilita agora estabelecer uma analogia entre os elementos constitutivos das festas presentes em ambos os contextos observados. Tanto na Bolívia quanto em São Paulo, a instituição do *presterío* é o elemento dinamizador dos ciclos festivos, pois a figura do *preste* constitui-se numa mediação direta entre a esfera do "sagrado", o(a) santo(a), e a esfera do "profano" (a comunidade). Em todos esses eventos festivos, é fundamental a celebração da missa, ou seja, a realização da parte "sagrada" da festa. Na Bolívia, a missa é celebrada na igreja do bairro, e em São Paulo no próprio salão de festas, no caso das festas de âmbito mais privado. Vale notar que tanto na Bolívia quanto em São Paulo a participação na primeira comensalidade, que é a comunhão da hóstia consagrada, tem pouca adesão dos devotos. Esse fato contrasta com a adesão em massa à outra comensalidade presente na festa, na qual a comida e a bebida são abundantes, adquirindo formas ontensivas, porque são dádivas da *Pachamama*. Daí a razão de ser dos *aynis* ou oferta/empréstimo aos festeiros, pois tal prática cultural aciona uma multiplicidade de relações de cooperação entre os vários sujeitos da festa. O ritual da passagem da festa, presente em ambos os contextos, é outro elemento que garante a continuidade da tradição do *presterío* e, portanto, a circulação dos *dons*. E, para completar a festa, não podem faltar a música e a dança inscritas no corpo de cada dançarino ou participante.

A etnografia das festas realizadas tanto em São Paulo como na Bolívia nos permite dizer que a permanência de alguns elementos ao longo do tempo configura um modelo de festa andino, o qual expressa uma estrutura de "longa duração", ou seja, na perspectiva de Braudel (1995), aquela parte da história que evolui e muda mais lentamente. Entretanto, ao cruzar as fronteiras geográficas e culturais, este modelo de festa é posto em xeque em razão dos condicionamentos que o novo contexto sociocultural imprime às praticas festivas, engendrando, assim, um processo de (re)criação cultural, em que práticas, valores, tradições e crenças são ressignificadas.

A questão da recriação de valores culturais num novo contexto vem reafirmar, portanto, o "complexo debate ainda não resolvido na antropologia, que opõe estrutura e história, continuidade e ruptura" (Montero, 1996:25).

É diante dessa questão que a noção de *estrutura* de Marshall Sahlins (1990), em seu sentido mais amplo, isto é, como algo que se faz na história e é ao mesmo tempo modificado por ela, nos poderá ajudar em nossa análise de tal processo. Se, por um lado, existe a estrutura, que é um produto histórico e que tem uma certa permanência, por outro, existe o inédito, os eventos, que questionam o caráter conservador da estrutura. E, para superar a antinomia que separa estrutura e história, o mesmo autor propõe uma expressão intermediária que é a noção de "estrutura da conjuntura", entendida como um "conjunto de relações históricas que, enquanto reproduzem as categorias culturais, lhes dão novos valores retirados do contexto pragmático" (Sahlins, 1990:160).

Tal noção parece vir ao encontro de nossas indagações, pois a festa, com toda a sua polissemia de formas e linguagens, seria, dessa perspectiva, o evento que acionaria o processo de (re)criação da cultura entre os bolivianos em São Paulo, conferindo-lhe novos significados advindos do contexto em que se reproduz. Isso quer dizer que a cultura não é algo estático e cristalizado no tempo e no espaço, mas, como afirma Sahlins (1990), por sua própria natureza, é um *objeto histórico*. Assim, toda ação cultural implica riscos, ou seja, as categorias postas em relação ostentiva com o mundo podem ser ressignificadas, mediante um processo subjetivo e objetivo empreendido pelos sujeitos envolvidos. Nesse sentido, segundo o mesmo autor, "o esquema cultural é colocado em uma posição duplamente perigosa, seja pelo uso motivado dos signos pelas pessoas para seus projetos próprios, seja por ser o significado posto em perigo em um cosmos totalmente capaz de contradizer os sistemas simbólicos que presumivelmente o descreveriam (Sahlins, 1990:186).

A seguir veremos como se dá o embate dos imigrantes bolivianos com o novo contexto sociocultural, em que, por um lado, eles estão interessados em manter as suas tradições em função de um processo de reafirmação de identidades e, por outro, são obrigados a negociar com a Pastoral os parâmetros de sua ação cultural nesse espaço.

O contexto andino: representações de uma cosmologia

Machu Picchu e Cusco (Peru).

Cidade de Copacabana e santuário (Bolívia).

Urkupiña: festa, devoção e magia na região central da Bolívia

Arcos transformados em arquitetura adornam a entrada do Calvário.

Imagens do Calvário no dia 16 de agosto.

Entre a magia e a religião: permanências

Ch'alla da casa em Cotia/SP. Pedindo à *Pachamama*, trabalho, saúde...

... e ao *Ekeko* abundância. *Alasitas* na Praça do Pari.

A comensalidade une vivos e mortos para celebrar a vida

Altares domésticos de Todos os Santos.

A partilha dos pães (*t'anta wawas*) no Cemitério da Cachoeirinha-SP.

Formas de compadrio ritual: a festa dos compadres do Santo Cristo de Limpias e a *rutucha*

Espaços bolivianos na metrópole

Praça do Pari: formas de sociabilidade boliviana numa praça que "tem dono".

Praça Kantuta: novo espaço boliviano, depois que no Pari os "donos" retomaram a "sua" praça. Inaugurada no Canindé em junho de 2002.

O primeiro *pasante* e o início do ciclo de festas na Pastoral

Escolha pela Pastoral do primeiro *pasante*, Roberto Fernandes, em 1994.

Colita.

Primeiro *cargamento* de Nossa Senhora de Copacabana no espaço da Pastoral, em 1995.

Novenários: espaço de encontro e gestação da grande festa

O ato de incensar a santa.

Virgem de Cotoca.

San Martín de Porres.

Preparando a festa na Igreja de Nossa Senhora da Paz

Arcos: todos são bem-vindos à festa.

A troca do manto: a Virgem é vestida para ir à festa.

Preparando o espaço da comensalidade.

O cortejo: a Virgem peregrina reencontra seus filhos e filhas dispersos

A banda vinda de Oruro e as *cholitas* participam do cortejo.

Cargamentos.

Liturgia católica: a primeira comensalidade

O ofertório.

Bênção com o manto e distribuição das pedras da Virgem de Urkupiña.

Da liturgia à festa: a segunda comensalidade

Ch'alla do ayni.

A "passagem" da festa

Os *pasantes* se confraternizam.

Danças tradicionais: *tinkus, diablada, morenada, caporales*

Os mais jovens se integram à comunidade através da festa.

Diablos e *morenos*

Festa à brasileira: ressignificações

Através das gerações, a continuidade da devoção. Na Bolívia assim como no Brasil.

A continuidade da festa

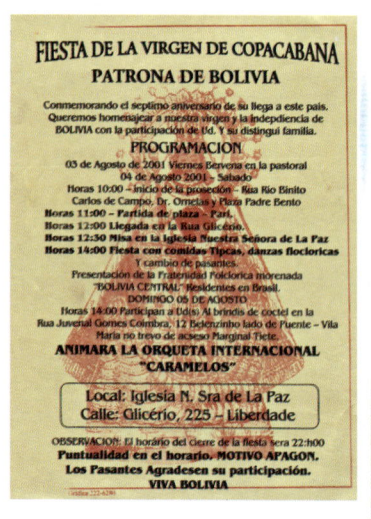

Convites e folhetos de divulgação das festas de Nossa Senhora de Copacabana e de Urkupiña em São Paulo.

Virgem/ Mãe/ Terra

As Virgens de Copacabana, de Urkupiña e a *Pachamama*.

Bolívia: locais de devoções marianas

Fonte: Atlas Folha de S. Paulo, 1998

"Pedaços" bolivianos em São Paulo: Igreja Nossa Senhora da Paz, no Glicério; Praça do Pari e Praça Kantuta, no Canindé.

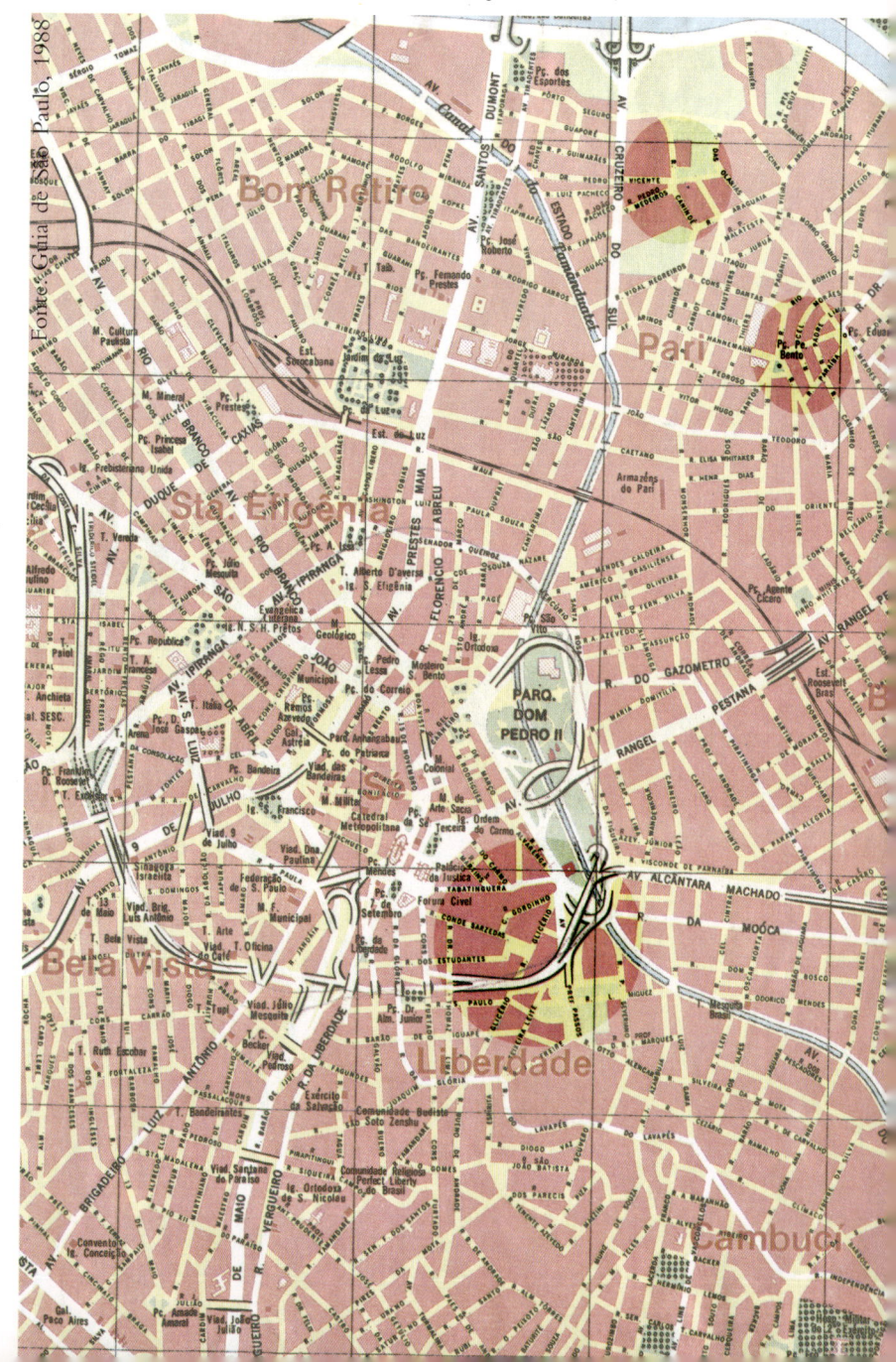

Fonte: Guia de São Paulo, 1988

"Para o migrante, a pátria é a terra que lhe dá o pão."
(Scalabrini)

Capítulo 4
A (RE)CRIAÇÃO DE PRÁTICAS FESTIVAS
NO CONTEXTO DA MIGRAÇÃO:
O QUE SE TRANSFORMA?

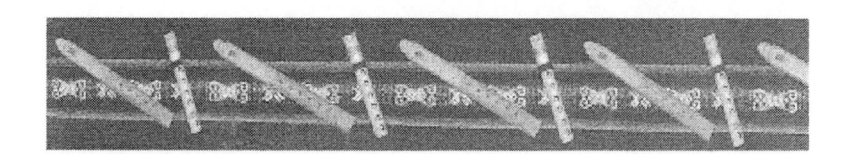

1. Os significados do festejar em São Paulo

> Virgencita de Copacabana
> mi madrecita quiero tu luz.
> Con tu pureza, como las aguas
> cristalinas del Titikaka.
>
> Soy un pájaro migrante.
> En un vuelo largo y triste
> voy buscando en estos suelos
> libertad y razón de vivir.
>
> CANTO À VIRGEM DE COPACABANA,
> José Bolivia

A FESTA, NO SENTIDO MAUSSIANO, explicita elementos de organização social, tensões entre os sistemas de crenças envolvidos, interesses econômicos e políticos, expressões estéticas, ritmos, emoções e sabores, entre outras coisas. Assim, como "una intensificación de la existencia del pueblo, para el cual sus ideales religiosos, morales y poéticos adquirían de esta suerte forma visible", no dizer de Burckhardt (1984:222), como um *potlach* ou *fato social total*, na expressão de Mauss, as festas marianas põem, portanto, em circulação a totalidade do grupo envolvido num complexo sistema de *prestações totais* (Mauss, 1974:179). De uma outra perspectiva, se poderia dizer também que, como um texto a ser interpretado, a festa nos permite ler o que a sociedade diz sobre si mesma (Geertz, 1978), porém, a partir de uma linguagem que lhe é própria, as formas sensíveis em que se expressa.

Vale dizer ainda que a festa, além de impregnar a visão de mundo dos participantes, a ponto de interferir em seus modelos de relações pessoais, visão política, ética etc., como constatou Rita de Cássia Amaral no contexto do candomblé (1992), é também, para os imigrantes bolivianos que dela participam, a celebração da sua memória coletiva pois, segundo Halbwachs, toda memória individual que não esteja em contínua relação com a memória de um determinado grupo é esquecida. Daí decorre, segundo o mesmo autor, a importância da pertença a uma "comunidade afetiva" (Halbwachs, 1990: 27-34), como a que é reconstruída pelos bolivianos no contexto da imigração.

As festas marianas são, portanto, o lugar onde a reconstrução desta "comunidade afetiva" se torna possível, pois nelas uma multiplicidade de relações são acionadas de maneira simultânea, proporcionando a cada participante experiências diferenciadas sobre o mesmo evento festivo, seja na condição de *pasante*, de *padrinho da festa*, de coordenador da Pastoral, de dançarino, de convidado, ou simplesmente como simples espectador anônimo.

Interrogado sobre as diferenças entre as festas de São Paulo e da Bolívia, Rolando, ex-festeiro da Virgem de Ukupiña, assim se expressou: "Diferencias hay cuanto a la devoción de las personas, que allá se ve realmente la devoción de las personas. Ahora si es falsa devoción... porque hay mucha gente que va de rodilla, andando kilómetros y kilómetros. En cambio, aquí no acontece eso. Aquí las cosas se hacen para seguir la tradición, viene porque van los amigos, es invitado, no por causa que son devotos de la Virgen" (8/9/2001). Tradição ou fé? O que estaria dinamizando os festejos em São Paulo? Acredito que as duas motivações estejam presentes, até porque uma não exclui necessariamente a outra, mas podem estar presentes numa mesma manifestação cultural. Não são, portanto, realidades antagônicas, sobretudo em contextos específicos como o que estamos enfocando, pois práticas religiosas tidas como "tradicionais", diga-se "autênticas" do ponto de vista dos sujeitos envolvidos, são acionadas em determinados momentos para contrapor-se a inovações que venham pôr em jogo a identidade cultural do grupo.

Com base em nossa observação, podemos dizer que, para grande parte dos bolivianos que vivem em São Paulo há vários anos, a festa é um espaço de ressocialização na sua própria cultura, nas tradições vividas na infância, ainda que o seu olhar sobre elas fosse de certa forma depreciativo naquele momento. É o caso de Roberto Santiago, há trinta anos no Brasil, que me relatou qual era a sua percepção a respeito destas festas: "[. . .] Yo he criticado los presteríos cuando era chico. Uno siempre se reía, no? Esto es fiesta de indio, de ésto, de aquello. Yo no sé si mucha gente ha hecho, pero yo he hecho y llegué a ser pasante en el Brasil" (9/6/2001). Para outros, a luta pela sobrevivência, as diferenças de classe dentro do próprio grupo e a discriminação sofrida por eles na sociedade brasileira acabaram impondo um certo distanciamento temporário das práticas culturais de seu país, para reencontrá-las mais tarde, no contexto das festas religiosas. Para Lídia, oriunda do departamento de Beni, o reencontro com as tradições culturais do seu país se deu em São Paulo, depois de muitos anos, quando ela começou a participar das festas marianas da Pastoral. Para ela, "la fiesta es bonita, porque es donde todos nosotros nos unimos, nos vemos, los bolivianos, nos recordamos de allá aquí" (6/5/2001). O mesmo afirma Guilhermo, que ressalta a importância da festa como lugar de reencontro com os compatriotas, "la alegría de cumprimentar las personas que no vemos hace mucho tiempo, la alegría de decir, oh usted se ha perdido, la misa estaba linda, los padres son buenos, me he encontrado con personas que no veo hace cinco años. Porque es el único lugar donde hoy se encuentra mucha gente" (3/6/2001).

Porém, para o grupo como um todo, a festa é o lugar em que os sentimentos de pertença a uma origem comum emergem com força nos momentos em que se canta o hino nacional, quando se dança a *cueca Viva mi patria Bolivia, una gran Nación*... ou ainda na imagem da própria bandeira nacional exposta nos *cargamentos* e durante o cortejo, nas suas cores presentes na decoração da igreja e do salão de festas, no brasão da Bolívia bordado no manto da Virgem, nas insígnias oferecidas aos *pasantes*, nas *colitas* obsequiadas aos devotos, nos quadros do libertador Simón Bolívar e alguns próceres da independência colocados num grande arco enfeitado de *aguayos*, armado na entrada da igreja. Enfim, na festa tudo lembra um pouco a pátria distante e ao mesmo tempo presente em cada objeto, em cada cor, em cada som e sabor, propiciando em cada um dos presentes a experiência de pertença a uma comunidade imaginada, ainda que seja por pouco tempo.

Se, por um lado, a festa propicia uma unidade em torno de uma identificação nacional comum, por outro ela explicita também as diferenças, sejam elas étnicas, culturais, regionais ou sociais. Tais diferenças são ressaltadas em vários momentos e de diferentes formas. Os cantos em idioma aimará ou quéchua, a roupa das *cholitas*, os *aguayos*, os gestos expressos nos vários ritmos musicais reafirmam as várias identidades que são veiculadas no espaço da festa.

Entretanto, as diferenças sociais expressas no lugar de destaque para os *pasantes* e padrinhos, seja na igreja, seja no salão de festas, fazem que o festejar seja distinto para um convidado oficialmente pelo festeiro e para um outro que ouviu a propaganda da festa pelo rádio ou recebeu um panfleto numa praça ou cancha de futebol. Nesse sentido, cada grupo presente tem percepção diferenciada da festa, dependendo de que lado cada um está, como explicitou Jaime a respeito da "mesa branca" exclusiva para os padrinhos. Para ele, "la fiesta es una forma de congratular y agradecer a quien ha participado de alguna cosa de ella. Entonces, hay gente que cree que esto debe ser abolido. Yo digo no, las personas deben ser convidadas a participar y tener su lugar" (30/6/2001). Já para a ex-pasante da Virgem de Urkupiña, a senhora Ana, não deveria haver esta diferença entre os que são convidados e os que vêm assistir à festa. Para ela, os padrinhos deveriam ser agraciados num dia especial, "un día en agradecimiento que ellos nos están ayudando. Puede ser en casa, allá mismo en la iglesia. Aquel día debería ser todo igual. Yo misma ahora no soy convidada, yo voy, ellos hablan porque estamos separados, esse día debería ser todos juntos. No debería exisitir aquel lado con las mesas, con toalla, con flores" (10/6/2001).

Se, por um lado, a festa tem a função de remarcar as diferenças sociais, por outro, ela contribui para mudar a percepção que esses imigrantes têm de si mesmos, sobretudo com relação aos preconceitos que trouxeram do país de origem e que por sua vez são reproduzidos em São Paulo. Segundo Rocio, uma das ex-*pasantes* da Virgem de Copacabana, "existe um preconceito na Bolívia sobre estas festas, *presterío*, que seria assim uma festa popular, então ali existe uma diferença das elites, você deve ter percebido, mas acho que lá a gente sente mais do que aqui, aqui todo mundo fica igual. Mas lá, por mais absurdo que pareça [. . .], existe um preconceito de que preste é coisa de índio, como se a gente fosse outra coisa, né?" (25/7/2001).

Num contexto de migração, como já notara Manuela C. da Cunha (1986), a cultura original de um grupo étnico não se perde ou se funde simplesmente, mas tende a simplificar-se e a concentrar-se em alguns traços que se tornam diacríticos para o grupo. A língua é um deles, pois como sistema simbólico capaz de organizar a percepção do mundo, constitui-se num diferenciador por excelência (Cunha, 1986:99-100). Outro é a festa, pois neste dia todos sentem orgulho de partilhar uma mesma herança cultural que um dia foi vivida pelos seus antepassados, os incas. Nessa perspectiva, as várias identidades étnicas passam a ser veiculadas como uma forma de diferenciação dos outros latino-americanos e dos brasileiros, seus anfitriões.

Para os brasileiros, no entanto, chama a atenção a forma de se festejar a Virgem, sobretudo com as danças dentro e fora da igreja, em frente à sua imagem, prática pouco comum nas manifestações religiosas brasileiras onde a influência do processo de romanização foi mais abrangente, embora exista também em alguns contextos de devoção popular.

Para alguns chilenos e paraguaios que participaram de algumas festas, a capacidade de organização dos festeiros foi amplamente elogiada, porém os excessos com a bebida foram também mencionados.

Para os mais jovens e nascidos em São Paulo, e que já participaram de alguma das festas da Virgem, o que mais chama a atenção é a alegria e o divertimento que os festejos lhes proporcionam, sobretudo através das danças realizadas pelos que integram algum grupo folclórico. Interrogado sobre o que mais gostava das festas, Carlos, de vinte anos, assim se expressou: "Ah, a harmonia né?, A gente sempre está reunido para representar o folclore da Bolívia. Então é muito gostoso fazer isso, a gente faz por amor mesmo. Eu adoro sinceramente. O que eu mais adoro é dançar". Já para Karina, de vinte e dois anos, a dança vai além do espetáculo e se reveste de conotações religiosas, como afirmou ela: "Ah, eu acho que a dança é pela devoção à Virgem, entendeu? Todo mundo quer dançar por ela, não porque quer aparecer, ou quer outro tipo de coisa. Também as roupas, a diversidade, as pessoas, todo mundo fica junto, legal".

Para Sergio, um outro jovem nascido na Bolívia, a festa pode ser também um espaço de afirmação de identidades, como ele expressou: "Lo que más me gusta es que hay unión, donde se muestra la diversidad de una comunidad, la diversidad del mismo pueblo, porque Bolivia tiene tres diversidades: el Altiplano que es frío, lo templado que viene los Valles y el trópico que es la zona Oriental. Ahora en estos prestes hay la unión, la convivencia de todos nosotros, es algo que donde nosotros vamos demonstrando lo que realmente sabemos, lo que queremos y buscamos". No entanto, o mesmo jovem manifestou também a sua visão ambígua da festa, talvez permeada por uma percepção de classe social, ao afirmar que "es una festividad de una Virgen que se vuelve a ser. . . católica y pagana. Católica porque entra en una misa y pagana porque después se empieza a beber. El control de la gente no está tan bueno, porque después de cada preste, le dá una borrachera que algunos ni si acuerdan. Uno hace quedar mal en el país de donde uno viene". A preocupação com o excesso de bebida foi manifestada também por outros jovens entrevistados, sobretudo os nascidos em São Paulo, e pertencentes ao grupo de famílias de profissionais liberais.

A importância do festejar em São Paulo ficou expressa na novidade trazida pela festa de Copacabana de 2001. Anteriormente, os festejos se concentravam, sobretudo, num único dia, o sábado. A partir desse ano, foram acrescentados mais dois dias de festa, a *verbena* (véspera) e a *kacharpaya* (despedida), realizada no dia seguinte, domingo, porém em outro lugar. Dessa forma, a idéia "mítica" da festa vai aproximando-se cada vez mais da realidade, como revelou Guilhermo, oriundo de La Paz: "Yo me animava de ver la fiesta, los prestes eran muy lindos, los fuegos artificiales en la víspera, era en la víspera que se hacía, y en la noche todo el mundo tomaba sucumbe, quentão, porque era una época de frío y en La Paz hacía mucho frío" (3/6/2001). Interrogados sobre o que estaria faltando às festas em São Paulo, vários entrevistados acenaram para a necessidade de acrescentar mais um dia de festa, pois um único dia e com horário delimitado para os festejos não eram suficientes para levar à exaustão a experiência lúdica proporcionada pela festa.

Nesse sentido, a necessidade de dar continuidade aos festejos em outro lugar, longe do controle da Pastoral, em uma quadra de escola de samba, como foi o caso da festa de Copacabana de 2001, expressa que a festa com hora marcada para começar e terminar já não atende às expectativas dos festeiros. Essa forma de celebração já se transformou num espaço da "festa oficial" e "religiosa" desejada pela Igreja, em contraposição à festa não oficial e "profana", onde o festejar adquire tom carnavalesco e agonístico, pois foi no terceiro dia de festa que houve a devolução ou oferta aos festeiros dos *aynis*, os quais atingiam quantidades que variavam de quatro a dezesseis caixas de cerveja cada um.[1] Aliás, vale registrar que o último dia de festa se deu exatamente na quadra da escola de samba Camisa 12, cujo barracão fica no bairro do Belenzinho.

Isso revela que o sentidos do festejar são distintos, tanto para os festeiros e convidados quanto para a Pastoral que os acolhe num espaço regulado por normas. Para a última, a festa é uma oportunidade para que, numa situação de estigmatização, esses imigrantes expressem e renovem a sua fé, fortalecendo, assim, os laços de solidariedade entre eles. Além desse aspecto, as homilias dos padres têm reforçado a necessidade de um compromisso dos imigrantes com os objetivos desta Pastoral, sobretudo os voltados para a conquista da justiça social. O lado econômico da festa também tem sido uma das preocupações da instituição eclesiática, pois os festejos da Virgem constituem uma das poucas oportunidades anuais para se arrecadar fundos, que são destinados às suas obras sociais.

Para os festeiros, no entanto, a realização da festa é motivo de alegria e realização pessoal, em razão do reconhecimento social que o grupo lhe atribui por ter aceito o desafio de *pasar* a festa e, assim, entrar na

---

[1] A mesma oposição entre os dois tipos de festas fora constadado por Mary Del Priore no Brasil colonial, onde a festa desejada pela Igreja deveria ser decente e sóbria, enquanto a tradicional era generosa e expansiva (Del Priore, 1994:92).

lógica da circulação da dádiva. É o que afirmou Rolando, ex-*pasante* da Virgem de Urkupiña: "A mí lo que más me ha gustado ha sido el último día de la fiesta, porque me he visto realizado, por aquella cosa que había preparado, por aquella cosa que yo había propuesto". Além dessa dimensão pessoal e social que a festa tem por função remarcar, a experiência de organizá-la acabou incidindo também nas próprias concepções religiosas do *pasante*, como ele mesmo acentuou: "[. . .] Ha sido un desafio para mí esto aquí, porque yo nunca he tenido fe en una imagen. Entonces, el día que yo acepté ser pasante de esta fiesta yo pensé mucho, incluso, ella [esposa] me dijo: «Como tu puedes ser pasante si no cres en las cosas?» Entonces yo dije: «No, yo quiero hacerme este desafio para decirme como voy a sentirme, como van ser las cosas». Entonces el último día ha sido una alegría, yo me he alegrado bastante el último día, estaba tan feliz que me olvidé completamente de todo" (8/9/2001).

Seja como for, a idéia da "festa permanente", como constatou Duglas Teixeira Monteiro num outro contexto (1974), se aproxima do que constatamos no ciclo das festas marianas em São Paulo, pois este não se restringe aos festejos realizados no espaço da Pastoral, mas se prolonga durante o mês de agosto e até mesmo o extrapola, nas festas que são realizadas nas residências e locais alugados pelos festeiros. Enquanto o ciclo de festas não é acionado novamente no mês de novembro com os novenários, outras festas preenchem o vazio deixado por elas, como a celebração do dia de Cochabamba, o 14 de setembro, ou a Festa Internacional dos Migrantes, no mês de junho.

Contudo, esta capacidade para organizar festas não constitui novidade no novo contexto, mas é a continuidade de algo que acontece no país de origem, pois, segundo Julia Elena Fortún, o Calendário Folclórico da Bolívia registra a existência de 1.247 festas patronais, o que representa cerca de 30% das que na realidade existem em todo o território boliviano (Fortún, 1995:14). Nesse sentido, a quantidade e a variedade de festas realizada pelos bolivianos em São Paulo representa, entre outras coisas, a permanência de um *ethos* camponês marcado pela lógica festiva de um catolicismo rústico dinamizado pelos ciclos da natureza e pela cooperação recíproca. Porém, num contexto urbano e organizado pela produção capitalista, esta concepção de tempo muda, bem como a de espaço, cuja unidade só é restabelecida no âmbito da festa recriada por eles periodicamente na cidade.

Entretanto, o que nos interessa focalizar neste trabalho não é somente o ciclo de festas na sua multiplicidade de celebrações e de elementos culturais que ele veicula, mas sim as razões pelas quais as festas marianas realizadas no espaço da Pastoral vêm ganhando relevância nos últimos anos, ao passo que outras realizadas fora desse espaço declinaram ou vêm perdendo fôlego. É o caso do ciclo de festas iniciado pela família Trigo, que terminou em 1999. As razões para o seu declínio podem ser várias. A primeira pode estar ancorada na própria lógica dos *presteríos,* que devem ser realizados durante um determinado tempo, de três a sete anos, e depois encerrados, segundo a proprietária da imagem. A segunda pode estar relacionada a fatores de ordem econômica, isso porque, nessas festas, o ônus da sua realização recai sobre seu organizador, ou seja, o festeiro de cada ano. E, finalmente, poder-se-ia dizer que esta festa foi absorvida pela grande festa realizada na Pastoral do Migrante. É importante ressaltar que, na última edição deste ciclo de festas que durou quatorze anos, a dona da imagem, senhora Juanita Trigo, disse que a entregaria à Pastoral do Migrante. Tal como foi anunciado por ela, a entrega deu-se na festa da Virgem de Urkupiña do ano de 2000, e depois de permanecer por um tempo junto das outras imagens na capela das santas bolivianas, a santa foi levada por um ex-*pasante* para sua casa, onde está sob sua custódia, e todos os anos é homenageada com uma missa.

Considerando que nos processos culturais nada é inteiramente predeterminado nem estático, e que a mudança é inerente à própria reprodução cultural, como diria Sahlins (1990), cada festa se apresenta, portanto, como um evento único, capaz de pôr em xeque as significações das práticas culturais em jogo. Para Sahlins, "o evento é a relação entre um acontecimento e a estrutura (ou estruturas): o fechamento do fenômeno em si mesmo enquanto valor significativo, ao qual se segue sua eficácia histórica específica" (Sahlins, 1990:15).

Isso fica evidenciado nos elementos que as festas marianas põem em cena a cada ano, tornando estas festas cada vez mais próximas das realizadas na Bolívia e, ao mesmo tempo, cada vez mais distantes, em razão dos elementos que vão sendo incorporados como forma de dialogar com o contexto em que se reproduzem. Entretanto, vale lembrar que o elemento dinamizador deste ciclo de festas é o compromisso assumido com a Virgem e com o grupo de retribuir as dádivas/dívidas recebidas ao longo do ano, permitindo, assim, o renascimento anual do ciclo de festas marianas em São Paulo.

2. A LÓGICA DA RECIPROCIDADE NAS CULTURAS ANDINAS

Estudos sobre as sociedades "primitivas" já comprovaram que, por mais que se diferenciassem em relação à sua organização social e cultura, algo elas tinham comum: o intercâmbio, de bens, símbolos, presentes, favores e mulheres. O conceito de reciprocidade cunhado por Mauss (1974), cujo princípio básico se fundamenta nas obrigações básicas do *dar, receber e retribuir*, tem sido utilizado para entender a lógica mediante a qual a troca de bens materiais e simbólicos dinamiza uma dada sociedade. Nesse sentido, as sociedades andinas, particularmente no âmbito rural, têm pautado sua organização sobre o valor básico da reciprocidade, o qual fundamenta as relações econômicas, sociais e culturais. Dessa maneira, para Javier Medina, "estas relaciones sociales constituyen uma serie compleja de dones y contradones que no solamente incluyen bienes y servicios, sino también formas de conducta" (Medina, 1988: 52).

Assim, segundo o mesmo autor, os intercâmbios se dão em dois níveis: o primeiro ocorre entre indivíduos e unidades familiares e as trocas se expressam no *ayni* (ajuda mútua), *minka* (trabalho por bens) e *trueque* (simples troca de bens); o segundo é o do intercâmbio que se dá entre as unidades familiares que conformam a comunidade e a autoridade central que a representa, tomando a forma de obrigações comunais, *faenas* (mutirão) e cargos (Medina, 1988:52).

Entre estas várias formas de intercâmbio, vale destacar o *ayni*, pois, no contexto das festas realizadas na Pastoral do Migrante, este valor cultural é recriado com um outro significado. Se no contexto rural andino essa prática consiste em retribuir um determinado serviço de forma semelhante no momento oportuno, já no contexto urbano e das festas, tal prática passou a representar a ajuda que se dá a um festeiro, sobretudo em forma de bebida. Assim, todo *ayni* deverá ser retribuído, seja numa festa devocional, ou em outras de cunho familiar, como os matrimônios,[2] batizados e no fim do luto. E quando essas relações são rompidas, não há o que fazer, pois, como afirmou Bolívia Guzman, "hay que esperar la buena voluntad". Entretanto, conforme foi anteriormente assinalado, convém lembrar que no meio rural boliviano, particularmente entre os aimarás, existe a concepção de que um *ayni* interrompido pode causar algum tipo de dano à pessoa que deveria retribuí-lo, como, por exemplo, uma enfermidade (Juárez, 1995:250), sendo, portanto, incomum tal interrupção. Nesse sentido, como constatou Carlos Rodrigues Brandão no contexto das festas devocionais realizadas no meio rural brasileiro, a troca de presentes implica a aceitação das "regras de oferta, aceitação e reciprocidade, sob as penas de perda de prestígio e mesmo de identidade social, quando um deles não pode acompanhar, nas dimensões exigidas pelo gesto anterior do contratante, a seqüência de atos envolvidos no contrato de trocas" (Brandão, 1981:43).

Vale assinalar também que, à semelhança de um *potlach*,[3] este dom assume, às vezes, um caráter agonístico, pois cada doador procura enfatizar seu poder e prestígio dentro do grupo, pela quantidade de bebida oferecida. Na primeira festa da Virgem de Copacabana (1995), constatei um *ayni* de dez caixas de cerveja, quantia modesta comparada à oferta de 38 caixas observada na festa de 2003.

Contudo, no contexto das festas em questão, as colaborações vão além

---

[2] Vale notar aqui uma prática constatada em São Paulo e que é inteiramente estranha ao contexto cultural brasileiro: em uma festa de matrimônio realizada no bairro do Tatuapé, o padrinho levou para o salão de festa o seu presente, um jogo de sofá, como uma forma de fazer notar a sua dádiva.
[3] Troca acirrada entre os chefes indígenas do noroeste americano, os quais demonstram poder e prestígio na comunidade mediante a quantidade de bens expostos (cobertores e peças de bronze), e que depois são destruídos em honra dos deuses (Mauss, 1974).

das ofertas de bebidas, pois são nomeados padrinhos para alguns encargos, como os responsáveis pela contratação de uma orquestra ou de uma banda, pela realização da decoração da igreja e do salão da festa, dos arcos, dos *cargamentos*, ou pela oferta dos fogos de artifício e das *colitas*. Nesse sentido, o ônus da festa é dividido entre mais colaboradores, diferentemente das festas realizadas na Bolívia, onde o *pasante* deverá arcar com a maior parte dos gastos, que consistem em prover a comida, bebida e diversão para todos. Diante do sistema adotado na Pastoral, algumas pessoas opinaram dizendo que os festeiros não estão gastando nada para realizar as festas. Tais opiniões revelam que esta forma de *presterío* se distanciou da que eles conheceram no país de origem.

Seja como for, a circulação destes dons engendra ampla gama de relações recíprocas entre os participantes da festa, explicitando, assim, a importância das relações pessoalizadas num contexto urbano marcado cada vez mais pelo individualismo e pela competição. Nessa perspectiva, o compadrio ritual faz parte das estratégias de sobrevivência e de reprodução cultural de um grupo que convive com dois sistemas simbólicos e econômicos que se interpenetram: o sistema indígena da reciprocidade e da redistribuição e o sistema capitalista fundado na competição e na acumulação (Medina, 1988:51).

É com base nesse contexto que analisaremos, a seguir, a recriação da instituição do *presterío*, a qual passou por um processo de transformação ao longo da história.

Para Klein, o *presterío* surgiu nos *ayllus* (unidade sociopolítica e econômica de aimarás e quéchuas antes do período incaico) do Altiplano como forma de redistribuição de recursos dentro da comunidade, a qual é denominada por ele de "empobrecimento ritual". No aspecto religioso, os mais afortunados eram obrigados "a patrocinar las fiestas religiosas locales que exigían el gasto de sus ahorros. A cambio del gasto de tiempo, alimento, bebida y dinero, los ancianos afortunados eran recompensados con honor y poder local", porém, ao custo de "reducir su patrimonio al nivel general de la comunidad" (1994:62).

Tal processo de redistribuição é denominado pelos camponeses aimarás de *kuskachaña* ou *pampachaña*, que significa "nivelar" ou "aplainar", em vista do equilíbrio comunitário (Paxi et al., 1988:10). O que se observa, porém, é uma mudança cultural, tanto no campo quanto na cidade, onde os valores do mercado tendem a predominar sobre os comunitários, fazendo que o *presterío* possa acabar transformando-se numa forma de enfatizar as diferenças sociais, sem a contrapartida da obrigação da redistribuição ritual no plano social. Em São Paulo, o que se observa é uma crescente reivindicação pela vez de *pasar* a festa, por pessoas com posição econômica definida, ou ainda por quem pertença a uma classe social onde predominam os profissionais liberais. Isso porque a festa se transformou em espaço privilegiado de reconstrução de identidades e de reafirmação de prestígio social dentro do próprio grupo de conacionais.

O problema é que as possibilidades para participar deste jogo são reduzidas. E isso se deve ao fato de que os critérios estipulados pela Pastoral do Migrante selecionam os candidatos com base em seus objetivos internos, contrapondo-os aos interesses do grupo. Diante das exigências de freqüentar a Pastoral por dois anos, participar dos novenários e estar em dia com o sacramento do matrimônio, um devoto reagiu dizendo que "é preciso trazer gente nova para participar e, portanto, as regras não devem ser tão rígidas", pois o que conta para ele é a fé na Virgem. Outro afirmou que a forma pela qual as festas estão sendo conduzidas não está correta, pois compete ao *pasante* oferecer comida e bebida grátis para todos. Isso revela que a defesa desse modelo de festa possibilita reconhecer, sobretudo, o prestígio social do candidato a festeiro, ao passo que a proposta da Pastoral busca exatamente o contrário, ou seja, transformá-los em fiéis seguidores de sua doutrina e comprometidos com sua prática pastoral. Com base nessa perspectiva, cabe pois perguntar se a figura do festeiro não se estaria transformando em algo figurativo, uma vez que uma das suas principais atribuições, que é a indicação do futuro sucessor, deve passar necessariamente pela aprovação da instituição eclesiástica.[4]

Outra questão é a ingerência da Pastoral na dinâmica do *ayni,* ou seja, dos "presentes" (caixas de cerveja) oferecidos pelos compadres e amigos aos *pasantes*. A tradição manda que o dom recebido seja retribuído no

---

[4] Tal questão será, no entanto, retomada em outro item deste trabalho.

ano vindouro durante a festa e deve obedecer a um ritual que consiste em anunciar a sua chegada, com um ritmo musical chamado *diana*, a *ch'alla* do *ayni* e os brindes com os *pasantes*. Em alguns casos, nesse momento são ainda lançados ao chão *coetillos* (bombinhas), para remarcar ainda mais o intercâmbio de dons entre os compadres. No entanto, alguns participantes da Pastoral propuseram que toda a cerveja "doada" aos *pasantes* passe por seu controle, e que os festeiros recebam tíquetes correspondentes à bebida entregue. Outro sugeriu que os compadres comprem da Pastoral as cervejas que queiram doar aos festeiros, evitando, assim, a entrada paralela de bebidas. Diante de tais propostas, outros reagiram com veemência, dizendo que isso significaria o fim do *ayni*, nas festas realizadas na Pastoral.

Assim, de um lado, temos os que defendem a fidelidade à tradição e a flexibilização das regras e, do outro, os que defendem a proposta inovadora e democratizante da Pastoral que, no limite, estaria promovendo novas formas de organização e participação nos festejos. Ambas as posições encontram-se, portanto, ancoradas no domínio do sagrado. A primeira, porém, do ponto de vista da lógica do *catolicismo rústico*, procura depender o mínimo possível da mediação da instituição eclesial, ao passo que a segunda a incorpora totalmente. O que está em jogo, na verdade, é a estrutura de poder de duas instituições, orientadas por lógicas divergentes: uma preocupada em fortalecer as relações de reciprocidade e o prestígio pessoal, e a outra em diluí-lo, em nome da idéia de que todos são iguais no reino de Deus, ou seja, na Igreja.

Importa ressaltar ainda que alguns imigrantes que participam há mais tempo na Pastoral incorporaram suas propostas mais facilmente do que os que a integram mais recentemente. Porém, o fator tempo não dá conta de explicar tudo, uma vez que há pessoas que participam há anos e, no entanto, defendem a flexibilização das regras do jogo. Tal ambigüidade poderia estar indicando um processo de mudança cultural pelo qual o grupo está passando. O ritual da passagem da festa seria a forma mais cabal de sua expressão, como apontaremos a seguir, pois os rituais, como já constatara Geertz (1957) entre os javaneses, revelam os conflitos subjacentes a tais processos.

3. O *PRESTERÍO* E SEU PROCESSO DE RESSIGNIFICAÇÃO

A aproximação das festas marianas no mês de agosto é sempre motivo de preocupação, tanto para os *pasantes* quanto para a coordenação da Pastoral. No último mês que as antecede, as reuniões se multiplicam, bem como as tensões. Isso porque é nesse momento que vem à tona a discussão sobre a indicação dos novos festeiros, com base nas regras estipuladas pela Pastoral do Migrante. Entre as condições para ser *pasante*, as que mais têm suscitado polêmica são as exigências de participação nas suas atividades, pelo menos por dois anos, e ter recebido o sacramento do matrimônio. Os imigrantes, por seu turno, alegam que tais normas acabariam por excluir pessoas que gostariam de organizar a festa, porém, como não são freqüentadores das atividades da Igreja ou não estão em dia com o casamento eclesial, não se enquadrariam nelas.

Entre os entrevistados que já foram *pasante* alguma vez, a maioria discorda desses requisitos pois, como afirmou um *ex-pasante* da Virgem de Urkupiña, "la Virgen no programa sus pasantes". Isso significa que, do ponto de vista dos interessados em serem festeiros, a lógica é outra, e a motivação central, segundo eles, deve ser a fé e não as normas da Igreja. Da mesma forma, na Bolívia, o requisito do casamento religioso já começa a ser flexibilizado pelas fraternidades, que permitem a pessoas solteiras e divorciadas assumirem a responsabilidade de organizar uma festa, pois o mais importante é a capacidade do(a) candidato(a) de arcar com os gastos que isso implica, que são bastante elevados, dependendo do tamanho da festa. Segundo um *pasante* de uma fraternidade de *Morenos* de La Paz, a participação na festa da Virgem de Urkupiña de 2001 custou cerca de 30.000 bolivianos, ou aproximadamente, 5.000 dólares.

No entanto, a questão central que tais exigências estipuladas pela Pastoral apontam é a alteração da própria dinâmica da instituição do *presterío*, segundo a qual compete ao *pasante* ou *preste* do ano em curso indicar o sucessor. Porém, no modelo estipulado pela Igreja, o *pasante* atual indica um outro candidato não para o ano seguinte, mas sim para o posterior. Assim, no momento do ritual da passagem da festa, o festeiro atual passa o *aguayo* ou a insígnia para um outro que ele não indicou, mas foi indicado por seu antecessor. O episódio já mencionado da escolha do *pasante* 2000 é uma ilustração desse fato, trazendo à tona esses conflitos durante o ritual da passagem da festa da Virgem de Copacabana de 1999, quando o candidato indicado pelo festeiro do ano foi amplamente festejado, em detrimento dos indicados pela Pastoral.

Outra questão envolvendo a figura do *pasante* refere-se à sua participação econômica na realização da festa, pois, segundo a tradição, ele deve contribuir com a maior parte dos recursos. Segundo alguns devotos, isso não está acontecendo em algumas festas, uma vez que os festeiros nomeiam vários padrinhos para ajudá-los na organização do evento.

Analisando a condição social dos festeiros desde o princípio do ciclo de festas iniciado em 1995, até sua última edição observada em 2001, podemos dizer que os *pasantes* da Virgem de Urkupiña apresentam perfil de classe média, em que as profissões variam desde mecânicos a pequenos empresários e profissionais liberais. Até o momento não tivemos, portanto, nenhum festeiro do ramo da costura. Entretanto, para 2002 teremos variação neste espectro de atividades profissionais, já que, pela primeira vez, haverá alguém relacionado a esse tipo de atividade econômica. Para 2003, o indicado pertence ao ramo do comércio, retomando, assim, a tendência apresentada nos anos anteriores.

Já no caso dos festeiros da Virgem de Copacabana, o leque das profissões se amplia, contemplando desde empregada doméstica, eletricista e marceneiro, até pequenos empresários e comerciantes, incluindo também os costureiros, sejam eles donos de pequenas, médias e grandes confecções, como foi o caso do festeiro de 2001. Este destacou-se de todos os seus predecessores por seu poder econômico e de aglutinação de pessoas relacionadas ao ramo da costura, atividade exercida por grande parte dos bolivianos que vivem em São Paulo, particularmente os que chegaram na cidade a partir da década de 1980. A escolha dos *pasantes* de 2003, também pertencentes ao ramo da costura, parece estar indicando que, no caso da festa da Virgem de Copacabana, os donos de oficinas de costura se apropriaram, pelo menos por alguns anos, desse ciclo festivo. Outro elemento importante na orientação das escolhas é a origem de cada um deles, ou seja, o departamento de La Paz, lugar de onde advém esta devoção à Virgem Maria.

Isso posto, podemos nos perguntar se a forma de organização dos *presterios* em curso na Pastoral do Migrante não acabaria por tornar a figura do festeiro meramente figurativa.[5] Do ponto de vista da Igreja, tudo parece indicar que sim, pois se o poder de indicar o futuro candidato é negociado com a Igreja, e o ônus da organização da festa é dividido com outras pessoas (padrinhos), poderíamos dizer, então, que a "promotora" da festa seria a Pastoral, obscurecendo, assim, as distinções e o prestígio que a festa tem por função remarcar. Entretanto, para os imigrantes envolvidos nessa prática cultural, a percepção parece ser outra, como veremos adiante, uma vez que vários ex-*pasantes* manifestaram desejo em sê-lo outra vez no futuro. Evidencia-se assim que, no âmbito do simbólico, o *presterío* continua sendo valorizado por eles no novo contexto, embora com outros significados.

Isso revela que o prestígio do festeiro mudou de significado, porque a festa também mudou de lugar.[6] Se na Bolívia a dimensão redistributiva do *presterío* está assegurada, em São Paulo ela fica obscurecida em razão da quantidade de pessoas que participam dos festejos na Pastoral, não sendo possível propiciar comida e bebida grátis para todos. Nesse contexto, o prestígio advém da capacidade do festeiro de acionar uma rede de relações para organizar a festa, capacidade que se expressa sobretudo pela qualidade do espetáculo, que depende da contratação de uma banda ou orquestra da Bolívia, da quantidade de *cargamentos*, da pirotecnia, da quantidade de grupos folclóricos e de pessoas presentes na festa. Entretanto, mesmo não tendo de arcar com o ônus total da comida e da

---

[5] O mesmo processo de declínio do poder dos "festeiros" já foi observado por Brandão (1978), nas festas do Divino em Pirenópolis, onde a figura simbólica do Imperador detinha, também, poderes civis de soltar presos comuns nos dias de festas.

[6] Situação análoga foi constatada por Pierre Sanchis no seu amplo estudo sobre as festas religiosas em Portugal. Segundo ele, a emigração acabou influenciando a dinâmica das festas locais, uma vez que antes desse fato o *potlatch* tinha como função confirmar a dominação e a dependência dos moradores para com a elite local. Hoje, ele se encontra privado da sua dimensão redistributiva, porque visa evidenciar os seus autores, ou seja, os emigrados (Sanchis, 1992:320).

bebida, o festeiro terá de desembolsar ao menos 3.000 dólares para contratar músicos, elemento fundamental e balizador de uma boa festa.

Vale assinalar ainda outra questão até então não constatada, e que passou a ser veiculada com a nomeação de um festeiro pacenho para o ano 2001. Trata-se da reivindicação de uma outra forma de se realizar o ritual da passagem da festa, ou seja, seguindo a tradição pacenha e não a cochabambina, predominante até então. De acordo com aquela tradição, o *preste* do ano seguinte deve receber uma insígnia com as cores da bandeira nacional (vermelha, amarela e verde). Os candidatos para os anos subseqüentes devem receber, o primeiro, uma insígnia azul e o outro, uma rosada. No ano seguinte, quem recebeu a insígnia azul receberá a bandeira boliviana e, portanto, será o novo festeiro, e o que havia recebido a insígnia rosada receberá a azul e, assim, sucessivamente. Já na tradição cochabambina, temos a utilização do *aguayo,* que é colocado nos *pasantes* de forma transversal na hora do ritual da passagem da festa. No entanto, em outras festas realizadas fora do espaço da Pastoral, observei que os *aguayos* estavam decorados com objetos de prata, os quais obedeciam a um princípio de classificação de gênero. No exemplar do festeiro havia objetos relacionados com o universo masculino, como o bastão, símbolo do poder no mundo rural boliviano; uma casa, simbolizando o casamento; um garfo, evocando a comensalidade, entre outros. Já no *aguayo* feminino, havia uma casa e uma igreja, símbolos da família, uma colher, medalhas e outros objetos representativos do universo cultural boliviano. Numa outra festa, observei que os *aguayos* estavam decorados de forma diferenciada: o dele com um boneco de pano e o dela com uma boneca. Segundo uma senhora pacenha entrevistada em La Paz, o *aguayo* só é utilizado nesse contexto nos casamentos, quando as pessoas nele colocam dinheiro, como forma de presentear os nubentes.

A importância desse objeto da cultura material para o grupo em questão pode ser ainda expressa no episódio sucedido durante o ritual da passagem da festa de Copacabana de 1996. A *pasante*, uma senhora de classe média, mandou confeccionar duas faixas estilizadas indicando o nome da festa e o ano da sua realização. No entanto, no momento do ritual, outras pessoas presentes na festa rapidamente providenciaram o tradicional *aguayo*, objeto representativo da cultura material andina, e, portanto, símbolo das tradições "autênticas" dos bolivianos, sobretudo num contexto específico, como o que estamos analisando. Tais discussões revelam que existe um conflito entre diferentes tradições culturais no interior do grupo, que estaria indicando, na verdade, uma busca de afirmação das identidades regionais acionadas pelo evento da festa. Nesse sentido, as festas da Virgem de Copacabana e de Urkupiña de 2001 apontaram a possibilidade de alteração da dinâmica dos *presteríos* que serão realizados futuramente na Pastoral do Migrante, sobretudo no que diz respeito ao rito de passagem da festa, reforçando, assim, por um lado, a tradição pacenha e, por outro, a cochabambina.

Entretando, outra questão que se aponta é a continuidade dessa tradição num futuro mais próximo e mais longínquo, ou seja, pela primeira ou segunda geração de imigrantes. Os dados coletados indicam que os imigrantes da primeira geração estão interessados em continuá-la, tanto que a maioria dos entrevistados que já foram festeiros manifestou vontade de sê-lo uma segunda vez. Isso revela, na atual conjuntura, a importância do *presterío* para o grupo, que está mobilizado em torno do processo de reconstrução de identidades. Já com relação à continuidade da tradição pela segunda geração, as opiniões se dividem. Por um lado, os que participam das festas e têm seus filhos envolvidos em algum grupo folclórico manifestaram-se confiantes em relação à continuidade da tradição por eles. Por outro, os que não vivem a mesma situação de proximidade com as tradições demonstraram um certo ceticismo em relação à questão. Assim se manifestou René, ex-*pasante* da Virgem de Copacabana, que tem três filhos jovens: "Sí, yo creo que por nuestros hijos puede ser que las tradiciones no vayan para frente. Pero, yo creo que siempre va a haber ese tránsito de bolivianos que vienen y que van. Siempre va a haber bolivianos que vienen aquí, jóvenes no? Hoy en día hay mucha juventud, entonces estos jóvenes van aprendiendo, conociendo las tradiciones aquí. Ahora nuestros hijos nacidos aquí no creo, porque ellos ya piensan diferente" (13/7/2001). O mesmo ceticismo é compartilhado por Delmy, uma cruzenha que participa das festas há vários anos: "No creo que continue, porque justamente por el comportamiento que va a existir, no? Todo implica dinero, el dinero es el eje de toda nuestra vida. Si nosotros tenemos dinero, mas forma de ganar, la gente hace las cosas mejor y cuando comienza a decaer esto, todo va decayendo también. Entonces los jóvenes tienen prioridades y es una consecuencia lógica que tiene que haber estas prioridades antes de tener estas fiestas, no?" (14/6/2001).

Entretanto, a maioria dos jovens que dançam em algum grupo manifestou a vontade de *pasar* a festa algum dia, de preferência na Pastoral do Migrante. Interrogada sobre a tradição dos *prestes*, Karina de 22 anos e filha de ex-*pasantes*, afirmou:"Eu acho importante, porque acaba seguindo as tradições da Bolívia, entendeu? Porque acaba sendo a mesma coisa. Na Bolívia acontece a mesma coisa, só que lá a festa é bem maior". Indagada sobre a possibilidade de realizar a festa no futuro, ela repondeu: "Sim, com certeza, mas já casada, com um estado de economia bom". E com relação ao local de sua realização, ela disse: "Eu acho que aqui, na igreja, do mesmo jeito que sempre foi". Para Sergio, nascido na Bolívia, os gastos da festa parecem ter pesado mais na sua resposta sobre a possibilidade de realizar ou não uma festa. Assim respondeu ele:"Me gustaría y no me gustaría, porque para empezar tienes que preocuparte de recoger tus padrinos para que te ayuden, porque es un gasto extra, no? Claro que recupera, porque si tu tienes fe a una Virgen, lo que tu vas a invertir en esa Virgen, en ese preste, según la fe le devuelve el doble". E indagado sobre o local da sua possível realização, ele disse: "Me gustaría aquí en San Pablo, porque quiero hacer outro tipo de preste, donde sea equitativo, porque acá he notado en el preste de la Virgen de Copacabana de que tenía un grupo invitado y a este grupo se le daba todo, a los demás no les atendía. Yo creo que todas las personas que vienen a su fiesta tienes que servirles y recibirlas. Me gustaría pasar una fiesta así y atender toditos por igual".

Assim, o envolvimento da segunda geração com alguma atividade cultural no grupo, sobretudo com a dança, seria a forma de manter viva a possibilidade da continuidade da tradição do *presterío*, ou do contrário ela poderia experimentar um período de declínio, reemergindo talvez depois numa outra conjuntura vivida pelo grupo.

(RE)CRIAÇÃO DE PRÁTICAS FESTIVAS 179

Importa ressaltar, no entanto, que, de ponto de vista mais amplo, o *presterío* se apresenta para os bolivianos em São Paulo como uma instituição capaz de condensar elementos diacríticos e dinamizadores da cultura para um grupo que busca reconhecimento como imigrantes na sociedade local. Já do ponto de vista interno e da cosmovisão que o sustenta, o *preste* é um elemento de mediação com o sagrado, e, portanto, a dinâmica do *presterío* está ancorada numa lógica camponesa da redistribuição, da riqueza e afirmação de prestígio e poder. Nesse sentido, o *preste* deve existir sempre, mesmo que de forma aparentemente decorativa, pois o que mobiliza todas essas pessoas a festejarem anualmente suas santas é a dádiva recebida da Virgem, à qual é preciso retribuir em forma de festa, porque toda *dádiva* não retribuída à divindade se transforma em *dívida*, ou seja, em infortúnio.[7] Esse temor diante do sagrado, fundado na idéia de que a promessa não deve ser rompida, revela, na verdade, a existência de regras culturais estabelecidas, as quais devem ser cumpridas com seriedade por todos, pois do seu cumprimento depende a reprodução cultural do grupo.

Com base nessa perspectiva, a proposta da Pastoral de abrir a possibilidade para um grupo de pessoas que dela participa para passar a festa no ano de 2000, veio contrapor-se a essa dinâmica cultural, uma vez que ela anulou a figura do *pasante*, dissolvendo-a no grupo. Tal proposta acabou criando o que se poderia denominar de um "*presterío* dos pobres", fato que gerou reações de desaprovação e descontentamento em vários participantes.[8] No entanto, na Bolívia nem sempre há um único *pasante*, sobretudo quando se trata das fraternidades folclóricas, caso em que se constata também a existência de um grupo de festeiros, uma vez que os gastos são por demais elevados para serem assumidos por um único organizador.

---

[7] A mesma concepção foi constatada por Alba Zaluar em sua análise das festas populares no contexto brasileiro (Zaluar, 1983:85).
[8] Na festa do Divino de Pirenópolis (Goiás), a presença de pessoas de condição econômica inferior não é proibida, porém, quando alguém é escolhido, as reações são as de que terão uma "festa ruim". No entanto, não se deve questionar a "Vontade do Divino" (Brandão, 1978:55).

Por isso, tanto na Bolívia quanto em São Paulo, é preciso prever com antecedência a sucessão dos próximos festeiros, pois a forma de escolhê-lo fundada na surpresa, segundo a antiga tradição, parece não funcionar mais nos contextos urbanos, conforme foi confirmado pelo episódio do *pasante* de 2000.

A mudança na forma de escolher o festeiro, tanto na Bolívia quanto em São Paulo, comprova que hoje, sobretudo nos meios urbanos marcados pelas diferenças sociais, uma boa situação econômica é a condição primeira para se realizar a festa, abandonando a escolha feita de forma inesperada durante os festejos. Segundo Fernando, um *preste* de La Paz, quando havia o sistema da surpresa, o escolhido, uma pessoa de recursos, recebia um prato com alimentos frios e debaixo de uma folha de alface se colocava uma bandeirinha, simbolizando a sua eleição. Se na Bolívia o sistema de escolha parece ter sido alterado, em São Paulo, no entanto, é possível constatar ainda o antigo sistema entre um grupo de bolivianos que realiza um ciclo de festas da Virgem de Urkupiña fora do espaço da Pastoral. Foi o que aconteceu com a escolha do pasante de 2002, o qual foi indicado segundo esse procedimento. Neste caso, a reação do escolhido, o sr. Oscar Rodríguez, foi de contentamento, porque, segundo ele, a Virgem o escolhera e, portanto, não se pode contrariar a sua vontade.

Com base nessa perspectiva, quando alguém é indicado para *pasar* a festa, não pode recusar, porque a obrigação moral de retribuir à sua comunidade está permeada pela relação com o sagrado, uma vez que o(a) santo(a) "castiga" quem não aceita entrar na lógica do dom e do contradom.[9] Assim, nessa perspectiva, para homenagear o(a) santo(a), não se pode medir gastos, dos quais dependem o sucesso da festa e o prestígio na comunidade. A fala de uma ex-*pasante* pode ilustrar ainda mais tal realidade. Afirmou ela: "Porque en esta fiesta se gasta la plata, pero no sabemos cuanto hemos gastado. Es como ha havido de por sí. Sólo sabe-

---

[9] Esta concepção de que o santo pode zangar-se com seus devotos foi encontrada também por Maués no contexto do catolicismo popular brasileiro, pois segundo ele, o santo é tratado como "pessoa viva". Uma informante de Vigia (Pará), cuja mãe possui uma imagem de São Benedito, afirmou que "quando o santo está zangado, ele se põe de lado no oratório" (Maués, 1987:150).

mos de la banda cuanto se há gastado. Para comer e beber traen colaboración. No sabemos cuanto se ha gastado. La fe hace mucho".

A previsibilidade na escolha dos próximos festeiros é, portanto, uma forma encontrada para a continuidade dessa tradição do *presterío*, que já não pode conviver com surpresas, sobretudo em tempos de profundas mudanças sociais. Dessa maneira, os candidatos a *pasantes* são consultados previamente, e se alistam para se prepararem devidamente. Outra condição é nomear somente *pasantes* bolivianos, pois a escolha de casais brasileiros poria em risco a tradição, em razão do seu desconhecimento dela. Na maioria os entrevistados adotaram reservas em relação à nomeação de brasileiros para assumir o cargo, abrindo a possibilidade apenas aos casais mistos, ou seja, quando apenas um dos cônjuges é brasileiro(a).

Cabe, pois, perguntar se essa tradição continuará reproduzindo-se nos meios urbanos na Bolívia entre as novas gerações, uma vez que para os mais jovens tais tradições podem ser coisas do *"ch'unchu tiempo"*, ou seja, de pessoas rudes do campo, como expressou Célia Miranda, devota presente na festa da Virgem de Copacabana, no bairro do mesmo nome da santa em La Paz. Há que se considerar ainda o avanço das igrejas evangélicas no meio urbano e rural, implicando mudança cultural e, por conseguinte, possibilitando talvez abandono dessa prática cultural e religiosa. No entanto, tudo tende a mudar de figura quando tais tradições cruzam as fronteiras geográficas, sociais e culturais, como o comprova nossa observação das festas bolivianas em São Paulo. Nesse sentido, a necessidade de reafirmar identidades num contexto adverso faz que tradições sejam reiventadas, ganhando novos significados. Porém, é bom lembrar que "a invenção da tradição implica alguma tradição" (Sahlins, 1997:136).

4. O SIMBOLISMO DAS EXPRESSÕES CORPORAIS E DAS DANÇAS

Se, por um lado, os alimentos ensejam o estreitamento das relações sociais ou a sua segmentação, por outro, a gestualidade contribui para expressar o indizível. Nesse sentido, cada grupo étnico apresenta formas próprias de expressar-se, constituindo, assim, uma linguagem que deverá ser decifrada com base nos referenciais fornecidos pela própria cultura, em diálogo com o contexto no qual se reproduz. Dessa maneira, há que se considerar que, em situações de contato interétnico, cada grupo de migrantes tende a acentuar certas expressões corporais, ou poderá também ocultá-las, em razão dos preconceitos com os quais são recebidos.

No caso do grupo em foco, como apontamos, toda e qualquer relação social apóia-se num *ethos* cultural próprio, no qual o mágico-religioso desempenha papel fundamental. Assim, desde uma simples saudação, passando pela forma de brindar e pelas expressões rítmicas, cada gesto não pode ser visto como algo desconexo e sem sentido. A dimensão comunitária é sempre evocada e ritualizada em tais gestos, deixando entrever que cada indivíduo é parte de algo maior, não tangível, mas imaginado como real. Dessa forma, é no espaço da festa que a gestualidade se manifesta de maneira mais ampla e diferenciada, pois, como um "fato social total", ela permite que também as práticas culturais associadas a expressões do corpo venham à tona com intensidade e plasticidade. Tais práticas estão ancoradas e são transmitidas, sobretudo, pela tradição, já que, na concepção de Marcel Mauss, as técnicas corporais são "atos tradicionais eficazes" que são inscritos no corpo, pois "o corpo é o primeiro e o mais natural instrumento do homem" (Mauss, 1974:217).

Assim, a forma de cumprimentar-se e receber convidados obedece a um ritual próprio, o qual evidencia que este é bem-vindo e começa a fazer parte do grupo. Tal gesto não se resume num simples aperto de mão ou numa saudação informal, mas consiste em jogar *mixtura* (papel picado) na cabeça do visitante e, depois de um aperto de mãos, tocar os ombros da pessoa insinuando um abraço, finalizando com outro aperto de mão. No caso dos compadres que trazem seus *aynis*, estes são recebidos com alguns tipos de bebida para brindarem com os anfitriões da festa. E antes de tomar o primeiro gole, é praxe inclinar-se um pouco e oferecer algumas gotas à Pachamama.

No entanto, é no contexto das danças que a gestualidade indica um substrato cultural comum, que é rememorado e recriado constantemente. Em primeiro lugar, vale dizer que as danças só têm razão de ser enquanto expressão do humano, que só é completo na relação entre homem e mulher (*chachawarmi*, em aimará e *qhariwarmi* em quéchua). Nesse sentido, em todas as danças é imprescindível a formação de pares ou das *comparsas*, como dizem os bolivianos. Importa ressaltar ainda que, nas danças tradicionais apresentadas, as pessoas mantêm uma certa distância de seus pares. Isso, porém, não quer dizer que se trata de algo monótono. Ao contrário, danças como a *cueca* salientam a sensualidade e o jogo da sedução, ao passo que outras remarcam os valores comunitários, uma vez que em certos momentos são exibidas algumas coreografias, como a formação de círculos, de filas duplas ou de túneis pelos quais todos passam de braços dados.

Entre as danças apresentadas nas festas marianas, destacam-se a *cueca*, os *caporales*, a *morenada*, a *diablada*, os *tinkus, llamerada, tobas* entre outras. Cada uma expressa elementos de um passado sociocultural evocado de forma mítica e, uma vez reproduzidas num novo contexto, passam a veicular uma identidade cultural, étnica ou social. Isso pode ser constatado nas danças apresentadas pelos grupos Kantuta, Salay e Raza India. O primeiro, formado por residentes bolivianos e seus descendentes, costumava apresentar os *caporales*, a *morenada*, a *diablada e a cueca* cochabambina. A partir de 2001, o grupo Kantuta passou a apresentar outras danças consideradas mais *camponesas*, como é o caso da *llamerada*, *dos tinkus e tobas*. Interrogados sobre qual seria a dança de sua preferência, a maioria dos jovens entrevistados do grupo afirmou que seriam os *caporales*, por ser uma dança juvenil, com movimentos arrojados, que apresenta ritmo animado e, ao mesmo tempo, sensual, uma vez que as bailarinas usam uma *minipollera*. Já o grupo Salay, formado por jovens costureiros, apresenta o *tinkus* e *a llamerada*, danças que evocam grupos específicos na Bolívia, como os camponeses da região de Potosí, no primeiro caso, e de La Paz, no segundo. Por sua parte, o grupo Raza India tem apresentado a *tarkeada*, dança típica dos camponeses de La Paz.

Nesse sentido, tais danças apresentadas pelos vários grupos seriam uma expressão da segmentação social, cultural e étnica presente nas festas, a qual é, na verdade, uma reafirmação de tais diferenças, já existentes no país de origem. Entretanto, em São Paulo elas se revestem de outros significados, uma vez que estariam reafirmando particularmente, porém não de forma exclusiva, uma identidade capaz de englobar a todos, ou seja, o ser boliviano(a) no Brasil.

Para além das especificidades culturais e sociais que as danças podem revelar, importa indagar o significado de alguns gestos presentes em algumas delas. Um deles é a postura curvada e o ritmo cadenciado dos passos, pisando firme sobre o solo, típico da *morenada*. Tal gesto pode ser lido a partir dos referenciais históricos, uma vez que a dança dramatiza a escravidão dos negros e, portanto, o peso do trabalho servil. Não é por acaso que a fantasia usada por cada *moreno* pesa de trinta a quarenta quilos. Porém, com base em um referencial religioso, tal postura poderia estar indicando, por um lado, a relação com a *Pachamama*, e, por outro, com os ancestrais. Se é verdade que os ancestrais estão localizados na terra, como indaga Marlene de Oliveira Cunha no contexto do candomblé, então "podemos concluir que todo o complexo gestual tem como ponto de referência o solo". Nesse sentido, segundo a mesma autora, o gesto de bater os pés pode ser uma forma de invocá-los (Cunha, 1986:143-4). Entretanto, no caso dos imigrantes em questão, tal relação, ainda que historicamente provável em se tratando dos escravos africanos, hoje parece ter perdido esse significado, pois na tradição cultural andina os ancestrais, ou "almas mais elevadas", se "encarnam" nos montes próximos aos vilarejos indígenas e se transformam em *Achachilas,* ou seja, em protetores da comunidade. E para comunicar com eles, a música autóctone de *los pinkillus* ou *tarqas* exerce papel fundamental, pois, segundo os camponeses aimarás, os *Achachilas* e a *Pachamama* gostam de escutar a sua música (Van den Berg, 1990:177).

Outro aspecto que chama a atenção é o colorido e o capricho presentes na indumentária dos dançarinos. Como uma linguagem gestual, a dança na sociedade andina "mediante un elaborado lenguaje de símbolos, expresa ciclos productivos, creencias populares, jerarquías sociales o acontecimientos históricos" (Ráez Retamozo, in: Romero, 1993:270). Cada dança apresentada revela detalhes e nuanças que evocam uma realidade pretérita, porém seu brilho contrasta com os significados que tal realidade possa ter tido na história do grupo. Assim, o que era dor e tristeza é transposto para o âmbito do simbólico e se transforma em motivo de comemoração, pois tais danças são a expressão mais cabal do poder criador de um povo, que é capaz de reinventar e de rir de si mesmo, zombando da zombaria de que é objeto quando visto pelo olhar do outro.

Dessa forma, para além da preocupação com a origem das danças e com o processo de transformação pelo qual cada uma pode ter passado ao longo da história, o que nos interessa aqui é saber o que elas podem estar nos dizendo a respeito do grupo que as apresenta, uma vez que são veiculadas num contexto específico, que é o das festas devocionais. Importa salientar também que elas são apresentadas por grupos diferenciados, social, cultural e etnicamente. Assim, ao discorrermos sobre tais danças, estaremos buscando os possíveis significados que elas passam a veicular num contexto específico e numa dada conjuntura histórica.

Em primeiro lugar, é importante dizer que a motivação subjacente ao ato de dançar é a devoção à Virgem, em vista de algum favor que o dançarino almeja alcançar ou para pagar uma promessa. E, para tanto, é preciso dançar por três anos ou, em alguns casos, por muitos anos, até que a resistência física corresponda ao seu propósito.[10] Dessa forma, não se trata apenas de uma exibição estética ou cultural, como se faz em qualquer outro contexto, mas tal espetáculo é revestido de um caráter sagrado, conferindo-lhe legitimidade ante outras expressões culturais que são introduzidas a cada ano nas festas marianas. Foi o que aconteceu na festa de Copacabana de 2000, quando houve a apresentação de um grupo afro, diante do qual as opiniões se dividiram. Tal concepção ficou expressa na fala de Norma: "Es una fiesta religiosa como allá en Bolivia y solamente van porque todas nuestras fiestas y danzas tienen una historia. Es por eso que yo tengo talvez un poco de receo, porque nosotros allá

---

[10] No ciclo de Santos Reis que se realiza no interior de Goiás, Carlos Rodrigues Brandão constatou que, "quando se faz uma promessa de sair com a Folia, o promesseiro pode completar seis anos seguidos. Mas se fizer saída no sétimo, fica com o compromisso com Santos Reis para o resto da vida". No entanto, o mesmo autor constatou que, em outros lugares, alguns acreditam que o número de anos depende do promesseiro (Brandão, 1981:52).

danzamos para la Virgen. No se danza para mostrar el traje, el paso, no!" A partir dessa concepção, a introdução de elementos forâneos nos festejos acabaria por descaracterizar a própria festa, que deve ser, segundo esta informante, "netamente boliviana".

No entanto, para os mais jovens, a dança é sempre a expressão de algo diferente que chama a atenção, seja pelo ritmo, seja pelas cores, seja pela agilidade, como expressou Sergio: "Ha sido diferente de lo que uno está acostumbrado a ver. Nosotros hemos visto el baile brasilero, pero este tipo de baile ha sido maravilloso, muy bonito". Para Milton, brasileiro, a apresentação de uma dança brasileira na festa da Virgem é uma forma de unir as culturas e promover a confraternização entre os povos. Para outros, é uma forma de agradecimento aos brasileiros pela acolhida oferecida, como explicitou Margarita, ex-*pasante* da Virgem de Copacabana: "A mí me pareció muy bien, porque estoy en suelo brasilero y por lo menos esta presentación lo hacían al pueblo brasilero. Ellos son acojedores. En mi experiencia, cuando necesité de una mano, fue el brasilero que me ha ayudado y no el boliviano" (20/5/2001).

Seja como for, a cada ano novos ritmos e coreografias vão sendo introduzidos, demonstrando, por um lado, a capacidade que a festa tem para incorporar inovações e pessoas de diferentes faixas etárias, como foi o caso da apresentação de um grupo Tecno na festa de Copacabana de 2001, e, por outro, que a festa busca constantemente reafirmar a tradição, apresentando todos os anos as mesmas danças, coreografias, ritmos e cores. Nesse sentido, já é de praxe o grupo Kantuta acompanhar a procissão da Virgem de Urkupiña com a animada dança dos *caporales*.

Se para quem não pertence ao grupo essas danças podem parecer mera repetição anual, para os devotos e freqüentadores da festa tudo o que é apresentado ganha novos significados, porque, em primeiro lugar, a festa é para cada boliviano uma das possibilidades durante o ano de reencontrar-se com suas tradições, ainda que de forma condensada e rápida. Assim, os sentimentos de pertença a uma origem comum afloram com intensidade e naturalidade nesses encontros. Em segundo lugar, a festa é um espaço de reafirmação de identidades, uma vez que cada dança retrata uma história, um passado mítico de submissão e resistência de culturas e etnias que, ao longo dos séculos, tiveram de enfrentar o dilema de assumir uma nova cosmovisão, novas práticas culturais, sem, contudo, renunciar às próprias tradições. Nesse sentido, as máscaras apresentadas, particularmente na *diablada* e na *morenada*, são emblemáticas desse jogo identitário ambíguo entre os bolivianos em São Paulo, pois na festa se reafirma o que no cotidiano se procura negar, ou seja, as suas raízes indígenas e africanas, em razão do forte preconceito existente na sociedade boliviana e brasileira em relação a elas.

Se, por um lado, é preciso afirmar a diferença em relação aos brasileiros, por outro, as máscaras revelam semelhanças entre os opostos, estabelecendo, assim, um canal de comunicação entre pólos aparentemente antagônicos. É o que Taussig, citando Walter Benjamin, denomina de "faculdade mimética" (*mimetic faculty*), capaz de unir no nível da abstração a representação e o representado. Isso ele constatou ao analisar uma prática cultural entre os cunas, para os quais é possível defender-se dos poderes malignos mediante sua materialização (1993:12-14). Assim, poderíamos dizer também que, se por um lado, ao representar os "morenos" na dança da morenada, os bolivianos estariam reafirmando suas diferenças em relação aos brasileiros, por ser uma dança típica de Oruro, com ritmo, coreografia e cores próprias, por outro, estariam dizendo aos brasileiros que eles também são caudatários de uma herança cultural africana comum, e que, portanto, são semelhantes a tantos outros brasileiros que herdaram o mesmo passado de dor e submissão que a instituição da escravidão produziu em ambos os contextos. Nesse sentido, a apresentação de um grupo afro na festa da Virgem de Copacabana é reveladora dessa tensão entre as várias identidades em jogo.

Se algumas danças apresentam um lado mais regional, como a *diablada* e a *morenada* de Oruro, os *tinkus* de Potosí, a *llamerada* de La Paz, a *cueca*, por sua vez, no contexto das festas, aparece como uma dança de caráter nacional, embora tenha adquirido também formas regionais para expressar-se, seja na indumentária, seja no ritmo próprios de cada lugar. Assim, a *cueca* tarijenha, por exemplo, tem ritmo mais rápido, ao passo que a pacenha é mais lenta. No entanto, nas festas e, sobretudo, durante os rituais de sua passagem, é o estilo pacenho de dançar que predomina, até porque grande parte dos participantes nos festejos da Virgem é originária daquele estado da Bolívia.

Não existe consenso em relação à origem da *cueca*, pois, segundo Antonio Paredes Candia, trata-se de uma dança mestiça, originariamente andina, a qual recebeu influências tanto da África quanto da Espanha. Assim, antes de ser denominada *cueca* teria sido *zamba-clueca*, que etimologicamente quer dizer: *zamba* ou *samba* no idioma banto, que significa dança; e *clueca*, que se refere à fase pela qual passa a galinha quando deixa de pôr ovos e se dedica a chocá-los, tornando-se agressiva. Nesse sentido, *zamba clueca* seria a dança em que a fêmea se defende das investidas do macho (Candia, 1991:53). Entretanto, para Rigoberto Paredes, sua origem tem raízes peninsulares, derivando-se da *jota aragonesa* ou de alguma outra dança parecida à da *cueca* e com nome distinto, que se costumava dançar na península na época da conquista (Paredes, 1981:148). Outros autores, como Valcarcel, não refutam a hipótese de Paredes, porém não negam a influência do negro e do índio na conformação dessa dança "mestiça" (apud: Candia, 1991:55). Inicialmente, segundo Paredes, foi uma dança de preferência das classes aristocráticas no período colonial e no albores da república, sendo relegada às camadas populares com a aparição de outras danças como a valsa (Paredes, 1981:149). Hoje é uma dança que perpassa todas as classes sociais, sendo dançada nos *presteríos*, novenas, casamentos, batizados, aniversários, festas pátrias; enfim, trata-se uma dança que traduz de forma rítmica e gestual traços incorporados como parte da nacionalidade boliviana. Vale lembrar, entretanto, que a mesma dança se desenvolveu no Chile e no Peru, adquirindo ritmo mais acelerado e recebendo no último país a denominação de *marinera*.

Sua coreografia é formada por gestos suaves e sensuais em que, às insinuações do homem, a mulher responde levantando um pouco a saia com a mão esquerda, enquanto com a outra agita o lenço branco. A dança apresenta cinco etapas, começando com um preâmbulo em que os pares ficam frente à frente. Num segundo momento, os dançarinos adiantam-se e dão uma volta completa de costas até se postarem novamente frente à frente. Em seguida vem o cortejamento que o homem faz à mulher, que trata de esquivar-se mudando de lado. É o momento mais sensual da dança, e cada dançarino demonstra sua graça e picardia, como uma forma de assédio. Num quarto momento, a música torna-se mais ritmada e os pares dão uma meia-volta, ou o que se denomina de *quimba*, perdendo um pouco seu ritmo, para novamente acelerar-se com o sapateado, em que cada dançarino termina num lugar oposto ao que lhe correspondia quando começou a dança (Candia, 1991:58-64). Importa acrescentar ainda que, no momento do sapateado, os presentes que não estão dançando acompanham os dançantes batendo palmas, criando, assim, um clima contagiante e alegre entre todos. É nesse momento que, durante o ritual da passagem da festa, a música é interrompida para que os *pasantes* e compadres possam brindar.

Outro ritmo contagiante, que em geral marca o final do ritual da passagem da festa, depois da dança da *cueca*, é o *wayño*, indicando que todos são convidados a dançar. Segundo Rigoberto Paredes, trata-se de uma dança de origem indígena, "de extremados movimientos en que las jóvenes hacen excitantes quiebros de cintura y se mueven en algunas mudanzas con ciertos contorneos de pies, meneo de brazos, que no se puede contemplar sin que pugne la sangre por saltar de las venas" (1981:148).

Trata-se de uma dança que exercita a criatividade dos dançarinos e ao mesmo tempo exige deles muita agilidade, uma vez que, além da coreografia de costume, novas formas podem ser acrescentadas. Entre as mais comuns, temos aquelas em que, de mãos dadas, os pares se aproximam e se distanciam sem soltar as mãos, ainda de mãos dadas dão meia-volta, mudando de lugar, para em seguida entrelaçar o braço esquerdo com esquerdo, direito com direito. Novamente de mãos dadas, os dançarinos dão várias voltas sobre si mesmos, ou ainda o homem, segurando a mão esquerda da mulher, a faz dar delicadas voltas da esquerda para a direita e da direita para a esquerda. O momento de maior interação entre os participantes é quando os bailarinos se dão as mãos e formam um círculo, sempre intercalando um homem e uma mulher. No interior do círculo, um casal de dançarinos dança por alguns minutos e enquanto dançam alguém grita: *una apretadita!* Nesse momento, todos se movimentam em direção ao casal, afastando-se rapidamente. Em seguida esse casal é substituído por outro e, assim, sucessivamente. Orientados por um animador, o grupo dança dando voltas à esquerda e à direita e realiza várias coreografias, entre elas formando um túnel pelo qual todos vão passando e realizando outras formas, como pôr a mão nos quadris do parceiro que está à sua frente, segurar-lhe as orelhas ou dar-lhes suaves beliscões, bem como caminhar em fila com apenas um pé, enquanto o outro é sustentado pela mão correspondente. Em alguns momentos, forma-se também um cordão de pessoas que percorre o salão de festas e vai convidando outras pessoas a participarem da brincadeira que se prolonga por um bom tempo, até levar à exaustão as forças dos que dançam.

Assim, no contexto festivo que estamos analisando, a dança aparece sempre de duas formas, seja como "espetáculo", quando são apresentadas por grupo folclórico para o público presente, seja como entretenimento, quando todos podem participar, dançando, cada um à sua maneira, os vários ritmos tocados, desde os mais tradicionais, como a *cueca*, a *morenada*, a *diablada*, os *tinkus*, até os *caporales*, que agradam um público mais jovem, passando por outros ritmos latinos, como a *cumbia* e a *salsa*. Vale ressaltar que em todos os ritmos é observada uma coreografia básica, ou seja, a formação de uma fila em que os pares ficam um à frente do outro, conservando sempre uma certa distância e, à medida que novos pares vão agregando-se à dança, a fila vai aumentado de tamanho. E quando já não há mais espaço, forma-se outra.

A observação dessas formas rítmicas e gestuais nas festas devocionais, e em outros contextos festivos, nos permite dizer que a dança exerce forte poder de agregação social, proporcionando, ainda que por pouco tempo, sentimento de pertença a uma *communitas* aos imigrantes, que enfrentam a desagregação, a discriminação e o individualismo impostos pela forma de trabalho explorado realizado por grande parte na metróple paulistana. Nesse sentido, enquanto se dança se liberta o corpo cansado da árdua rotina do dia-a-dia, se realimentam sonhos de uma vida melhor e, quem sabe, o da volta vitoriosa à terra natal, se ampliam as possibilidades das relações amistosas ou amorosas, enfim, dançando se homenageia a Virgem/Mãe/Terra, pois, mesmo em pátria estrangeira, é preciso festejá-la sempre, porque dela depende a reprodução da vida sociocultural do grupo.

5. Aspectos simbólicos da comensalidade nas festas e rituais

Se a reciprocidade é um princípio básico que permeia muitas relações nas sociedades andinas, e sobretudo na Bolívia, podemos dizer que a comensalidade é a forma mais cabal de sua expressão. Assim, alimentos e bebida, como em qualquer cultura, são elementos social e simbolicamente construídos, e que contribuem para fortalecer e ampliar relações sociais. Dependendo do momento e do contexto explicitam situações de interdição (jejum), restrição (abstinência), permissão (refeição abundante) e doação ao sagrado (oferenda). No caso andino, porém, e sobretudo entre bolivianos, ganham outros significados, pois são sempre tomados a partir de uma cosmologia que lhes dá suporte e sentido.

É nesse contexto que ocorre o mito da *Pachamama*, a Mãe Terra, pois é dela que advêm os frutos necessários para a sobrevivência e reprodução social do grupo, mesmo no contexto da migração. Por isso, é sempre necessário pedir-lhe autorização para tocá-la, e, ao mesmo tempo, retribuir-lhe pelos dons concedidos, por meio de rituais. Para Turner (1988), o rito seria uma "*performance* transformativa revelando classificações, categorias e contradições do processo cultural", vinculado a momentos específicos da vida das pessoas, como o nascimento, iniciação, casamento e morte, em que "símbolos e valores que representam a unidade e continuidade do grupo social foram celebrados e reanimados". Assim, os ritos são acionados em momentos vitais para a comunidade, como o início das atividades agrícolas, situações liminares, como os momentos marcados pela enfermidade ou pela morte, "porque eles tornam explícita a interdependência de pessoas com suas ambiências físicas e corporais".

Entre os rituais acionados por bolivianos em São Paulo, o da *ch'alla* é o mais comum, porque sintetiza pela repetição o sistema de valores e interesses em conflito no processo de (re)criação cultural desses imigrantes. Uma devota da Virgem da Candelária em La Paz nos explicou esse ritual, e explicitou as razões pelas quais e os momentos em que é indispensável realizá-lo. Para ela, a *ch'alla* é:

"[...] la ofrenda a Pachamama. En carnaval hay que ch'allar, entonces la casa hay que adornar y junto con Pachamama hay que servirse. Después hay que ch'allar a las papas, a la chacra hay que ir pues, hay que ch'allar y sacando papas hay que bailar, y ch'allar con vinito, con alcoholito y con coquita. Entonces sacando papas nuevas hay que ch'allar en carnaval. Después, hay los barcos, hay las ovejas, los animalitos, hay que adornarles, entonces ch'allarles, para que nos bendiga el Señor, que no haiga, pués, sequía, que tengamos todos los animalitos y papas también que produzca. En Candelaria igual hay que ch'allar. Ahora he traido la Virgencita con papita, una canastita. Entonces, en Candelaria hay que ch'allar a la papita, ir a la chacra y también realizar la *khoa*, unos preparaditos, dulcecitos con grasa de llamita. Entonces, eso hay que alcanzar a la misma chacra, hay que quemarle con carvoncito. Hay que cooperarle a la Pachamama. Que llegue mas papitas, que produzca. Ese es. Por eso ch'allamos. La Virgencita también... por eso no nos falta nada. No sufrimos sequía en la casa. Para eso hacemos esta fiesta. Cha'llamos siempre, una cervecita, siempre con Pachamama, siempre juntos. Y también rezar para nuestro Señor Dios, para la virgencita también. Esto es pues" (12/2/2000).

Vê-se, portanto, que o ritual da *ch'alla* é acionado nos mais diferentes momentos da vida particular e comunitária, revelando que toda e qualquer atividade humana está relacionada ao mundo do sagrado e dele depende a própria subsistência, como explicitou Julieta: "Es necesario ch'allar porque dicen que la *mãe* de la Tierra está siempre con nosotros y así como nosotros ella también tiene que probar, tiene que ser convidada" (18/3/2002). É comum, pois, realizar essa oferenda ritual no momento de preparar a terra, de lançar a semente, da colheita; na construção da casa (alicerce), no momento de cobri-la e na sua inauguração; nas várias etapas da vida humana, como o primeiro corte de cabelo, no matrimônio;[11] na partida para uma viagem; no momento da sepultura; no

---

[11] Este ritual consiste em tirar a *cadena*, ou seja, a corrente matrimonial colocada pelo padre nos novos esposos, simbolizando o compromisso que assumiram um para com o outro. Finalizado o matrimônio, a corrente permanece no pescoço da esposa por uma

dia de finados; na terça-feira de carnaval; nos novenários e nas festas devocionais.

Assim, os alimentos além de serem indispensáveis à reprodução da vida, são também um meio de comunicação com a esfera do sagrado. A *Tumba de los muertos* ou *Altar de todos los Santos,* é uma expressão disso. Este altar, como se descreveu anteriormente, é montado ao meio-dia do dia de Todos os Santos (dia 1º), quando as almas começam a chegar, e desfeito no dia de Finados, também ao meio-dia, quando se faz sua despedida.[12] Para esse dia preparam-se também alguns pratos especiais, como o *ají de alveja* (ensopado apimentado de ervilha seca) ou o *ají* de trigo, ou de *papa lisa* pois, segundo Julieta, são "comidas de almas". Importa lembrar, no entanto, que a comida como uma forma de comunicação entre vivos e mortos não é prática exclusiva das culturas andinas, mas pode ser igualmente encontrada em outras tradições culturais. Segundo Marguerite Yourcenar, tal prática é comum desde a China à Europa setentrional, onde as oferendas destinadas aos mortos são marcadas por uma certa ambigüidade, pois visam "assegurar a sobrevivência do morto, e ao mesmo tempo neutralizar a novicidade que ele adquiriu em se tornando um morto, mas espera-se que, passada a festa do reencontro, ele volte tranqüilamente para sua morada embaixo da terra" (Yourcenar, 1985:132).

A comensalidade entre vivos e mortos é, portanto, uma tradição muito antiga, podendo ser encontrada já no Império Romano, no qual o dia

---

semana e, só então, é realizado o ritual para *sacar la cadena*, em geral na casa de um dos padrinhos. A primeira parte do ritual consiste em retirar a corrente do pescoço da afilhada pela madrinha e, depois colocá-la sobre um pano branco, que contenha vários alimentos, como o *ch'uñu*, o *mote*, batata-inglesa etc. No caso observado, a madrinha pediu ao padre (pesquisador) que abençoasse esses alimentos, num sinal de que era preciso dar um sentido cristão ao ritual, pois as oferendas seriam entregues posteriormente à *Pachamama*. Depois da bênção, os padrinhos entregaram aos afilhados as respectivas oferendas amarradas no pano branco e, finalmente, brindaram pela boa sorte do novo casal.

[12] No norte de Potosí existe uma tradição de que no dia 31 de outubro (véspera), se recepcionam as "almas menores", ou seja, das crianças e jovens. As primeiras são denominadas "angelitos", e os outros, "muertos mozos". Às crianças presentes na casa do falecido são oferecidos vários tipos de massas e doces, ao passo que aos adultos se oferecem porções de coca e chicha, para que façam libações em honra dos "angelitos" (Loza, 1988:30-1).

dos mortos era celebrado no dia 22 de fevereiro com a reunião da família em torno ao túmulo para um banquete fúnebre. Muitos foram os esforços da Igreja para cristianizar a festa, chegando à sua proibição formal feita pelo Concílio de Tours em 567. Entretanto, a tradição de oferecer banquetes aos mortos perdurou, ainda que de forma secreta, até que em 998 o abade Odilon de Cluny instituiu o dia da comemoração dos defuntos no dia 2 de novembro. A partir do século XVI, o oferecimento da eucaristia em sufrágio das almas e a visita aos cemitérios tornaram-se prática comum em toda a Igreja, sendo introduzida na América pelos colonizadores (Van den Berg, 1991:49-52).

No contexto brasileiro, tal prática pode ser encontrada nos cultos afro-brasileiros, como, por exemplo, no culto aos mortos no *axexê* do candomblé ou no batuque do Rio Grande do Sul, onde a comida é denominada de *aresum* ou *missa-de-eguns* (Corrêa, N. 1996:54). Outro exemplo é a prática dos waiãpis do Amapari, que colocam uma cuia com água e um pouco de beiju num cesto dependurado sobre a sepultura, medida essa de precaução, pois se a sombra *kwaray'a pore*, esfomeada, não encontrar alimento no túmulo, irá beber e mexer na comida dos vivos (Gallois, 1988:184).

No âmbito de nossa pesquisa, constatei em uma mesa oferecida aos mortos um elemento significativo para esses imigrantes e, ao mesmo tempo, controverso, em razão dos vários usos que se faz dele. Trata-se da folha da coca,[13] erva com várias propriedades medicinais já comprovadas, e elemento imprescindível no fortalecimento das relações sociais e práticas rituais, como é o caso das oferendas à *Pachamama*.

Importa ressaltar que em Cochabamba o período de comemoração dos defuntos prolonga-se durante todo o mês de novembro, concluindo-se com a festa de Santo André, dia 30, quando se realiza a última des-

---

[13] Segundo Mariscotti de Gorlitz, o uso generalizado da folha da coca deu-se a partir da época colonial. Anteriormente era uma planta sagrada de uso exclusivo nos rituais. Segundo uma concepção mítica, ela teria brotado do corpo esquartejado de uma bela deusa, que foi assassinada em razão da sua luxúria. Paradoxalmente, acrescenta a mesma autora, os indígenas contemporâneos a consideram como um dom da Virgem Maria (Mariscotti de Gorlitz, 1978:93).

pedida da alma, a *kacharpaya*. Durante o mês se montam *las wallunk'as* ou *columpios*, uma forma de balanço feito com dois postes altos, em que as pessoas devem balançar e tocar com os pés os cestos com presentes, colocados à sua frente. Enquanto as jovens *columpian* ao som de uma banda, outros vão servindo *chicha* e cantando estribilhos típicos desta época, também denominada "carnaval antecipado" (Albo & Calla, 1996:201). Em São Paulo, constatamos essa tradição em um restaurante boliviano, situado no bairro de Cachoeirinha (zona Oeste), porém de forma mais simplificada.

Se nos rituais os alimentos carregam em si uma poderosa força simbólica ou, numa linguagem maussiana, eles têm *mana* (alma), é no âmbito da festa que eles incorporam outros significados, sobretudo numa conjuntura particular, que é a vivida pelos imigrantes bolivianos em São Paulo. Em primeiro lugar, para esses imigrantes, a comensalidade assume particularidades próprias, pois para eles comer e beber é, antes de tudo, um ato comunitário, abundante e ostensivo, em razão da quantidade de *aynis* que são oferecidos aos festeiros. Portanto, no início de uma refeição, antes de tomar o primeiro gole de bebida, todos aguardam o momento de brindar dizendo "salud, sírvase compadre!, sírvase comadre!", gesto que se repete todas as vezes que alguém toma a iniciativa de beber um pouco mais. Quando uma nova pessoa se agrega ao grupo, esta não poderá retirar-se sem antes brindar, pois tal gesto seria interpretado como desfeita.[14]

Entretanto, é no ritual da passagem da festa que a bebida assume caráter simbólico particular, uma vez que o ato de brindar é repetido três vezes pois, como afirma Lévi-Strauss (1967), não é porque os ritos são eficazes que se repetem, mas é porque se repetem que se tornam eficazes. Assim, além de significar a celebração das relações de compadrio entre os *pasantes* no momento do brinde, a bebida assume também caráter de desafio ou de provocação que reforça a capacidade dos que assu-

---

[14] No contexto de uma ética religiosa camponesa, segundo Carlos Rodrigues Brandão, o mesmo gesto seria interpretado no meio rural brasileiro como "um pecado contra a solidariedade e o respeito" (Brandão, 1986:175).

mem o encargo de realizar a próxima festa da Virgem, a qual deve ser melhor do que a do festeiro anterior. Tal desafio é expresso na enorme taça de bebida, em geral cerveja, que é oferecida aos novos festeiros e que deve ser ingerida de uma só vez em tempo recorde. Enquanto eles tomam, todos gritam *seco, seco* e, para tornar o ato ainda mais notório, o garçom joga a bandeja de inox no chão, causando grande ruído. Importa sinalizar uma inovação introduzida no ritual em São Paulo, ou seja, para evitar a rápida alcoolização dos *pasantes*, em razão da quantidade de bebida ingerida (um litro), foi sugerido que fosse partilhada com os presentes, até mesmo com os padres.

A abundância da bebida, bem como de comida, é, portanto, indicador de poder e prestígio social, pois para esses momentos festivos são escolhidos pratos especiais, como é o pernil assado, cujos custos são capazes de marcar tal distinção. Como já mencionamos, tais pratos são servidos em especial aos padrinhos da festa, pois, como ressalta John Dominic Crossan, "uma mesa e um cardápio abertos a todos podem ser ofensivos em qualquer situação cultural em que distinções entre os diversos pratos e convidados refletem diferenças, discriminações e hierarquias sociais" (Crossan, 1994:299). Diferentemente das festas tradicionais, aos demais participantes da festa é dada a possibilidade de degustarem outros pratos, que são vendidos a custo compatível com as possibilidades dos menos favorecidos.

O mesmo acontece com a bebida, consumida em grandes quantidades. Ante a questão da alcoolização, alguns devotos chegam a sugerir a proibição da sua venda durante os festejos. Vale notar, aliás, que essa preocupação em controlar tais "excessos" não é recente, seja no contexto andino, seja no brasileiro. Segundo Aliaga (1997), *la borrachera* nas festas aimarás era preocupação constante da Igreja, e a orientação geral era de que deveria ser extirpada com rigor e castigo, chegando ao extremo de caracterizar a venda de *chicha* como "pecado mortal" (Aliaga, 1997:436). No contexto brasileiro a situação não era muito diferente, pois, segundo Schwarcz e Macedo (1998), nas festas da época imperial brasileira, a coexistência de elementos profanos, como a sensualidade e a cachaça, com os santos, provocava forte rejeição dos viajantes europeus. Na verdade, concluem as autoras que os padres estavam longe de dominar tal situação pelo comedimento (Schwarcz, 1998:268).

Para os mais jovens, o excesso de bebida nas festas também não é visto com bons olhos, sobretudo por quem pertence a um nível social mais elevado. Como expressou Carlos, de vinte anos: "O boliviano costuma beber muito, então quando eles bebem não têm limite. A melhor festa é quando eles se fartam. Então acontecem incidentes desagradáveis, alguma coisa sempre acontece". Se é verdade que incidentes podem acontecer, como em quaisquer outros eventos festivos, é verdade também que durante os sete anos de observação dos festejos nunca presenciei nada de mais grave que viesse a interromper o clima de alegria e confraternização presente nessas festas, pelo menos dentro do espaço onde são realizadas.

Se, por um lado, a bebida é uma preocupação para a Igreja e para alguns participantes e organizadores da festa, em razão da imagem negativa que os excessos podem veicular, tanto na comunidade de adoção quanto nos subgrupos da mesma comunidade de origem, por outro, como nota Xavier Albó, "la embriaguez es vista, en estos contextos, como un valor, como expresión de la calidad de la celebración y como un estado extraordinario que permite mayores muestras de solidariedad y, a la vez, una mejor vivencia del carácter sagrado de la celebración" (Albó & Calla, 1996:211). Aliás, importa dizer que a alteração do estado de consciência que o excesso de bebida provoca no contexto festivo não é algo exclusivo dos bolivianos.

Apesar de ser condenada em algumas passagens bíblicas,[15] segundo Hilário Franco Junior, ela "era para várias sociedades uma forma de contato direto com o mundo do sagrado. Os gregos, os celtas, os muçulmanos, conheciam a embriaguez mística, e mesmo para os judeus o conceito não era desconhecido" (1996b:77).

Além de serem elemento de contato com o sagrado, de estreitamento das relações sociais e de afirmação de prestígio, alimentos e bebidas passam a ser também expressão das identidades nacionais e regionais no

---

[15] *Pr* 23,30-35; *Ec* 19,2; *Ga* 5,21; *1 Cor* 6,10.

contexto da migração. Nesse sentido, a *salteña* (empanada) e o *singani* (bebida destilada de uva) assumem caráter de comida e bebida nacionais. Já o *fricasé* e o *chicharrón*, pratos à base de carne suína, aparecem como típicos de La Paz, o *ají de pollo*, *picante misto* (frango e língua de vaca) e a *sopa de maní* (amendoim) e a *chicha,* de Cochabamba, entre outros. E, para ressaltar o sabor desses pratos, não pode faltar o tradicional tempero *llajwa*, feito com *ají*, *locoto* (tipos de pimenta) e *quirquiña* (erva aromática), ingredientes estes encontrados na feira boliviana todos os domingos na Praça Kantuta. É um tempero que não pode faltar nas refeições dos bolivianos, não importando o lugar e o tipo de prato servido. Foi o caso de uma festa de aniversário, realizada numa pizzaria da cidade, onde a *llajwa* trazida pela aniversariante deu um sabor particular à pizza servida.

Em razão da presença de participantes de fora do grupo, como é o caso dos brasileiros, já existe, porém, preocupação de preparar comida que atenda a seu gosto, como é o caso do churrasquinho e da caipirinha. Isso porque os pratos oferecidos são em geral apimentados, fato que desagrada o paladar de alguns paulistanos. Assim, na medida em que os participantes da festa vão diversificando-se, seu formato inicial também tende a modificar-se e ampliar-se, em vista de sua visibilidade. Entretanto, este é um processo longo e depende de fatores conjunturais, como é o caso da reinvenção da etnicidade em festas como a de Nossa Senhora da Aquiropita, no bairro do Bexiga em São Paulo, e da *Oktoberfest*, em Blumenau (Santa Catarina).

Se a abertura do espaço da festa aos de fora (brasileiros) é um processo longo, o mesmo não se observa no interior do grupo, uma vez que a cada ano mais pessoas reivindicam a possibilidade de venderem suas comidas. Nesse sentido, um certo monopólio na venda de pratos típicos foi rompido, a partir das festas de 2000, ampliando, assim, as opções de escolha. Isso significa que outros grupos regionais, além dos pacenhos e cochabambinos, já começam a disputar este espaço, seja por interesses pessoais, seja como expressão das identidades regionais.

6. Ressignificações e permanências

Como explicitamos anteriormente, todo grupo étnico no contexto da migração não reproduz todos os seus traços culturais de forma idêntica à que têm em seu lugar de origem, mas seleciona alguns deles, que são capazes de dialogar com a nova situação na qual estão inseridos. Nesse sentido, a veiculação de práticas festivo-religiosas pelos bolivianos vem ganhando relevância nos últimos anos, sobretudo as celebradas no espaço da Pastoral do Migrante, uma vez que elas passaram a ser uma das formas de inserção na sociedade local escolhida por eles.

Os exemplos de festas apresentados anteriormente e realizados em diferentes momentos indicam que o processo cultural é dinâmico, e possui lógica própria. As mudanças que ocorrem na reprodução de práticas culturais num outro contexto indicam, na verdade, permanências de tradições cujos significados ultrapassam os próprios limites grupais. Isso porque são veiculadoras de identidades e de visões de mundo que estão em contínuo diálogo com o contexto local e o global.

A seguir explicitaremos algumas particularidades presentes no ciclo de festas que teve início em 1995 e se estende até os dias atuais. Embora a cada ano novos elementos venham sendo acrescidos a elas, pode-se dizer que todas seguem uma estrutura comum, ou seja, o novenário, a procissão de *cargamentos*, a celebração eucarística, os rituais da passagem da festa e recolhimento da santa, a venda da comida e da bebida, a instituição do *ayni*, as danças, e uma hora estipulada para começar e terminar os festejos. Entretanto, importa lembrar que, para a Pastoral, o mais importante é a abertura desse espaço à participação de todos. Tal modelo de festa vem sendo instituído e oficializado com a aprovação dos que participam mais assiduamente da Pastoral. Porém, algumas diferenças puderam ser observadas nas suas várias edições, ante as quais caberia perguntar se tais especificidades colaborariam para a cristalização desse modelo de festa ou até mesmo para sua completa transformação.

Num outro contexto, Marta Giorgis (1998) constatou entre os bolivianos de Córdoba (Argentina) uma estrutura de festa semelhante à que tem lugar em São Paulo, com a realização do novenário – que consiste na celebração de nove missas na paróquia local –, os *cargamentos*, os arcos, a comensalidade, o *ayni*, as danças e o ritual da passagem da festa. Porém, algumas particularidades merecem ser destacadas.

Em primeiro lugar, a ingerência da instituição eclesial é menor, uma vez que a ela compete somente a realização da parte religiosa do evento, enquanto os festejos são realizados num local privado, onde é necessário apresentar convite para entrar. Em segundo lugar, em Córdoba se realiza *el rodeo*, que consiste na visita do *pasante* atual à casa do antigo *pasante*, três meses antes da festa, para recordar-lhe o compromisso de colaborar na realização de sua festa. Esses compromissos, denominados *ayni*, assumem caráter de dívida e são anotados em caderno durante os festejos. Aos que realizaram os *cargamentos*, a retribuição é feita de forma simbólica, mediante a entrega das *ch'uspas*, pequenas bolsas feitas do mesmo tecido dos *aguayos*, nas quais são colocadas notas de dinheiro em miniatura, juntamente com a estampa da Virgem.

Outro detalhe curioso não constatado em São Paulo é o hábito de *coquear* (mastigar a folha da coca), e tomar tragos de *cingani* (bebida destilada de uva), revelado por alguns dançarinos durante as apresentações, fato este que evidencia uma clivagem étnica definida dos seus participantes e a manutenção de hábitos culturais próprios dos camponeses, talvez em razão da proximidade geográfica. Uma última particularidade diz respeito à "despedida" da festa, ou a *kacharpaya,* como costumam chamá-la. Neste dia, depois da festa, o festeiro convida todos os que colaboraram com ele para partilhar uma comida e bebida em sua casa, como forma de agradecimento e sedimentação das relações de compadrio.

Em São Paulo, algumas especificidades também já puderam ser observadas. Entre elas, destaca-se a inclusão de mais um dia de festa nos festejos da Virgem de Copacabana. Até o ano de 2000, os festejos se resumiam na sua preparação, ou seja, as *vísperas,* e no dia da festa propriamente dito. A partir de 2001 as *vísperas* ganharam um tom de festa com o ensaio dos dançarinos da Morenada Bolivia Central e a troca do manto da Virgem realizado num salão no bairro do Pari. Vale destacar o momento da troca do manto da Virgem, o qual foi precedido pelo incensamento da imagem, que foi levada por várias mulheres a uma sala privada para o ritual de revestimento, do qual não pude participar. Uma devota informou-me que o ritual consistiu em incensar cada peça de roupa retirada da imagem, a qual passava nas mãos de cada uma das presentes, que faziam um pedido à Virgem. Importa dizer que estas senhoras são as integrantes da Morenada Bolivia Central. Terminado o ritual, o *pasante,* senhor Germán Poma, levou a imagem de volta ao salão, novamente ao som do hino *A vuestros piés Madre,* e deu uma volta no local para que os devotos pudessem tocar o novo manto da santa. Novamente se fez o ritual de incensamento da imagem e a festa continuou com o ensaio dos dançarinos da Morenada.

Entretanto, a novidade estaria reservada para o terceiro dia da festa, denominada por eles *kacharpaya,* ou despedida. Neste dia, um domingo, a Morenada Bolivia Central fez uma apresentação no Memorial da América Latina e dela participaram os *pasantes* na condição de dançarinos, exibindo a faixa de festeiros do ano e as insígnias recebidas no dia anterior. Importa ressaltar que a esposa do festeiro estava vestida de *cholita,* com a mesma indumentária usada pelas demais dançarinas do grupo, porém com a faixa de *pasante* sobre a roupa. Já no dia anterior ela usava um vestido social longo. Concluída a apresentação no Memorial, os *pasantes* e o grupo da Morenada dirigiram-se em ônibus para um outro local, a quadra da Escola de Samba Camisa 12, no bairro do Belenzinho. Aí, os festejos tiveram continuidade, com a presença da banda e do grupo musical que animou a festa no sábado. Pouco a pouco os convidados foram chegando e o estalido dos *coetillos* e a música de suspense, a *diana,* anunciavam que mais um *ayni* estava chegando e que era preciso recebê-lo. Por algum tempo se fez fila de pessoas com suas caixas de cerveja, algumas com quatro, outras com dez e até com dezesseis, sempre obedecendo à lógica binária. Nesse momento, os *pasantes* deslocavam-se para a porta de entrada e recebiam o dom dos *compadres* que, após se cumprimentarem, brindavam juntos e *ch'allavan* o dom ofertado. O mesmo sucedia com as *colitas* e *cotillones,* oferecidos primeiramente aos festeiros, e depois repartidos entre os convidados. Esse ano os chapéus transformaram-se em verdadeiras alegorias, apresentando várias formas e cores, variedade esta que contribuiu para dar à festa um tom carnavalesco. E não era por acaso que estava sendo realizada, justamente, numa quadra de escola de samba. Enquanto os *compadres* se confraternizavam, o público presente se divertia ao som da banda e do grupo musical que se alternavam na animação da festa.

Um pouco mais tarde, o ritual da *passagem* da festa foi repetido novamente e os festeiros do ano 2002 e 2003 e os padrinhos da festa se confraternizaram dançando a *cueca*. Isso evidencia a ampliação do compadrio entre os que colaboram com o *pasante*, ou seja, os denominados padrinhos da festa, uma vez que na Pastoral seria difícil alguém bancar a festa sozinho sem esse tipo de colaboração. Na Bolívia, o compadrio ritual é extensivo somente aos que passam a festa, ou seja, entre os *pasantes*. Os que são nomeados padrinhos não se convertem automaticamente em compadres, mas entram no círculo da troca por meio do *ayni*, que deverá ser retribuído em momento oportuno. Em São Paulo, nem sempre o dom oferecido é retribuído, rompendo, assim, a lógica da reciprocidade.

Além dessas mudanças, uma outra foi incorporada a partir de 2003, a saber, a antecipação das apresentações folclóricas no dia da festa, as quais passaram a ser feitas no seu início pelas ruas do bairro. Tal mudança se deve ao aumento dos grupos que participam dos festejos a cada ano, reproduzindo assim, ainda que forma condensada, as "entradas folclóricas" realizadas na Bolívia. Isto revela que, apesar dos limites impostos às festas pelo novo contexto, busca-se uma aproximação cada vez maior a um modelo "ideal" de festa, tendo como parâmetro aquele existente no país de origem.

A segmentação social é outra particularidade constatada nas festas devocionais, pois a cada ano fica mais explícito que o grupo residente na cidade há mais tempo é o promotor e o gerenciador desse espaço festivo, com o aval da Pastoral do Migrante. A inclusão de outras pessoas só é possível, portanto, na medida em que estas aceitem as regras do jogo, e isso significa "vestir a camisa" da referida instituição.

A observação das várias edições festivas nos permite dizer que há uma correlação entre a condição social dos festeiros e dos seus convidados. Na festa de Copacabana de 2001, por exemplo, a presença de costureiros foi expressiva, uma vez que o *pasante* é dono de uma empresa de costura. Já na festa de Urkupiña de 1999, a composição do público presente foi diferenciada, com presença maior de profissionais liberais, pequenos empresários e até mesmo autoridades consulares, todos pertencentes ao ciclo de amigos do *pasante*. Nesse sentido, a festa foi marcada por um tom de requinte, uma vez que as mesas destinadas aos compadres receberam uma toalha branca com um vaso de flor natural (violetas), no qual foi colocada uma pequena bandeira boliviana. Além disso, em cada mesa havia um cartão com seu número e a estampa da Virgem. Aos convidados foi oferecido um menu especial, com um prato de *chicharrón* (porco frito), vários tipos de bebidas e uma sobremesa de chocolate. E, para servi-los, os festeiros contrataram um serviço de garçons.

Na verdade, a comida e a bebida diferenciada daquela oferecida aos demais vem suscitando acaloradas discussões entre os organizadores da festa, *pasantes* e devotos. De um lado estão os que defendem uma diferenciação dos pratos servidos aos compadres dos servidos ao público em geral. De outro estão os que defendem tratamento mais igualitário ao público presente ou, pelo menos, que o festeiro ofereça algo gratuitamente a todos, como, por exemplo, um lanche e um copo de cerveja ou refrigerante. Tais discussões revelam, na verdade, o caráter segmentador das devoções marianas entre os bolivianos em São Paulo, pois a presença de costureiros nos festejos ainda é considerada pequena. Vale citar aqui, a título comparativo, análises semelhantes feitas por Margarida Maria Moura no meio rural brasileiro (Minas Gerais), onde constatou que as devoções a Nossa Senhora do Carmo e Nossa Senhora do Rosário "ilustram fortemente um modelo segmentador e hierárquico [. . .] das relações sociais" no Brasil (Moura, 1997:133).

Outro detalhe que chama a atenção, e que indica o caráter agonístico cada vez mais presente nessas festas, é a presença dos fogos de artifício em dois momentos. O primeiro na recepção à imagem da Virgem no pátio da igreja, no final da procissão, e o outro, constatado pela primeira vez na festa de Urkupiña de 1999, no momento do ritual da passagem da festa, indicando, assim, a importância que o *presterío* passou a ter para esses festeiros. Diante da grande quantidade de fogos queimados e dos perigos que representam, o padre coordenador da Pastoral sugeriu que essa prática fosse substituída pela doação de alimentos, que seriam destinados aos mais pobres da comunidade.[16] No entanto, tal proposta estaria negando justamente o que a festa tem por função afirmar, que é o prestígio de quem a realiza. Nesse sentido, um dos *pasantes* de Urkupiña de 1999 afirmou que essa tinha sido uma experiência única em sua vida, pois na sua família não há a tradição do *presterío*. Segundo ele, o reencontro com essa tradição se deu em São Paulo, depois de vários anos. E acrescentou que pretende *pasar* a festa de Copacabana nos próximos anos porque, além de ser boliviano, ele é pacenho.

A questão regional é outro elemento que procura demarcar as diferenças entre as duas festas. Dessa forma, a realização dos *cargamentos*, uma tradição do Altiplano, tem sido um dos traços diacríticos da festa de Copacabana, desde sua primeira edição, em 1995. No entanto, na festa de Urkupiña de 1999, constatamos a presença de dois carros adornados, um deles ressaltando um produto regional que é a *chicha*, bebida típica de Cochabamba. Já na festa de 1997, organizada por um tarijenho, a novidade foi a apresentação de um instrumento relacionado com a atividade pastoril dessa região, o *erke*.[17]

Além do caráter regional, tais festas ressaltam também a questão étnica, veiculada por meio dos símbolos, língua, ritmos, danças, indumentária, comida e bebida típicas. Isso porque, em outros espaços, esses traços diacríticos são ocultados aos olhos de estranhos, em razão da discriminação sofrida pelos imigrantes. Como afirmou uma senhora de classe mé-

---

[16] Analisando as festas do Divino no Rio de Janeiro, a historiadora Martha Abreu constatou um processo de cerceamento gradual da prática da queima de fogos de artifício nas festas populares pelo poder público. Tal processo teve um desfecho em 1906 no indeferimento de um pedido para a queima de fogos na festa de Nossa Senhora de Copacabana, sob a alegação de que a "lei orçamentária em vigor não permitia (mais) queimar fogos artificiais na zona urbana" (Abreu, 1999:346-7).

[17] Segundo Rigoberto Paredes, "El erke está hecho de cuerno de vacuno ahuecado y perforado interiormente. En su parte inferior, lleva adherido un pequeño y delgado trozo de caña hueca. Es un instrumento sonoro de notas graves y agudas. En las fiestas tocan los chiquillos encargados del cuidado de los rebaños. En las fiestas y reuniones lo usan con el complemento de la caja para marcar el compás en el baile" (Paredes, 1981:65).

dia: "Aqui tenemos verguenza de ser lo que somos. Descendemos de una raza pura", uma clara referência às origens aimará, quéchua e guarani dos bolivianos. Na festa de Copacabana de 1997, a banda que animou os festejos veio de Oruro, e todos os seus componentes falam o quéchua.

A iconografia apresenta-se como outra especificidade que merece particular atenção. Isso porque, além de ser uma representação do sagrado, a quantidade de imagens presentes nas festas, particularmente nas de Urkupiña, sugere especial preferência de seus devotos por esta santa. Na edição de 1997, foi constatada a presença de quatorze imagens pequenas, pois os seus donos as trazem para *escuchar misa*, e depois da celebração algumas são levadas para o salão de festas e colocadas sobre as mesas. Outras são homenageadas em suas residências, mediante a organização de uma festa mais familiar, com muita comida, bebida e danças, porém sem o ritual da passagem da festa.

Vale lembrar ainda que, tanto na festa de Copacabana quanto na de Urkupiña, as imagens que circulam pelas casas durante o ano não são as mesmas do dia dos festejos. Para essa data são preparadas as imagens oficiais, cujas roupas são trocadas todos os anos pelos "padrinhos de manto". Para os novenários, existem outras duas menores, denominadas "Virgen Peregrina", atribuição alusiva ao contexto da migração. Porém, o que chama a atenção é o tamanho e o caráter suntuoso da imagem da Virgem de Urkupiña, tanto a "peregrina" quanto a "oficial", que permanece na sua capela no interior da igreja Nossa Senhora da Paz. A primeira ganhou dos *pasantes* de 1999 um nicho feito em madeira, maior e mais trabalhado do que o usado pela Virgem de Copacabana. Em alguns novenários, seu nicho esteve adornado com luzes de néon, destacando ainda mais sua imagem. Segundo uma devota, a Virgem de Urkupiña é mais *guapa,* ou seja, "vaidosa", talvez pela quantidade de ex-votos que recebe de seus veneradores, muitos deles brincos, colares e broches de ouro, em razão de sua grande popularidade na Bolívia e no exterior.

Seja como for, cada imagem carrega em si uma multiplicidade de símbolos e significados advindos do contexto cultural. No caso da Virgem de Copacabana, seu escultor, Tito Yupanki, inspirou-se na Virgem da Candelária para esculpi-la, entre 1581 e 1583. Entretanto, saltam à vista seus traços indígenas e a sua cor morena. Assim, além do Menino Jesus no braço esquerdo, ela tem uma vela na mão direita e um cesto com duas pombas no mesmo braço.[18] Na cabeça há uma coroa e um círculo dourado que a circunda, o qual nos faz lembrar o sol. Em cada uma das orelhas ela traz também um brinco dourado. Nos pés há uma meia-lua com uma estrela em cada uma das pontas, e mais abaixo uma insígnia com as cores nacionais. Os símbolos pátrios saltam à vista, uma vez que a imagem está sempre envolvida com uma larga faixa com as cores da bandeira boliviana, na qual se exibe o escudo nacional. O manto, da mesma cor do vestido, pode ser branco, rosa, azul, amarelo ou verde oliva, uma vez que ela é protetora do exército boliviano. Em geral, é bordado com fios dourados ou lantejoula e tal como o vestido é confeccionado em La Paz ou Cochabamba, no caso da Virgem de Urkupiña. Este apresenta também o mesmo escudo, no seu lado direito. Toda essa simbologia favoreceu, na verdade, a adoção do culto à Virgem às margens do lago Titicaca, pois era nesse lugar que o Sol e a Lua eram adorados como deidades pelos aimarás nativos da região (Salles-Reese, 1997:18).

De igual forma, na representação iconográfica de Urkupiña, a maternidade é ressaltada, pois ela também leva o Menino no braço esquerdo. Já no direito, exibe um cetro, feito de metal dourado. Na cabeça há uma coroa, também dourada, e em torno dela se articula uma auréola com raios que sugerem a luz do Sol. Como uma rainha, ela exibe um longo manto que sai da cabeça e se estende até os pés, bem como suas jóias, como brincos, colares e broches, em geral banhados com ouro, doados pelos devotos. Considerada a "Virgem da Integração Nacional" pela Igreja boliviana, ela também leva uma faixa com as cores e escudos nacionais. São símbolos que representam muitas coisas ao mesmo tempo, uma vez que eles, como afirma Turner, "possuem as propriedades de condensação, unificação de referentes díspares, e polarização de significados" (Turner, 1974:70-1). Nesse contexto, as imagens da Virgem veiculam,

---

[18] Esta simbologia advém do contexto bíblico pois, segundo o evangelista Lucas, quando chegou o tempo da purificação da Virgem, eles levaram Jesus a Jerusalém para apresentá-lo ao templo, e para o sacrifício deveriam oferecer um par de pombas, de acordo com a lei de Moisés (*Bíblia de Jerusalém*, Lc, 22-24).

portanto, vários significados, entre os quais a mediação entre dois sistemas de crenças: o cristão e o andino, novas identidades, e a busca do reconhecimento social, numa sociedade que transforma diferenças culturais em estigmas.

Um exemplo disso é o culto a San Martín de Porres, cuja devoção assume forte conotação étnica e social entre os bolivianos, pois o santo festejado é em geral venerado por populações de origem indígena e, portanto, de pele morena. O mesmo se dá no Brasil com Nossa Senhora Aparecida e São Benedito, em geral venerados por populações de origem negra e camponesa.[19] No entanto, é possível encontrar sua imagem em residências de pessoas brancas e de diferentes classes sociais, sobretudo na cozinha, como protetor dos(as) cozinheiros(as). A presença desses santos na festa dos bolivianos pode ser a forma encontrada por eles para dialogar com o contexto local e, ao mesmo tempo, estaria revelando também o outro lado da moeda, ou seja, a discriminação sofrida por eles no Brasil, em razão das suas raízes indígenas e da sua pele morena, tal como acontece com o negro no Brasil.

Tais especificidades revelam que a festa, como "um documento vivo da sociedade" (Montes, 1998), deve ser lido de várias perspectivas, pois o processo de reprodução cultural não é algo uniforme e linear, mas incorpora igualmente o tempo da diacronia e da sincronia. De fato, como afirma Marshall Sahlins, "a história é ordenada culturalmente de diferentes modos nas diversas sociedades, de acordo com os esquemas de significação das coisas. O contrário também é verdadeiro: esquemas culturais são ordenados historicamente porque, em maior ou menor grau, os significados são reavaliados na prática" (Sahlins, 1990:7).

A análise das práticas culturais em questão nos situa, portanto, diante de um problema de ordem maior, que é o de sua longa duração. Dessa forma, para captar os significados que tais práticas passam a ter num novo contexto, é preciso ter presente que a história do catolicismo tem sido marcada pela lógica do conflito, e que o contexto da migração acaba por

---

[19] A devoção a este santo é fortemente difundida entre os camponeses da Baixada Cuiabana, tido por eles como um *santo forte* e, portanto, *milagreiro* (Castro, 2000:135).

exacerbá-lo. Assim, os sentidos de tais práticas só podem ser aferidos em diálogo com as cosmologias que lhe dão suporte, e a conjuntura a partir da qual se reproduzem.

Nesse sentido, podemos dizer que alguns elementos da festa popular medieval, tendo como parâmetro a de Corpus Christi, permanecem nas festas marianas, como o cortejo pelas ruas, os carros enfeitados,[20] os arcos e as danças, entre outros. É evidente que esses elementos foram sendo moldados e ressignificados ao longo da historia, em diálogo com contextos culturais específicos, atribuindo, assim, características particulares a essas festas. Assim, os *cargamentos*, que inicialmente eram feitos em animais de carga, hoje se transformaram em verdadeiros carros alegóricos, nos quais a combinação de cores e elementos da cultura material propicia um *show* à parte, e são, ao mesmo tempo, verdadeiros "textos" culturais, passíveis de várias leituras. Para Mirna "el cargamento es prácticamente un agradecimiento a la Virgencita que uno hace para mostrar muchas cosas a la Virgen". E acrescenta ela: "Según lo que yo he llegado a saber aquí, se da todo lo que uno puede dar a la Virgencita en el cargamento. Y al hacer ésto, significa que uno está ofreciendo lo que puede a Ella. Entonces, cuanto más bonito lo haga la persona, mejor" (30/6/2001).

Da mesma forma, os arcos, delimitadores dos espaços sagrados da festa, dos limites territoriais da comunidade, simbolizando a acolhida a quem vem de fora, seja uma autoridade política, seja uma religiosa, correm risco de tornar-se apenas um objeto de adorno num novo contexto, particularmente para os que não foram socializados na cultura de referência. Interrogados sobre a origem desses arcos, muitos dos entrevistados não souberam responder-me, apenas se limitavam a dizer que se trata de uma tradição e, que, portanto, deve ser realizada por três anos consecutivos. Segundo Mirna, ex-*pasante*, "el arco es una costumbre de Bolivia. Toda fiesta tiene su arco y cada arco tiene su significado. El de plata, el significado de poder, el de flores, agradecimiento, y cuando

---

[20] Na Espanha havia uma festa denominada "fiesta de los carros", na qual os carros eram decorados e apresentavam comediantes fantasiados no final do cortejo de Corpus Christi (Bakhtin, 1996:199).

hacen de pipoca, praticamente sería para que no falte la comida" (30/6/ 2001).

Para Jhony, o arco "[. . .] es la imagen del arco-iris". E acrescenta: "Segundo las lendas de nuestro pueblo, de Alcides Arguedas, esas son tradiciones milenarias, por que al pasar por el arco, era como si usted estuviera entrando para ser renovado. Como el agua bendita. Es la impresión de que usted entra todo enfeitado, porque no es uno solo, son una serie de arcos que uno pasa y incluso en algunos, es como el calvario, tiene sus peticiones, para aquí, ofrece algunas cosas allá, tiene el saludo. . . Todos tienen que pasar con agradecimiento y creen que aquello les va a bendecir todo el año, les va a dar toda la cobertura, les va proteger, no va pegar ninguna praga en el sembradío, nadie va venir a robarlo. . . entonces aquello hacían con la intención de pedir protección para toda la comunidad y el último va de espalda para tras en respeto de aquello. Entonces el círculo que hicieron es completo. Esta estoración de los fogos es como un sello de la puerta para que los males no entren" (18/10/ 2001).

Entretanto, os arcos podem ser observados também em várias festas religiosas no contexto brasileiro, seja nas do Divino Espírito Santo, dos Santos Reis ou da Virgem Maria, como é o caso de Nossa Senhora de Nazaré em Vigia, Pará. Nessa festa, Maués (1987) constatou a presença de arcos iluminados, como uma forma de delimitar o espaço sagrado e ritual dos festejos e o resto da cidade.

Para além dos elementos estruturais da festa andina, os quais permanecem nas festas religiosas bolivianas, temos um outro de ordem cultural e mágico-religioso, que é o culto à Mãe Terra, prática esta encontrada em várias culturas. Desde os celtas, passando pelo mundo greco-romano que a denomina *Gaia*, e depois pelas civilizações asteca, maia e incaica, a terra é reverenciada como mãe, como uma deusa que provê o sustento e que garante a continuação da vida. A tradição cristã, caudatária das concepções semitas de mundo, também diviniza a terra, pois ela é a manifestação concreta da aliança de Iavé, o deus dos hebreus, com seu povo. Ela é o lugar onde "mana leite e mel", ou seja, onde as tradições se reproduzem e onde se preserva a memória dos antepassados. E quando a terra se torna objeto de especulação, a lei do jubileu garante sua devolução ao verdadeiro dono (*Lev* 25,13).

Para o homem andino, a relação com a terra se dá de forma muito íntima e respeitosa, pois ele sabe que sua sobrevivência depende da observância de suas leis. Por isso é fundamental dar-lhe o devido descanso, por sistema de rodízio, e alimento no tempo oportuno. Os meses de agosto e setembro nos Andes coincidem com a época de transição da seca às chuvas e é, portanto, um tempo perigoso pois, segundo os agricultores, a *Pachamama* está enferma. E para que se recupere é preciso "tinkar" a terra, ou seja, oferecer-lhe bebida (*chicha*), flores, folhas de coca, gordura de lhama etc. Só assim ela se recuperará, porque recebeu a sua *comida* (Tomoeda, 1994:284).

Resta, pois, verificar o que acontece com esta prática mágico-religiosa no contexto urbano, particularmente entre os imigrantes bolivianos em São Paulo. Analisando o processo de mudança cultural no norte do Chile, Kessel (1992) afirma que o mito da *Pachamama* perdeu sua "funcionalidade" entre os mestiços nascidos no meio urbano e entre os aimarás emigrados, pois a terra já não define mais as condições de sua reprodução socioeconômica. Partindo do pressuposto desse autor, poder-se-ia dizer que o mesmo ocorre entre os imigrantes bolivianos inseridos nas relações capitalistas de produção na cidade de São Paulo?

Uma atenta observação das práticas culturais do grupo em questão nos diz exatamente o contrário. Para a grande maioria deles, o mito da *Pachamama* continua ocupando papel central na sua cosmovisão, porém com outro significado. Se no âmbito rural ela garante colheita abundante e reprodução dos rebanhos, no contexto urbano ela é a protetora da casa, afastando os maus fluidos que podem trazer enfermidades, desemprego, violência etc. Nesse sentido, a *Pachamama* é a provedora do trabalho, ainda que na sua condição de superexploração, pois é ele que garante a reprodução do grupo familiar e a reprodução social dos imigrantes na cidade. Talvez para os mais jovens, tanto os nascidos na Bolívia quanto em São Paulo, o mito pode perder sua centralidade e significado. Isso porque, para os últimos, esse culto passa a ser apenas um costume, uma prática cultural de seus pais, ao passo que para os primeiros pode acontecer uma reiteração do distanciamento dessas práticas mágico-religiosas, já ocorrida no país de origem, sobretudo entre os que nasceram no meio urbano. Dessa forma, a inserção num outro contexto sociocultural onde as figuras do sagrado se diversificam e se expressam cada vez mais no âmbito do privado, o culto à Mãe Terra pode perder sua razão de ser, na medida em que estes imigrantes intensificam as suas relações socioculturais com a sociedade receptora.

Se, por um lado, o culto à Pachamama pode perder força entre os mais jovens, em razão das relações que passam a estabelecer com o novo contexto, por outro, o culto à Virgem e a valorização da instituição do *presterío* poderão ganhar um novo ímpeto, sobretudo entre os jovens nascidos em São Paulo, os quais se manifestaram mais interessados em *pasar* a festa do que os nascidos na Bolívia, notadamente os que já pertencem a uma classe social mais elevada. Tal interesse foi expresso por Paulo Roberto, de vinte e um anos: "Eu gostaria, inclusive, que o meu pai fosse, ficaria muito feliz, muito honrado com tudo isso, porque é uma coisa que você tem como falar: é minha vez, chegou a minha hora, então vou fazer o melhor para demonstrar a minha fé por Ela" (3/11/2001).

Já para os jovens emigrados, este desejo não é descartado, porém aparece apenas como possibilidade num futuro distante, pois sabem que para realizá-lo é preciso primeiro formar uma família e conquistar uma condição econômica melhor, e para isso terão de ascender profissionalmente ou obter sucesso no ramo das confecções, tornando-se oficinistas. E para isso é preciso contar com a ajuda da *Virgencita* e de todas as forças que vêm do alto, como expressou um outro jovem quando indagado sobre a devoção mariana de sua preferência: "Não, a minha preferência é por aquelas santas que protegem a casa, minha família, por aquele Deus também que protege a minha família, que me dá força para seguir adiante. Se eu sou devoto de um só, não adianta, não acredito muito nisso. Sou devoto a todos que possam me ajudar, que possam querer o meu bem, da minha família. Eu sou devoto de todos eles" (3/11/2001).

Considerando que o processo cultural é histórico e dinâmico, crenças podem perder sua centralidade dentro de um determinado grupo, como podem também ressurgir com toda força em um outro momento, uma vez que os símbolos estão sujeitos a sucessivas ressignificações, pois, como afirma Cohen, "freqüentemente são os símbolos e os rituais que estimulam as crenças, e não as crenças que motivam os símbolos e ri-tuais. Os símbolos não possuem significados fixos e podem, por isso, ser interpretados de diferentes maneiras em momentos distintos" (Cohen, 1978:108).

Capítulo 5
O LUGAR DAS DEVOÇÕES MARIANAS

1. Significados das devoções marianas para a Igreja

> Virgen morena linda
> patrona de mi nación
> sollozando a tus piés
> te canto esta canción.
>
> Virgen de Copacabana
> pedimos tu bendición
> a este suelo brasileño
> que nos dió su protección.
>
> CANTO À VIRGEM DE COPACABANA,
> Félix Flores

ATÉ AGORA vimos que as devoções marianas têm sido um elemento dinamizador do processo cultural entre os bolivianos em São Paulo, nele introduzindo novos significados. Importa indagar agora o que elas representam para a instituição eclesial que "abre espaço" para a sua recriação. Para compreendermos o lugar de Maria no catolicismo oficial, é preciso ter presente o processo de divinização, ou de hiperdulia pelo qual ela passou, e isto se deu a partir do momento em que a Virgem foi proclamada *Theotokos*, Mãe de Deus, pelo Concílio de Éfeso, realizado em 431. É importante resgatar também o contexto em que isto se deu, uma vez que o lugar da proclamação deste dogma, Éfeso, sede do cristianismo sírio e, portanto, do culto à Maria, era onde havia sido construído o primeiro e maior dos templos dedicados à deusa Ártemis.

Ademais, segundo Ean Begg, havia em todo o mundo celta um culto à *Triple Madre* e à *Diosa-yegua, Epona,* cujo culto se difundiu nos domínios romanos. Além dessas deidades, outras três, Ísis, Cíbele e Diana, representadas como negras, já se haviam difundido no Ocidente antes da romanização. Todo este substrato cultural, segundo o mesmo autor, teria propiciado a emergência de uma religião fundamentada na adoração da Grande Mãe Universal e de seu Filho sacrificado pela salvação de muitos. No entanto, com o cristianismo instaurado por Constantino, o princípio feminino parece ter sido suplantado pelo masculino, expresso na firmeza e fé dos soldados cristãos. Assim, para Begg, o culto à Sabedoria, Santa Sofia, e à Grande Mãe ter-se-ia perpetuado por meio do culto à Mãe de Deus (Begg, 1987:30-1).

Entretanto, é a partir do século XII que o culto à Virgem Maria se difunde por toda a Europa com a Ordem dos Templários, a que fundou centenas de abadias dedicadas a Nossa Senhora. Segundo Leonardo Boff, uma das razões pelas quais o culto à Virgem se difundiu tardiamente, mesmo depois do culto aos mártires e confessores, foi a desconfiança dos padres em relação ao culto das deusas-mães, podendo, assim, haver uma "contaminação do culto marial pelo culto pagão às deusas" (Boff, 1979:227-8). O responsável pela propagação do marianismo foi São Bernardo de Clairvaux, o qual, segundo a tradição, teria recebido quando criança três gotas de leite do seio da Virgem Negra de Châtillon. Bernardo produziu vasta literatura sobre a Virgem, hinos e sermões, tendo sido considerado pelos seus seguidores como o fundador de "la religión de la Virgen" (Begg, 1987:37).

Na América, o culto à Virgem veio junto com a "cruz e a espada", ou seja, em meio ao projeto de conquista e evangelização dos colonizadores, fossem eles espanhóis, fossem portugueses. No Novo Mundo, porém, o culto adquiriu novas formas e expressões, onde a Virgem ganhou novas invocações, de acordo com os traços culturais das etnias do lugar de suas aparições. A primeira na América hispana é a de Guadalupe (México), em 1533, quando a Virgem apareceu ao índio Juan Diego na colina de Tepeyac e lhe pediu que fosse comunicar ao bispo o seu desejo, ou seja, a construção de um templo naquele lugar. E como o prelado relu-

O LUGAR DAS DEVOÇÕES MARIANAS 217

tasse em acreditar na sua palavra, na terceira vez que o índio o visitou, levou no seu manto de *maguey* rosas colhidas na referida colina, e quando o abriu para mostrar-lhe, apareceu a imagem da Virgem com os traços indígenas estampados no manto. A segunda invocação se dá no contexto andino e num lugar mítico e sagrado para as culturas que se desenvolveram às margens do lago Titicaca. Esculpida por Tito Yupanqui, a imagem da Virgem foi introduzida em Copacabana em 1583, adquirindo, assim, o nome daquele lugar de culto a uma deidade denominada *Copakawuana*.

Ao contrário do que aconteceu na América espanhola, na América portuguesa não temos nenhuma aparição *stricto sensu* da Virgem Maria reconhecida pela Igreja Católica. A primeira aparição prodigiosa da Virgem na América portuguesa, segundo Ronaldo Vainfas e Juliana Beatriz de Souza, teria-se dado em 1535, quando ela se revela em uma visão à índia Paraguaçu, esposa de Diogo Álvares Correia, o Caramuru. Assim, segundo os mesmos autores, essa aparição em sonhos deu origem ao primeiro santuário mariano na América portuguesa, sob a invocação de Nossa Senhora da Graça (Vainfas & Souza, 2002:45).

Preocupada com a Reforma protestante no século XVI, a Igreja vê-se obrigada a delegar ao poder civil a cristianização da América mediante a instituição do Padroado Régio, cujo poder de criar novas fundações eclesiásticas e de indicar candidatos ao episcopado ultrapassou os limites da legislação escrita e acabou interferindo de maneira abusiva na vida interna da Igreja e das ordens religiosas (Richard, 1982:39). Dessa forma, temos o fenômeno que Laura de Mello e Souza denomina de duas religiões coabitando juntas na cristandade européia, a dos teólogos e a dos crentes, sendo característica marcante da última a concepção mágica do mundo, a qual perpassava todas as classes sociais (Souza, 1987:88-9). Nesse sentido, a cristandade colonial reproduz esta dicotomia, seja na América hispânica ou portuguesa, e a partir do momento em que a Igreja perde espaço ante a afirmação de um Estado liberal oligárquico laico, passa a incentivar as práticas de devoção, reduzindo o catolicismo a uma dimensão puramente individual e familiar. A partir de 1859, com a fundação do Colégio Pio Latino-Americano, em Roma, destinado à formação dos futuros bispos, e mais tarde com o Concílio Vaticano I (1869-

1870), que reforçou o centralismo romano, o processo de romanização da Igreja latino-americana se consolidou (Richard, 1982:91-2).

É nesse contexto de romanização da Igreja que a devoção aos santos e, particularmente, a Maria é reforçada na obra evangelizadora das Américas. Tal importância amplia-se nos dogmas de fé, o da Imaculada Conceição, proclamado por Pio IX, em 1854, e o da Assunção, proclamado por Pio XII, em 1950.

A proclamação de tais dogmas permite dizer que a Igreja passou a atribuir maior importância à Virgem Maria na sua reflexão teológica e prática pastoral a partir da segunda metade do século XIX, tornando-se, assim, sinal diacrítico da catolicidade ante o protestantismo. Exemplos disso são aparições da Virgem reconhecidas pela Igreja, todas européias,[1] que ocorreram durante um século, as quais, segundo Rita Laura Segato, acabaram por desviar a devoção dos santos para o culto mariano, veiculando, assim, uma proposta global de catolicidade (Segato, 2000:6-7).

Um autor como Chiron (1995) afirma que "o século XX é sem dúvida aquele que mais conheceu aparições da Virgem". Mas a que se deve o aumento de tais aparições, pois segundo Kenneth L. Woodward num artigo na revista *Newsweek* (1997), seriam mais de quatrocentas as que foram constatadas? Para Chiron, uma das razões seria a ampla e rápida divulgação dessas aparições pelos meios de comunicação, até mesmo por internet. Porém, Cecília Loreto Mariz questiona a hipótese desse autor, pois, na sua visão, ele não inclui no seu livro relatos de aparições no Brasil. Segundo a mesma autora, o que estaria ocorrendo, por um lado, seria maior registro e divulgação dessas aparições do que simplesmente maior número de relatos e, por outro, menor repressão da Igreja sobre os videntes, não detendo mais o monopólio dos seus relatos, em razão do

---

[1] Das oito aparições reconhecidas pela Igreja, quatro são francesas: da rue du Bac, Paris (1830), La Salette (1846), Lourdes (1818) e Pontman (1870); uma irlandesa: Knock (1879); uma portuguesa: Fátima (1917) e duas belgas: Beauraing (1932) e Nanneaux (1933). Das não reconhecidas, temos uma na Holanda: Amsterdam (1045-59); uma em Ruanda: Kibeho (1981-1989) e uma na Bósnia e Herzegóvina: Nossa Senhora da Paz de Medjugorje (1981). No Brasil temos o caso de Piedade dos Gerais (Minas Gerais), onde uma primeira aparição da Virgem ocorreu em 1987.

avanço da secularização e do pluralismo religioso reinante no mundo contemporâneo (Mariz, 2000:4-5).

Um exemplo desse pluralismo religioso presente no próprio catolicismo é o movimento que surgiu na Califórnia (E.U.A.) pedindo ao Papa que proclame um novo dogma mariano, ou seja, que a Virgem Maria seja declarada "Co-Redentora, mediadora de todas as graças e advogada para o povo de Deus" (Newsweek, August, 1997:41). Independentemente da validade ou não dessa proposta, ela revela, na verdade, a importância que a Mãe de Deus vem ganhando para o catolicismo nesta passagem de século, marcado por incertezas, guerras, catástrofes e perda de fiéis para as igrejas evangélicas, sobretudo para as neopentecostais. Nesse sentido, embora a Renovação Carismática Católica se aproxime da maneira de expressar a fé dos cultos pentecostais, centrados no apelo emocional e no dom de línguas e de cura, ela mantém, porém, sua catolicidade no culto a Maria, expresso, particularmente, na reza do terço, da unção dos enfermos e da bênção do Santíssimo Sacramento (Prandi, 1997:43). Além dessas características, há que se acrescentar também o respeito à autoridade do Papa, a qual se manifesta no ministério dos bispos e sacerdotes.

Outro movimento leigo com características análogas ao supracitado é a Associação Internacional de Direito Pontifício, denominada de "Arautos do Evangelho", oficializada pelo Papa João Paulo II em 22 de fevereiro de 2001. Todos os primeiros sábados de cada mês é realizada uma missa na Catedral Metropolitana de São Paulo, onde, após ter sido entronizada por um cortejo, a imagem peregrina do Sapiencial e Imaculado Coração da Virgem de Fátima é coroada pelos arautos presentes ao som de uma orquestra que interpreta músicas de Georg Friedrich Händel e de outros compositores. Já no seu trono, todos cantam em louvor a Nossa Senhora e rezam o terço. Concluída essa parte, inicia-se a celebração eucarística, a qual é encerrada com a execução do Hino Pontifício, uma expressão da adesão desses seguidores às orientações do Papa.

Se para a Igreja Católica a presença de Maria é cada vez mais marcante e central na vivência do catolicismo no século XXI, porém um catolicismo voltado mais para as obrigações espirituais, como sugere Reginaldo Prandi (1997), na Pastoral do Migrante acontece exatamente o contrário. Nela, a Virgem Maria levanta a bandeira dos imigrantes injustiçados e explorados, convidando-os a participarem da "luta" por uma sociedade justa e plural. Os títulos que ela ganha neste contexto de mobilidade humana são uma expressão dessa realidade. Entre eles destacamos: Nossa Senhora Mãe dos Migrantes (Brasil e Argentina), Maria Mãe dos Caminhantes e Nossa Senhora Mãe do Nordeste (Brasil), entre outros. Outro momento em que isso é veiculado são as homilias proferidas pelos padres, bem como os hinos e textos utilizados nos novenários em preparação às festas, os quais reforçam o papel de Maria na luta pela libertação dos que vivenciam as diferentes situações de um êxodo forçado. Isso quer dizer que as devoções marianas são passíveis de várias apropriações ao longo da história do cristianismo, dependendo da conjuntura e dos grupos envolvidos, sejam eles pertencentes aos quadros da Igreja oficial ou dos movimentos laicos.

Com o advento da internet, temos um fenômeno novo de práticas religiosas, ou seja, a divulgação de mensagens ganhou uma liberdade e rapidez maiores, escapando, assim, do controle da Igreja. Os relatos das aparições da Virgem e outras mensagens correlatas como esta: "Nossa Senhora passou pela minha casa e levou todos os meus problemas", confirmam tal fenômeno. No dia da padroeira do Brasil, 12 de outubro, havia uma proposta na rede nos seguintes termos: "Participe da romaria virtual a Aparecida". Todos esses exemplos indicam uma tendência cada vez mais presente nas práticas religiosas atuais, qual seja, a do seu marcante individualismo, desvinculado de qualquer instituição religiosa e com matizes nitidamente mágicos.

Um dos exemplos mais recentes é a nova devoção mariana introduzida no Brasil, a de Nossa Senhora Desatadora dos Nós. Surgida em 1700, em Augsburgo, Alemanha, seu quadro foi pintado pelo pintor Johann Schmittdner, o qual se inspirou em uma passagem descrita por Santo Irineu, que diz: "Eva, por sua desobediência atou o nó da desgraça para o gênero humano, Maria, por sua obediência, o desatou". Assim, no quadro de Schmittdner, a Virgem aparece entre o céu e a terra desatando uma fita cheia de nós segurada por dois anjos, um de cada lado, representando os problemas humanos. Aos seus pés, a serpente, símbolo do mal, e uma meia-lua, uma alusão à passagem do livro do *Apocalipse*, em que Ela aparece divinizada, ou seja, pertencente à esfera do sagrado. Sobre sua cabeça aparece a pomba, símbolo do Espírito Santo que a fecundou, e doze estrelas, representando as doze tribos de Israel e os apóstolos, fundamentos da Igreja.

A emergência de "novas" devoções marianas nos permite dizer que a figura de Maria tem sido emblemática para o catolicismo em razão da sua polissemia. Para o catolicismo popular, ela é a mãe que sofreu a perda violenta do seu único filho, padeceu o exílio, a pobreza e a rejeição dos parentes. Por isso, para os seus devotos, só a Virgem pode compreender os dramas humanos vividos por eles, porque também os viveu, e, assim, interceder a seu filho Jesus. Nessa perspectiva, para os bolivianos não constitui nenhum problema pedir perdão à Virgem pelos seus pecados e não diretamente a Jesus. Isso porque, para eles, Ela é a mediação maternal entre o mundo dos "degredados filhos de Eva" e a esfera do sagrado, porque foi introduzida nele de "corpo e alma", de acordo com o dogma da sua Assunção.[2]

Para a Igreja oficial, ela tem sido a mediação que viabiliza a evangelização, ou seja, a adesão à doutrina católica e às normas institucionais, pois é a Mãe da Igreja peregrina, uma vez que teve participação no seu nascimento (*At* 1,14), e é o símbolo da Igreja triunfante sobre as forças do mal (*Ap* 12ss). No entanto, em momentos em que o apelo doutrinal já não satisfaz a seus seguidores, e parte deles busca outras respostas nos cultos neopentecostais, a devoção a Maria como a desatadora de nós, ou como provedora de bens materiais entre os bolivianos, parece ser uma forma de a Igreja retomar seu lugar na vida dos seus seguidores, ou reforçá-lo, com apelos de cunho social e político, como é o caso da Pastoral do Migrante. Mas é sabido que, no caso dos imigrantes em foco, sua relação com a Igreja como instituição dá-se apenas em alguns momentos específicos de suas vidas, como nos ritos de passagem, entre eles o batismo

---

[2] Por essa razão, a Virgem Maria é invocada na Bahia como Nossa Senhora da Boa Morte. Vinda do Oriente, essa devoção já existia em Roma no século VII, tendo sido aí denominada de *Dormitio* e *Pausatio* (Campos, 2001:357).

de uma criança, nos ritos fúnebres e nos ritos festivos, como a bênção da casa, de um objeto, ou nos *presterios*, quando a presença do padre é solicitada apenas para celebração da missa. Isso permite dizer que se trata de um catolicismo fortemente marcado por seu caráter devocional, com matizes mágicas, tendo como devoção predominante a mariana, pelo menos no contexto tomado como referência para esta pesquisa.

2. Em busca de uma Pastoral Inculturada?

Vimos no Capítulo 1 deste trabalho que o espaço da Pastoral do Migrante se caracteriza por ser um lugar onde o confronto com as diferenças, sejam elas culturais, étnicas, nacionais ou sociais, se manifesta permeado por tensões, como não poderia deixar ser. Cabe, porém, perguntar como ela é capaz de lidar com tais conflitos.

Em primeiro lugar, vale notar que, desde o seu nascimento, a Igreja enfrentou problemas relativos à diversidade cultural, étnica e social, à medida que saía das catacumbas e se expandia dentro do próprio império romano, que a adotou como religião oficial. Nesse sentido, o cristianismo passou a incorporar elementos culturais dos povos onde a mensagem do evangelho era anunciada e adotada, adquirindo, assim, um rosto particularizado. No entanto, com o passar dos séculos e a emergência de diferentes formas de interpretar a mensagem, a instituição eclesiástica começou a se preocupar com a sua unidade e a ortodoxia da fé. Os vários concílios realizados na alvorada do catolicismo, até Trento no século XVI, são expressão desta preocupação. Com o chamado processo de romanização iniciado no século XIX, objetivando centralizar o poder de decisão na hierarquia e, ao mesmo tempo, cuidar da ortodoxia da fé, condenando as "heresias" da modernidade, temos uma Igreja voltada para si mesma e alheia aos problemas que os seus fiéis enfrentavam.

Somente na segunda metade do século XX, com o Concílio Vaticano II (1962-1965), a Igreja considerou que era urgente reconhecer a "autonomia das realidades temporais" e se inserir no mundo moderno, tomando posição diante de questões vitais, como o progresso humano, o mundo do trabalho, a reprodução da vida, as migrações, o ecumenismo, o diálogo com as culturas, entre outros.

Assim, a partir dessa preocupação de inovação e ampliação do seu campo de atuação, a Igreja começa a elaborar a proposta da "inculturação", a qual deveria expressar numa perspectiva teológica a "encarnação" da mensagem evangélica nas várias culturas.

Em âmbito latino-americano, tal preocupação começa a ser veiculada nos documentos oficiais a partir das Conferências Episcopais de Medellín (Colômbia), em 1969, de Puebla (México), em 1979, e de Santo Domingo, em 1992. Em Puebla, é possível encontrar apenas uma referência à questão da inculturação, a qual afirma que é preciso que a Igreja particular, isto é, local, "se esmere por adaptar-se, realizando o esforço de transvasamento da mensagem evangélica para a linguagem antropológica e para os símbolos da cultura em que se insere" (Puebla, nº 404).

Porém, é na última Conferência, a de Santo Domingo, que a questão aparece de forma explícita e reiterada várias vezes, como desafio a ser assumido pela Igreja latino-americana, objetivando, assim, a "evangelização das culturas" (SD, nº 13). E nesse desafio de "inculturar o evangelho", a figura da Virgem Maria, sob a roupagem de Guadalupe, aparece como "um grande exemplo de evangelização perfeitamente inculturada" (SD, nº 15). Na perspectiva da Igreja, a inculturação é, portanto, "um processo que supõe reconhecimento de valores evangélicos que se têm mantido mais ou menos puros na atual cultura; e o reconhecimento de novos valores que coincidem com a mensagem de Cristo". Tal processo de encarnação do evangelho nas culturas visa, sobretudo, "corrigir seus erros e evitar sincretismos", e deve ser feito em sintonia com a Igreja universal (SD, nº 230).

Entretanto, afirma Paula Montero (1996) que a proposta da inculturação apresenta algumas contradições, e a principal refere-se à dificuldade de se conciliar o particular e o universal no intercâmbio cultural. E assinala que tal contradição desdobra-se em outras equivalentes, isto é: a inculturação "defende o respeito às culturas mas propõe sua mudança radical; prega a compreensão dos valores do outro, mas reivindica o direito à crítica cultural e correção das distorções éticas; reitera a autonomia do religioso (cultural) diante do político e do econômico, mas pretende ter impacto na esfera pública; busca a encarnação do evangelho nas culturas mas teme a dissolução da mensagem" (Montero, 1996:128). Nesse sentido, a proposta da inculturação aplicada ao contexto da imigração boliviana em São Paulo seria uma tentativa que a Igreja Católica faz para lidar com um problema maior que é o diálogo com o sistema de crenças cristão peculiar ao mundo andino, que ao longo da história teria conservado inúmeros elementos pré-colombianos, revestindo-os apenas de uma roupagem católica.

Na prática, o que se observa na Pastoral do Migrante é a abertura de seus espaços para que essas diferentes formas de viver e expressar a religiosidade se manifestem, onde cada grupo procura recriá-las a partir dos referenciais do país de origem. Nesse sentido, as festas marianas públicas e privadas apresentam-se como campo privilegiado de observação dos diferentes matizes que o fenômeno religioso adquire entre os imigrantes bolivianos em São Paulo.

Exemplo disso é a introdução de danças folclóricas na liturgia católica,[3] apresentadas, sobretudo, nas festas da Virgem, no mês de agosto, bem como em outros momentos e por outros grupos de imigrantes. Vale lembrar que danças e representações teatrais eram comuns no interior das igrejas desde os primeiros séculos do catolicismo, particularmente na festa de Corpus Christi. Porém, elas foram proibidas pelo Concílio de Latrão de 1215, passando a ser realizadas na parte exterior dos templos (Duarte, apud: Alemán, 1997:160). Entretanto, no contexto brasileiro, apesar da hostilização enfrentada, até fins do século XVIII se dançava dentro das igrejas dedicadas a São Gonçalo do Amarante (Hoornaert, 1991:94). Estudos realizados por Carlos Rodrigues Brandão sobre festas populares no meio rural brasileiro revelaram, no entanto, que as danças em home-

---

[3] Renata de Castro Menezes constatou que, na Festa de Nossa Senhora da Penha no Rio de Janeiro, determinadas práticas rituais tidas por "profanas" recebiam da hierarquia religiosa a adjetivação de "folclóricas", tornando-se, assim, menos ameaçadoras. Assim, conclui a autora que, na verdade, "o profano e o sagrado não se encontram separados, como a imagem dual nos faria supor, mas se combinam, opondo-se" (Menezes, 1996: 103-13).

nagem a algum santo continuavam sendo feitas diante da porta da igreja, "com sinais de deferência devocional", o que significa não voltar as costas para a igreja e não fazer gestos festivos (Brandão, 1981:151). Atualmente, onde existe uma pastoral voltada para os afro-descendentes, a dança é novamente incorporada ao contexto litúrgico, como é o caso da missa celebrada todos os anos no mês de maio, em honra da Mãe Negra, na igreja de Nossa Senhora da Aquiropita, no bairro do Bexiga.

Entre as danças apresentadas nas festas marianas, vale destacar a *diablada*, representação da luta mítica entre as forças do bem e do mal, em que a vitória das primeiras sobre as segundas é expressa na rendição dos diabos diante da imagem da Virgem. Em Oruro, os dançarinos entram no templo de joelhos e com as máscaras nas mãos ou levemente levantadas sobre a cabeça, aparecendo, assim o seu rosto.[4] Em São Paulo, apenas um jovem entra com a máscara em suas mãos, representando esta dança típica dessa região da Bolívia. Já na festa da Virgem do Carmo, realizada pelos chilenos, observei que um dançarino entrou com a máscara posta e somente a retirou quando se aproximou da imagem da Virgem.

Numa outra versão, na cerimônia realizada em Chuao, Venezuela, durante a festa de Corpus Christi, "los diablos danzantes" deitam-se no chão com as máscaras postas na região dorsal da cabeça. Este ato se repe-

---

[4] Originária de Oruro, esta dança, segundo Julia Elena Fortún, é uma readaptação de duas danças espanholas, "el Balls des Diables" e "los Siete Pecados Capitais" constatadas na região da Catalunha a partir de 1150. A diablada é, portanto, segundo a mesma autora, uma conjugação de ambas no contexto das minas, onde esta dança encontrou um substrato mítico para desenvolver-se entre os trabalhadores do subsolo, os quais veneram o *Supay*, deidade benigna e maligna dona dos minerais (Fortún, 1995:46). Porém, no imaginário popular essa dança tem outra origem. Para Sergio, dançarino do grupo Kantuta, "la historia de la diablada nace cuando un minero entró en una mina y resulta que él estaba escavando, quería sacar oro, y vió así tres piedritas así en una altura. Él quiso agarrarlas y sentió que le ponían el dedo, entonces cuando él alumbra con la linterna, porque tiene en el casco una linterna, y al mejor era la cara de un diablo. Entonces él empezó a salir corriendo de la mina y veía en el suelo víboras, por que vos sabes que el diablo está relacionado con la víbora. Entonces él saltaba, saltaba para no pisar las víboras. Es de aí que nace la diablada, porque en la diablada saltan, porque no quería pisar las víboras. Son historia que pueden ser verídicas, como pueden ser también una ficción (1º/9/2001).

te diante da porta central da igreja, bem como diante do altar principal, num gesto de total submissão e adoração ao Santíssimo Sacramento. Vale notar que, à medida que os dançarinos se aproximam do espaço sagrado, eles descobrem as cabeças, como sinal de que estão mais protegidos das influências do Maligno. O mesmo ocorre durante a procissão, quando eles caminham e dançam pelas ruas (Alemán, 1997:245).

Outros dois exemplos de introdução de práticas não católicas no espaço da Pastoral são a distribuição de pedras nas festas da Virgem de Urkupiña e a leitura de cartas realizada por uma cigana durante a festa Internacional dos Migrantes. No primeiro caso, o que se observa é uma certa tolerância da Igreja em relação a tal prática, não a combatendo de forma explícita. Já no segundo caso, ante a reprovação de alguns católicos que participam da comunidade local, o padre organizador do evento justificou tal prática dizendo que se tratava de uma manifestação cultural e que, portanto, é bem-vinda àquele espaço multicultural.

A proposta da *inculturação* defendida pela Igreja Católica põe, portanto, a Pastoral do Migrante diante de um problema maior que é o sincretismo, prática essa tão combatida no passado pela própria instituição eclesial sob o nome de *heresias, superstições, idolatrias* ou *impurezas*. Resta, pois, saber como práticas religiosas assim denominadas no passado se reproduzem hoje entre os imigrantes bolivianos em São Paulo, ganhando novos significados.

A questão do sincretismo tem sido abordada por vários autores e a partir de diferentes perspectivas. Para Marzal, sincretismo "puede definirse como un nuevo sistema religioso que es producto de la interación dialéctica de los componentes (creencias, ritos, formas de organización y normas éticas) de dos sistemas religiosos en contato, por cuya interación algunos elementos de los dos sistemas persisten en el nuevo, otros disaparecen por completo, otros se identifican con los similares del otro sistema y otros, finalmente, son reinterpretados, recibiendo nuevas significaciones" (Marzal, 1989:522-41). Tal definição assemelha-se à de Roger Bastide, que, em *As Américas Negras*, analisa o sincretismo em camadas. O primeiro caso seria o que ele denomina de "mosaico", ou a coexistência de objetos discordantes como, por exemplo, pejis africanos e capelas católicas. O segundo caso seria o sincretismo por correspondência, quando deidades africanas encontram o seu correspondente entre os santos católicos. O terceiro caso seria o dos fenômenos de reinterpretação, presentes, sobretudo, nos meios protestantes, cuja ação evangelizadora procurou eliminar os africanismos (Bastide, apud: Peixoto, 1998:114-5).

Partindo do pressuposto de que todas as religiões, incluído o catolicismo, são sincréticas, é preciso, no entanto, matizar os vários sentidos e usos do conceito de sincretismo no contexto brasileiro. Em seu trabalho, *Repensando o Sincretismo* (1995), Sérgio Figueiredo Ferretti analisou um caso específico de sincretismo, o da Casa de Mina, e tratou de sistematizar e agrupar estes vários sentidos em três variantes: 0 – separação, não sincretismo; 1 – mistura, junção ou fusão; 2 – paralelismo ou justaposição; 3 – convergência ou adaptação. Seguindo esse esquema definido por Ferretti, podemos dizer que há *convergência* entre a idéia de um Deus criador cristão e a deidade andina Viracocha; que existe *paralelismo* ou *justaposição* entre a Virgem e a Pachamama; que existe *mistura* na observação de certos rituais andinos, como as oferendas à Mãe Terra, o batismo e o primeiro corte de cabelo, e que existe *separação* entre os rituais da missa católica e da *misa* andina, ou seja, *mesa negra*, com o objetivo de devolver os danos causados por algum feitiço. Assim, tais classificações podem ser encontradas, segundo o mesmo autor, numa mesma casa e em diferentes momentos rituais, situação que pode ser constatada também no contexto que estamos analisando, como ficou expresso nesta fala de Jaime: "La Mujer es la tierra y la Virgen es mujer, entonces la tierra es Virgen y cuando se hace la ch'alla, es una deducción mía, estás agradeciendo a la madre, o sea a la Virgen" (30/6/2001).

Nesse sentido, para os devotos bolivianos, não há nenhuma contradição em revenciar a Virgem e ao mesmo tempo a *Pachamama,* oferecendo-lhe o primeiro gole de bebida, ou ainda pedir favores ao *Ekeko* (deus da fartura) e, ao mesmo tempo, a proteção de Deus por meio da água-benta, para que transforme em realidade os desejos representados nas miniaturas denominadas *alasitas.*

Entretanto, a proposta teórica do sincretismo parece não dar conta da problemática que estamos analisando, por se tratar de estruturas de longa duração ancoradas numa cosmologia na qual o culto à Terra tem uma centralidade, ainda que num novo contexto ele passe a ter novos significados, como apontamos anteriormente.

3. As devoções marianas e seu papel diacrítico entre os (i)migrantes

A inserção de (i)migrantes num novo contexto sociocultural é sempre um processo lento e marcado por tensões. Porém, tal inserção é mais ou menos problemática dependendo da conjuntura política em que estão envolvidos os países, no jogo desigual das relações internacionais. O tratamento que um imigrante europeu recebe no aeroporto não é o mesmo oferecido a um boliviano ou a um africano. A classificação dos imigrantes passa, portanto, pela posição que cada país ocupa no *ranking* do desenvolvimento econômico e social, revestida atualmente por nítida conotação étnico-racial e, às vezes, até mesmo religiosa.

No contexto de nossa investigação, o que se constata é a disputa pelos significados polissêmicos que as identidades passam a ter num novo contexto sociocultural. No caso específico dos bolivianos, é notória a preocupação com a construção de uma nova imagem do grupo como um todo, pois já não é possível viver no isolamento e, ao mesmo tempo, ignorar os problemas enfrentados por eles no cotidiano. Nesse sentido, os intentos organizativos dos costureiros visam mudar a imagem negativa veiculada reiteradas vezes pela imprensa local sobre sua conivência com o "trabalho escravo" e com a indocumentação.

Assim, poderíamos dizer que a (re)construção de uma nova identidade social e nacional entre os bolivianos estaria ancorada em alguns elementos básicos. Em primeiro lugar, no *ethos* do trabalho, que tem sua expressão máxima na conquista da mobilidade econômica, concretizada na montagem da sua própria oficina de costura e na construção da casa própria, utilizada como moradia e local de trabalho. Algumas apresentam uma certa imponência, pois possuem mais de um andar e até piscina. Tal mobilidade é antes de tudo um empreendimento familiar, pois todos os membros se envolvem na sua realização, além de contar com a contratação de mão-de-obra dos compatriotas.

Entretanto, um segundo elemento está intimamente ligado ao *ethos* do trabalho na construção da identidade boliviana. Trata-se da religiosidade, porque entre bolivianos é comum encontrar pessoas para as quais o sucesso econômico é atribuído a algum(a) santo(a) de sua devoção, em especial à Virgem de Urkupiña, considerada por eles a "Virgem construtora". Nesse sentido, a realização de uma festa é uma forma de manifestar a sua gratidão ao(à) santo(a) e, ao mesmo tempo, buscar o reconhecimento social dentro do próprio grupo de conacionais (Silva, 1997:203).

A preferência por essa devoção entre os entrevistados aponta, por um lado, a importância da troca de favores entre os devotos e a Virgem, simbolizados na pedra, cuja troca ganha destacada relevância entre seus veneradores a ponto de um deles definir a Virgem de Urkupiña como sua "sócia", por tê-lo atendido nos momentos mais difíceis da vida. Por outro, a Igreja boliviana tem dado particular atenção a essa devoção, a partir do momento que a proclamou como a "Virgem da Integração Nacional", obscurecendo, de certa forma, o papel da Virgem de Copacabana, Padroeira Nacional.

A questão da preferência por uma ou outra devoção vem afirmar, na verdade, a relação entre o local e o global. Quando interrogados sobre a devoção de sua preferência, a maioria dos entrevistados ressaltava que a Virgem é uma só, garantindo, assim, a unidade do culto católico à Mãe de Jesus. Mas não escondiam as preferências pessoais, as quais estão intimamente ligadas ao lugar de origem, ou seja, Cochabamba, La Paz, Santa Cruz, Oruro, entre outros. Nesse sentido, os pacenhos declararam sua preferência pela Virgem de Copacabana, os cochabambinos, pela Virgem de Urkupiña, os orurenhos pela Virgen del Socavón, e assim por diante.

Entretanto, como mencionamos anteriormente, o culto à Virgem de Urkupiña vem destacando-se nos últimos anos, seja em âmbito regional, nacional e internacional, uma vez que ela recebe a visita de bolivianos residentes em outros países durante seus festejos, entre eles, da Argentina, do Brasil, dos Estados Unidos e do Chile. Da mesma forma, sua festa também é realizada nos referidos países, a partir da organização do *presterío*.

Assim, podemos dizer que a Virgem de Urkupiña veicula num âmbito mais global o projeto da catolicidade, sem deixar de reforçar, no entanto, uma identidade regional e local, a qual vem à tona nas suas festas, em suas danças, bebidas e comidas típicas.

Situação análoga pode ser encontrada entre peruanos residentes em países como a Argentina, os Estados Unidos ou o Japão, entre outros, para os quais a devoção ao Señor de los Milagros constitui um traço diacrítico das identidades em jogo no contexto da migração. No caso dos imigrantes que vivem na Argentina e no Japão, a recriação dessa devoção em suas Fraternidades contribui para melhorar a imagem pejorativa veiculada sobre eles nesses países (Paerregaard, K., 2001:16-8).

Além dos elementos definidores de identidade explicitados acima, há que se considerar também a nova fase das relações econômicas e políticas pela qual passam o Brasil e a Bolívia. Este país, tido anteriormente como fornecedor de mão-de-obra barata para as indústrias da confecção de São Paulo, passou também a ser exportadora de gás natural para o Brasil. Tal fato significa que a Bolívia começou a fazer parte da área de influência e do projeto de expansão do mercado brasileiro na região sul-americana.[5] Por outro lado, é preciso considerar também o aumento da presença brasileira nesse país, sobretudo de estudantes, cujas cifras já ultrapassam o número de dez mil, bem como de seringueiros na fronteira com o Acre e de agricultores que compram terras na região de Santa Cruz para plantar soja, em razão do baixo custo de produção. Essa nova conjuntura pode não mudar em nada a imagem estigmatizada dos bolivianos em São Paulo, vistos como possíveis traficantes e imigrantes clandestinos, porém pode representar o início de uma nova fase nas relações de reciprocidade entre ambas as nações, em vista da ampliação dos direitos dos imigrantes em ambos os contextos.

Finalmente, é preciso considerar ainda um outro fator incisivo no pro-

---

[5] Nas vésperas da visita do presidente da Bolívia ao Brasil, em 11 de dezembro de 2001, o jornal *Folha de S.Paulo* dedicou toda sua seção da Folha Turismo a algumas atrações turísticas desse país, destacando-se a devoção à Virgem de Copacabana, a mesma que batizou a praia carioca. Vale citar ainda uma das chamadas no interior da seção, a qual dizia: "Simples, cheia de aventura, Bolívia impõe respeito" (Folha Turismo, 10/12/2001).

cesso de redefinição de identidade dos imigrantes, que é o tempo de permanência no país de destino, o qual se converte no que Merton (1984) definiu como as "expectativas temporais socialmente determinadas". Tais expectativas são redefinidas continuamente em função do projeto do retorno, podendo, assim, contribuir para o fortalecimento da identidade do grupo. No caso dos imigrantes em questão, o que se observa é que, à medida que o grupo se organiza na cidade e amplia seus vínculos com a pátria mãe, mediante investimentos, comércio de produtos e viagens para passar férias, o sonho do retorno definitivo passa a ser para eles uma possibilidade cada vez mais remota, levando-os a apostar tudo no futuro dos filhos. Nesse sentido, tal sonho passa a ser uma realidade tangível quando eles conseguem enviar pelo menos um de seus filhos para cursar uma faculdade no país de origem. E para mantê-los lá é preciso permanecer aqui, sempre um pouco mais, já que a tendência parece ser a transformação do provisório em permanente. A reprodução do ciclo de festas e as organizações sociais criadas por eles em São Paulo são uma expressão de que o Brasil é a sua nova pátria, ainda que seja uma "terra emprestada", como expressou Guilhermo, residente há quarenta anos na cidade. Nesse sentido, a consciência da condição de imigrante tende a aumentar, à medida que o grupo se abre à sociedade local e se preocupa com sua auto-imagem, acentuando-se cada vez mais os sentimentos de uma dupla pertença, o Brasil e a Bolívia.

Com o aumento da presença de imigrantes jovens, em sua maioria na condição de indocumentados, houve também um aumento da oferta de lugares de entretenimento aos bolivianos no bairro do Pari.[6] O problema ganhou novas dimensões em razão do aumento da violência, resultante do uso excessivo de bebidas, a ponto de os moradores organizarem um abaixo-assinado visando impedir o uso da praça central desse bairro por esses imigrantes. Segundo uma moradora antiga do bairro, esta praça era conhecida como "a praça das rosas", e havia sido transformada pelos imigrantes num lugar de desordem, tráfico de drogas e imoralidade. Ou-

---

[6] Na Avenida Carlos de Campos deste bairro, existem dois locais de encontro dos bolivianos: o bar e restaurante dançante *La Bamba* e o *Tropimix*.

tra questão que teria acirrado ainda mais os ânimos foi o boato de que os bolivianos planejavam trocar o nome da praça, atualmente denominada de "Padre Bento", para "Praça Bolívia". O movimento em defesa da praça ganhou visibilidade graças ao apoio de um vereador do bairro, Adilson Amadeu, o qual mandou confeccionar algumas faixas com os seguintes dizeres: "A PRAÇA É NOSSA! EXIGIMOS RESPEITO, ESTAMOS AQUI HÁ MAIS DE 100 ANOS". Porém, tais sentimentos xenófobos não expressam a opinião da maioria dos moradores do bairro, que reagiram dizendo que tais faixas eram preconceituosas.

Tal fato fez que um grupo de bolivianos se organizasse e começasse a formação de uma associação entre os que vendiam produtos na referida praça,[7] objetivando melhorar os serviços oferecidos, a limpeza do local e, conseqüentemente, sua própria imagem diante dos brasileiros. Com o apoio de políticos e outras organizações, a Associação Padre Bento realizou no dia 15 de julho de 2001 um ato cultural altamente significativo em defesa do uso desse espaço público, com a apresentação de várias danças folclóricas, entre elas *caporales, tinkus* e *tobas*, e também um desfile de trajes típicos de alguns departamentos da Bolívia. Para finalizar o evento, o grupo Tinkus del Norte de Potosí deu uma volta na praça acompanhado pela banda Bolivia Central, num gesto simbólico de demarcação daquele improvisado "território boliviano". Entretanto, logo os bolivianos acabariam por ser "expropriados" desse precário "território nacional", quando os moradores locais conseguiram desalojá-los da praça, a pretexto de utilizá-la para as festas juninas.

Aliás, importa dizer que a relação entre imigrantes e violência não é novidade no contexto paulistano. Em vários momentos, os "nordestinos" já foram responsabilizados pelos problemas sociais da cidade. Na Argentina, os responsáveis pelo desemprego seriam os bolivianos, e a xenofobia em relação a eles já ultrapassou os limites do verbal, expressando-se por meio de agressões físicas e roubos a suas residências (*Veja*, 5/7/2000, p. 54).

Esses fatos indicam que, tanto em Buenos Aires como em São Paulo,

---

[7] A associação tem o mesmo nome da praça, ou seja, Padre Bento.

ou em qualquer outra parte do mundo, as relações de alguns grupos de imigrantes com a sociedade local, particularmente os mais pobres, é marcada por tensões e preconceitos, à medida que vão conquistando novos espaços, e ampliam seus instrumentos de organização e participação. Indagado pelo pesquisador sobre o problema da violência na Praça do Pari, um policial militar referiu-se a esses imigrantes simplesmente como "esta bolivianada". Isto revela que a pretensa "cordialidade" brasileira termina quando alguém de fora, e neste caso os bolivianos, invade o seu espaço, alterando a ordem das coisas.

Se no âmbito das relações com a sociedade local o processo identitário é marcado por tensões, o mesmo acontece no espaço da Pastoral do Migrante, onde as várias identidades reivindicadas pelos imigrantes que dela participam, sejam de cunho nacional, étnico, social, cultural ou religioso, deverão dialogar continuamente com uma outra forma genérica de identificação proposta pela Igreja, que é a categoria *latino-americana*. Em vários momentos, o que se vê é uma relação contrastiva entre os vários grupos, em busca da afirmação ou reconstrução de identidades específicas. Dessa forma, temos a relação latino-americano x brasileiro, este último x boliviano, este x chileno, e assim por diante. No entanto, entre os bolivianos, temos outras relações de contraste, ou seja, entre a identidade nacional e a regional. Assim, temos a categoria boliviano em relação a outras locais, como a de *colla* (paceño), *cochalo* (cochabambino), *camba* (cruzeño), *chapaco* (tarijenho) etc. Porém, as tensões aparecem de forma mais explícita quando se dá a relação entre os oriundos do Altiplano (*colla*) e os do Oriente boliviano (*camba*). Isto se deve, em primeiro lugar, a razões de ordem histórica, as quais remontam ao império incaico, que fora derrotado pelos moxos e tupis-guaranis, na região dos Andes orientais. Em segundo, as disputas pelo poder político e econômico nesse país, adquirem, muitas vezes, um caráter étnico-cultural, alimentando preconceitos e atitudes de conotações racistas.

Outras combinações ainda podem ser feitas conjugando-se as identidades social, étnica, cultural e religiosa, próprias deste país multicultural e multiétnico, como por exemplo, profissional liberal x costureiro, quéchua x aimará, índio x cholo, católico x andino. Nesse sentido, uma identidade nacional comum a todos esses imigrantes aflora somente em momentos em que o grupo se depara com o "diferente" num contexto mais amplo, como nas atividades realizadas na Pastoral, entre elas a Festa Internacional dos Migrantes. Porém, mesmo neste caso pude observar que a Bolívia foi representada por duas bandeiras, a nacional e a do movimento indígena, a *wippala*, uma bandeira feita com pequenos quadros coloridos nas sete cores do arco-íris.

Diante desse mosaico de identidades que são veiculadas em determinados contextos e de variadas formas, caberia perguntar como cada parte envolvida se posiciona com relação a tal disputa. Temos, na verdade, um processo de negociação de formas de identificação, em que as relações estabelecidas são marcadas por tensões explícitas ou simuladas, como parte constitutiva dele. Nesse sentido, vale citar, no contexto da Pastoral focalizado neste trabalho, uma discussão reveladora em uma das novenas realizada pelos bolivianos, no primeiro sábado de cada mês. Veio à tona uma questão que dizia respeito à competição entre alguns grupos no espaço da Pastoral, particularmente entre bolivianos e chilenos. Os participantes reagiram de diferentes formas, apontando causas históricas (perda da saída para o mar), ou ainda dizendo que a Pastoral estaria fomentando a divisão entre os imigrantes, ao valorizar as diferenças culturais. Assim sendo, surgiu a proposta de que a categoria *latino-americano* deveria ser adotada por todos os grupos, também no último domingo de cada mês, quando cada país se encarrega de preparar um almoço com comidas típicas. Nessa perspectiva, o dia dos latino-americanos estaria transformando-se num encontro de bolivianos e de chilenos, entre outros. Tal almoço deveria ser, portanto, realizado por todos os grupos da Pastoral, perdendo, assim, sua especificidade cultural. Entretanto, o difícil será a busca de um menu latino-americano que agrade a todos.

Essa discussão estaria evidenciando, na verdade, as tensões existentes entre os vários grupos que constituem o espaço multicultural da Pastoral, pois a adoção de uma categoria genérica de identificação escamoteia os pontos de "fricção interétnica" e cultural entre eles. A posição da Pastoral, segundo o padre coordenador, tem sido a busca da unidade na diversidade, embora este discurso pacificador pareça nem sempre dar conta das tensões latentes e explícitas em vários momentos das atividades pastorais. E nessa ação pacificadora a Virgem Maria exerce papel fundamental, pois reúne os filhos e filhas de várias origens num mesmo lugar, a Igreja Nossa Senhora da Paz, ainda que seja sob diferentes advocações. Entretanto, há a proposta de se fazer uma romaria latino-americana todos os anos ao Santuário da Virgem Aparecida, pois a mãe negra congregaria não só brasileiros, mas também os filhos peregrinos de uma América Latina mestiça, pluricultural e sincrética.

4. Magia e religião no contexto das devoções marianas

No decorrer deste trabalho, constatamos uma série de práticas típicas dos imigrantes bolivianos, as quais podem ser denominadas de "mágico-religiosas", uma vez que se reproduzem, mas não exclusivamente, no contexto das festas marianas. Algumas são reproduzidas por eles tanto no âmbito do privado quanto do público, como é caso do ritual da *ch'alla*, ou ainda a prática do empréstimo das pedras da Virgem de Urkupiña, realizado durante a sua festa. Diante de tal constatação, caberia perguntar se, por um lado, as festas marianas realizadas no espaço da Pastoral não estariam propiciando e, de certa forma, legitimando a manifestação de tais práticas no âmbito público. Por outro, é importante investigar como a Pastoral lida com essas práticas "liminares" no seu território "sagrado", incorporando muitas vezes aquilo que critica, em nome de um discurso pastoral de respeito às diferenças culturais.

Entre as práticas supracitadas, a que mais conflita com as propostas da Pastoral é o culto às pedras da Virgem de Urkupiña. Esta prática tem-se mantido no âmbito das festas realizadas na Pastoral, mas de forma velada. Na primeira festa da Virgem, realizada em 1995, a distribuição das pedras foi feita de forma aberta no salão de festas pelos *pasantes* desse ano. Já no ano seguinte, 1996, sua distribuição não foi feita. Vale notar que nesse ano vieram alguns missionários da Bolívia, entre eles o bispo Toribio Ticona e o padre Walter Sanches, que impôs um interdito, ou seja, a nãopermanência da imagem da santa no salão de festas. Isso revela que, para a instituição eclesiástica, os limites entre sagrado e profano estão bem delineados, questão esta que não se põe para os devotos em geral. Entretanto, nas festas que se seguiram, esse interdito foi ignorado e a prática da distribuição das pedras reapareceu, ainda que de forma discreta.

O que se observa, no entanto, é que, da parte da Pastoral, não há uma posição explícita sobre a questão, demonstrando uma certa tolerância em relação a essa prática mágico-religiosa. Da parte dos devotos, observa-se pouco interesse em fazer o "empréstimo" com a Virgem/*Pachamama*, uma vez que, em primeiro lugar, não se tem certeza se aquela pedra foi realmente trazida do monte Cota, lugar da aparição da Virgem e, em segundo, não há um lugar para se devolvê-la no ano seguinte, como se faz no contexto original. Um devoto disse-me que devolveu a sua pedra, colocando-a num lugar discreto dentro da igreja Nossa Senhora da Paz. Nesse sentido, já circula entre os devotos a proposta de se construir uma capela para as Virgens de Urkupiña e Copacabana no Santuário de Nossa Senhora da Rosa Mística, em Jambeiro, onde há um monte, equivalendo, assim, ao Calvário onde os romeiros vão buscar e devolver anualmente as suas pedras, no dia 16 de agosto, em Quillacollo.

Interrogados se possuíam as pedras da Virgem, muitos devotos responderam que sim, porém alguns disseram que as têm na Bolívia e que encarregaram um parente de ir até o monte retirá-las e, igualmente, devolvê-las. Entretanto, para Julieta, é importante ir até o local da aparição da Virgem e retirar pessoalmente a sua pedra: "Yo pienso que uno debe irse hasta allá, para ver, sentir mismo esa emoción de poder traerse una piedrita, y su pedido se realiza" (18/3/2002).

Isso revela que a pedra distribuída num outro contexto já não tem a mesma "eficácia simbólica", ou seja, é destituída em parte do seu *mana*, isto é, de sua força vital que o lugar da aparição lhe confere. Além disso, a retirada da pedra implica um esforço físico do devoto que se deverá dedicar à materialização do seu desejo simbolizado num pedaço de pedra.[8]

---

[8] O culto às pedras não é uma prática exclusiva do contexto andino. Ele pode ser encontrado também em Portugal, onde no século VI era comum o roubo de pedaços de

O LUGAR DAS DEVOÇÕES MARIANAS 237

Diante da quantidade de pedras que são retiradas todos os anos pelos seus devotos, perguntei a uma senhora se as pedras não iriam desaparecer algum dia. Diante da preocupação ecológica do pesquisador, a resposta dela só poderia ser de outra ordem: *as pedras se multiplicam*, porque esta é a lógica da dádiva trocada entre a divindade e o devoto: tudo se multiplica em dobro e, por isso, é preciso retribuir em forma de *ex-votos* ou de festa.

Outro exemplo de que o mágico e o religioso não são forças antagônicas, mas convivem perfeitamente juntas, foi a realização da *ch'alla* de uma casa e a novena às Virgens de Copacabana e de Urkupiña em Cotia (Grande São Paulo). Embora o momento apropriado para se fazer esse ritual andino seja a terça-feira de carnaval, a família Peloza optou por fazê-lo no mês de maio, época em que lhes tocou realizar a novena da Virgem. A casa foi devidamente preparada para a ocasião, com enfeites florais afixados na porta de entrada e janelas, como se faz na Bolívia. No interior da residência também foram colocados alguns adornos, fitas coloridas de acordo com as cores nacionais da Bolívia e do Brasil.

Terminada a liturgia católica, iniciou-se o ritual andino da bênção da casa. Entretanto, a dona da casa pediu que antes o padre abençoasse o lugar com a água-benta, enquanto algumas senhoras levavam o incenso e papel picado (*mixtura*), que eram espalhados pela casa. Em seguida, todos foram convidados a se dirigir para o lado de fora da residência, onde foi realizada a *ch'alla*, ou seja, a oferenda de comida e bebida à *Pachamama*. Formou-se, então, pequeno cortejo em direção ao local, um pequeno pedaço de terra, localizado na parte noroeste da casa, onde foi feito um buraco na terra. Junto com o padre, estavam a madrinha de *ch'alla*, que levava nas mãos a oferenda — uma caixa revestida com um *aguayo* e serpentinas, contendo no seu interior uma garrafa de champanha e um prato de comida, o mesmo que seria servido aos convidados: pernil assa-

---

pedra do altar para serem usados na confecção das mandingas. Segundo Laura de Mello e Souza, o significado mágico da pedra encontrou solo fértil para vingar no norte do Brasil, onde ela protegia contra os bichos ferozes, rios cheios, flechadas de gentio bravo etc., exercendo a função de "negar os limites da condição humana e alimentar a esperança de vencer o destino" (Souza, 1987:224-6).

do –, os familiares, amigos e os músicos, que davam tom festivo ao ritual. Já no local, a oferenda foi aberta e o chefe da família quebrou a garrafa de bebida no muro da casa, gesto que foi aplaudido por todos os presentes. Em seguida enterrou o prato de comida e, finalmente, o padre jogou água-benta na terra, onde foi feita a oferenda.

Concluído o ritual, todos retornaram para o salão de festas, na parte superior da casa, onde foi servido um prato típico, regado com abundante cerveja. Depois o baile foi aberto pelo casal anfitrião, com a tradicional dança da *cueca*, um sinal de que todos são convidados a entrar na dança, sejam eles adultos, idosos ou até mesmo as crianças, que em algumas ocasiões também participam deste tipo de dança.

Um outro exemplo dessa complementaridade de forças ou de tradições aparentemente antagônicas é a festa das *alasitas*, realizada anualmente até 2002 na Praça do Pari, onde a deidade cultuada é o *Ekeko*. Isso fica evidenciado no ritual da *ch'alla* dessa deidade representada por um integrante do grupo Kantuta e realizada em plena praça, onde drama, festa e culto se entrecruzam numa totalidade única.

Todos esses exemplos comprovam que, para os bolivianos em geral, não existe nenhuma incompatibilidade entre rituais andinos e católicos pois, para eles, sagrado e profano, mágico e religioso, cultura e religião, não são realidades que se antagonizam, mas se completam ou, pelo menos, convivem. Outrossim, tais questões não constituem um problema para estes imigrantes, mas sim para a Pastoral, que procura "inculturar-se", respeitando tais práticas em nome da sua proposta interna de diálogo intercultural. Entretanto, cabe perguntar se, a longo prazo, a presença da igreja junto deles com sua ação evangelizadora não acabaria por eliminá-las, ou simplesmente transformá-las em práticas "folclóricas" e, portanto, menos ameaçadoras à fé católica, pois, segundo Mary Douglas (1976), tudo aquilo que não pode ser classificado com clareza é considerado "contaminador" e "perigoso".

Tudo indica que essas tradições tendem a continuar, independentemente da interferência ou não da ação pastoral, até porque, nesse caso específico, ela é mínima, pois o que está em foco é o sentido que essa prática mágico-religiosa passa a ter para os imigrantes bolivianos em São

Paulo, cuja motivação principal para migrar é justamente a busca da abundância expressa em todas as suas dimensões, casas, carros, dinheiro, estudo, mobilidade social etc.

Nesse sentido, fica difícil estabelecer as fronteiras entre o mágico e o religioso, pois ambos se fundem numa prática religiosa única, em que o mais importante para quem a pratica é o significado que tal prática confere à sua vida e não as implicações teológico-pastorais, aliás, preocupação exclusiva da instituição eclesial. Isso revela que, no âmbito de nossa pesquisa, carecem portanto de sentido as análises que concebem uma total oposição entre a religião oficial, denominada de *catolicismo erudito*, e a religião popular, tida como *catolicismo rústico*, seja atribuindo ao último total autonomia, seja concebendo-o simplesmente como um sistema devirtuado ante a "religião da Igreja" (Brandão, 1985:34). Outros estudos já revelaram que, no interior do mesmo "sistema cultural", as relações entre estes universos são complexas e tensas, constituindo assim, segundo Maués (1987), numa perspectiva mais ampla, uma das dimensões da *catolicidade*.

5. Festejando a Virgem/Mãe/Terra, ainda que numa pátria estrangeira

A festa é, em geral, entre os grupos de (i)migrantes, um sinal de que o processo migratório já se consolidou ou está em vias de consolidação pois, segundo Martins (1988), isso se dá quando o lugar de destino se transforma em lugar de se trabalhar e se festar. O número de festas realizadas pelos bolivianos na cidade é um indicador de tal processo.

No caso específico que analisamos, as festas marianas têm-se destacado no espectro festivo dos imigrantes e, por isso, mereceram atenção particular neste trabalho.

Assim, podemos dizer que as festas condensam, ainda que esporadicamente, todo um complexo cultural, próprio desses imigrantes, cujas significações são acionadas pelo evento festivo e ressignificadas de acordo com a conjuntura. Nessa perspectiva, o culto marial ocupa lugar central nestas celebrações, possibilitando-nos fazer várias leituras desse fenômeno cultural, do ponto de vista seja teológico, antropológico ou sóciopolítico-pastoral.

Para a teologia, Maria exerce uma mediação maternal entre o Divino e a humanidade, porque ela, como uma terra virgem e fértil, acolheu em seu seio a semente do Verbo, que se fez homem e habitou entre nós (*Jo* 1,14). Um hino à Virgem do século XII confirma esta visão ao afirmar que Maria é glorificada como "terra non arabilis quae fructum parturit" (Eliade, s.d.: 174). Neste sentido, Maria "é mediáneira em união com Jesus; o Espírito (espiritualizado em Maria) é mediador conjuntamente com o Filho (encarnado em Jesus)" (Boff, 1979:190). Sua solidariedade com os que sofrem ficou expressa no seu cântico, o *Magnificat*, no qual ela canta a vitória dos que são humilhados e espoliados pela ação dos prepotentes (*Lc* 1,46-55). Por essa razão, seus filhos sempre recorrem com confiança àquela que experimentou em sua carne a incerteza, a dor, o exílio, a discriminação, a pobreza, entre outras situações de privações e sofrimentos.

Numa perspectiva antropológica, Maria tem sido associada à grande Mãe terra, em razão de sua maternidade e fecundidade que garante a reprodução da vida. Em outros contextos, ela tem sido associada a outros elementos da natureza, particularmente os do subsolo, como os rios, fontes e poços, como é o caso típico das Virgens Negras (Palacios, 1995:152). Vimos que, no contexto andino, o culto à *Pachamama* goza de uma centralidade e tem uma força dinamizadora na organização sociocultural daqueles povos. Ela é, portanto, elemento de equilíbrio entre os três mundos de *Pacha*, o alto, o baixo e o meio. Isso nos permite dizer que essa visão comológica possibilitou o enraizamento das devoções marianas na Bolívia, tendo como marco inicial o lago Titicaca, lugar mítico e sagrado para os aimarás.

Num contexto em que predomina a atividade agrícola, como é o caso enfocado, os cultos aos deuses ctônicos, como afirma Weber, "costumam reunir em si dois significados: dominam a sorte das colheitas, portanto, doam a riqueza, e são os senhores dos mortos sepultados sob a terra" (Weber, 1991:286). Isso revela a importância da terra para os camponeses, cuja reprodução social e destino no além dependem da sua re-

O LUGAR DAS DEVOÇÕES MARIANAS 241

lação de reciprocidade com essas divindades. A terra é, portanto, mediação das relações sociais que são estabelecidas entre os membros da comunidade e é também o lugar de culto às divindades. Assim, os que se encontram longe da terra de origem encontram-se destituídos de tais mediações que possibilitam uma relação com as suas divindades. Situação análoga encontra-se no contexto bíblico, em que a condição de realização do culto à Javé era ter consigo um pouco de terra da Palestina (*2 Rs* 5, 9-17).

Entretanto, o que acontece com este sistema de crenças quando os camponeses migram para o meio urbano, seja no próprio país, seja no exterior, onde a terra já não lhe garante mais o sustento, mas se transforma numa mercadoria como tantas outras? Aqui nos deparamos com a questão central que este trabalho tratou de focalizar. Se a terra já não garante mais a reprodução da vida dessas pessoas, então poderíamos dizer também que todo o sistema de crenças que dá sentido às suas vidas perderia igualmente o seu valor?

O que observamos não é o desaparecimento do sistema de crenças como um todo, mas a permanência de estruturas profundas, as quais emergem e se expressam espontaneamente em diferentes momentos, festivos ou não, por meio dos gestos, porque tais estruturas estão ancoradas no inconsciente coletivo. O que muda, na verdade, são os significados que tais gestos e práticas adquirem num novo contexto sociocultural.

A *Pachamama* e a Virgem continuam exercendo sua função mediadora entre os devotos e uma Divindade maior, porém, no contexto urbano, a terra se reduz à casa, lugar da moradia e trabalho, ainda que em condições adversas para muitas famílias bolivianas. Nesse sentido, a casa, como a define Lévi-Strauss (1996), é antes de tudo "uma pessoa moral" capaz de estabelecer múltiplas relações com o contexto em que está inserida, particularmente com relação a seus iguais. E, num contexto de migração, a festa passa a ser uma mediação que reforça os laços de pertença a uma herança cultural comum, mas é também um canal de diálogo com uma sociedade receptora que discrimina e segrega imigrantes pobres e de origem indígena. Dessa forma, a casa é a representação material e simbólica da *Pachamama*, porque é nela ou em vista dela que se ganha o pão de cada dia, mas é também o lugar do culto e das festas às divindades católicas e andinas, espaço onde se dá o revigoramento constante das relações sociais e culturais.

Por isso é preciso *ch'allar* este "espaço sagrado", pelo menos uma vez ao ano, na terça-feira de carnaval, dia liminar para o cristianismo, pois é quando se dá a passagem de um tempo litúrgico para outro, ou seja, a Quaresma. E quando não há um pedaço de terra no quintal ou jardim para a realização do ritual, a solução é enterrar as oferendas em praça pública, no final do dia, como nos disse uma informante.

Mas a casa é, também, "um domínio constituído por bens materiais e imateriais; e que enfim, se perpetua, ao transmitir seu nome, sua fortuna e seus títulos em linha direta ou fictícia, considerada legítima com uma única condição – que essa continuidade possa se exprimir na linguagem do parentesco ou da aliança e, na maior parte das vezes, as duas juntas" (Lévi-Strauss, 1996:24). Nesse sentido, não somente o patrimônio material acumulado é transferido à segunda geração, mas também a herança cultural da pátria dos pais e antepassados, que, na verdade, não é *pater*, mas *mater*, porque é ela, a mãe, quem assegura a continuidade da família, da cultura, da nacionalidade cujo nome que lhe dá origem não é masculino, mas feminino, a Bolívia.

A casa é, portanto, a continuidade da *mater Terra*, e de tudo o que ela significa no estrangeiro, mas é também o vínculo que mantém vivo o sonho de um possível retorno vitorioso de cada imigrante à sua terra natal num futuro não muito distante, sonho que se materializa aos poucos à medida que consiga construir uma suntuosa casa na cidade ou *pueblito* que o viu nascer. Assim, como afirma Sayad, "a casa construída no país de origem não tem outra função senão esta: recordar a presença desaparecida e negar este desaparecimento" (Sayad, 2000:18). Porém, no caso dos bolivianos, este "desaparecimento" é minorado em parte com o envio de um(a) filho(a) para estudar no país de origem, mantendo, assim, laços afetivos, culturais e econômicos com os dois contextos.

Mas, enquanto essa falta com o país de origem não é redimida, se é que algum dia o será, o imigrante vive um duplo pertencimento, entre a casa daqui e a de lá. Se, por um lado, no país de origem as relações foram suspensas, ainda que temporariamente, por outro, no país de destino elas

O LUGAR DAS DEVOÇÕES MARIANAS 243

tendem a se reorganizar e a se ampliar, reivindicando seu reconhecimento. Entre as mediações utilizadas por eles, a Igreja, mediante uma Pastoral específica, tem sido um dos canais de diálogo com o contexto local. Nessa perspectiva, a noção de casa amplia-se e a Pastoral passa a ser um espaço de recriação de relações culturais, religiosas e políticas.

Entretanto, o uso desse espaço implica um processo de negociação, pois as propostas da Pastoral nem sempre coincidem com a dos imigrantes, gerando às vezes tensões. Se, por um lado, os imigrantes estão interessados em marcar diferenças e os vários sentidos do pertencimento, por outro, a Pastoral procura envolvê-los num projeto sociopastoral e político maior de defesa dos direitos humanos, o qual se traduz na reivindicação por uma nova Lei dos Estrangeiros, por relações mais eqüitativas no âmbito do trabalho, pela proposta de novas relações de gênero, pela solidariedade para com os que se encontram detidos, pelo direito ao voto em nível local, entre outros.

Maria é, portanto, numa perspectiva da Pastoral, a mediadora para uma nova terra, uma "Terra sem males" já sonhada pelos guaranis, e que se tornou a proposta da Igreja Católica no Brasil durante a Campanha da Fraternidade de 2002, a qual abordou a questão indígena. Porém, no contexto urbano da migração, a terra ganha outros contornos, uma vez que ela é uma Terra estrangeira, onde é preciso trabalhar muito para se conseguir um pequeno pedaço de chão para se contruir a casa, com todas as suas dimensões, como já explicitamos anteriormente. Nesse contexto, terra significa trabalho, direito a ter documentos, a manifestar a sua cultura nas praças públicas da cidade, a ser respeitado como um imigrante que tem direitos e deveres, e não ser reduzido apenas a uma categoria econômica e jurídica, o estrangeiro, que deve enquadrar-se nas exigências de um código restritivo e discriminador.

Assim, como sinal diacrítico da catolicidade, a Virgem Maria é apropriada de diferentes formas por distintos grupos católicos, desde os mais voltados para uma espiritualidade intimista, até os mais engajados social e politicamente. Assim, desde a chegada dos colonizadores ela tem sido um elemento fundador da nacionalidade, em que o mítico e o religioso se fundem com o político, como é o caso da Virgem de Guadalupe na constituição da identidade mexicana. Entretanto, independentemente da proposta ideológica de cada grupo, ela é para todos a mãe que se solidariza com os seus sofrimentos e os acolhe debaixo do manto misericordioso, nas vicissitudes da vida e na hora da morte, como expressa uma das mais populares orações católicas, a *Ave Maria*. É por isso que seus filhos(as) imigrantes não se cansam de repetir neste hino:

> Y SI LEJOS DE TI YO ME ENCUENTRO OTRA VEZ, NO DEJES QUE YO ME MUERA SIN VOLVERTE A VER.

GLOSSÁRIO

ACHACHILAS: espíritos dos antepassados, deidades protetoras das sociedades aimarás, as quais se identificam com as grandes montanhas nevadas da cordilheira oriental.

AGUAYO: tecido retangular multicolorido utilizado em várias situações da vida sociocultural e religiosa boliviana.

ALASITA: no idioma aimará quer dizer: *cómprame*. Representação em miniatura de tudo o que a pessoa deseja possuir pela mediação do deus da fortuna, *el Ekeko*.

ARO-ARO: interrupção da dança para brindar com os braços entrelhaçados.

AYLLU: unidade geográfica, econômica, cultural, política e consanguínea que constituía a base da organização social dos povos andinos antes da formação do Estado inca.

AYNI: ajuda mútua, intercambio de bens e serviços.

CARGAMENTO: carros enfeitados com objetos culturais os quais são oferecidos à Virgem como forma de agradecimento pelo dom recebido.

CH'ALLA: Libação com bebidas alcoólicas realizadas em várias ocasiões às deidades andinas, entre elas a *Pachamama*.

CHOLITA: forma carinhosa de se denominar as mulheres *cholas*, cuja denominação é, em geral, depreciativa, tanto para a mulher quanto para o homem.

CHOLO: chulo = indivíduo da classe popular madrilenha (Espanha). Aquele que ajuda a distrair o touro nas touradas. Na Bolívia, resultado do processo de miscigenação entre o indígena e o espanhol. Nas festas é comum ouvir a expressão *choleada*, ou seja, cerveja misturada com coca cola, uma alusão a este processo de mestiçagem.

CH'USPA: pequena bolsa utilizada pelos homens para levar as folhas de coca.

COETILLO: bombinha feita de pólvora.

COLITA: lembranças em miniatura representando algum objeto cultural, a qual é oferecida aos participantes das festas.

COTILLONES: chapéus coloridos feitos de papel ou palha em diferentes formatos.

EKEKO: deidade andina responsável pela abundância dos bens materiais.

KANTUTA: flor silvestre natural do Altiplano com as três cores da bandeira boliviana, o vermelho, o amarelo e o verde.

KACHARPAYA: Despedida, último dia ou a última música tocada em uma festa.

LLAJTA: cidade, povoado.

GLOSSÁRIO 247

MIXTURA: papel picado em diferentes cores, utilizado em distintas ocasiões, como festas religiosas e sociais.

PACHAMAMA: deidade andina que etimologicamente significa Mãe da totalidade espaço-temporal, porém é regularmente traduzida como Mãe-Terra.

PADRINHOS DA FESTA: pessoas escolhidas pelos *pasantes* para colaborarem na organização da festa, responsabilizando-se, por exemplo, do pagamento da orquestra, do adorno da igreja, da confecção dos arcos e *cargamentos* etc.

PASANTE: aquele que passa os encargos da festa a outro festeiro. Em geral são pessoas com uma certa projeção econômica dentro da comunidade.

POLLERA: saia com pregas confeccionada com vários panos. Em La Paz é mais comprida do que as usadas em Cochabamba ou em Tarija.

PRESTE: aquele que faz um *préstamo* (empréstimo) da santa para fazer uma festa.

PRESTERÍO: organização sociocultural surgida nos *ayllus* com objetivo de redistribuir as riquezas, conferindo prestígio aos que organizam as festas.

Q'UWA (KHOA): erva aromática semelhante ao incenso, usada como oferenda à *Pachamama*.

RUTUCHA: primeiro corte de cabelo que se faz na criança quando esta completa o seu primeiro ano de vida ou mais.

SUPAY: deidade andina dona dos minérios que estão no subsolo, denominada também de *El Tío*.

T'ANTA WAWAS: pães antropomorfos em forma de criança, os quais são feitos na festa de Todos os Santos e Finados.

TINKUS: encontro amoroso, enfrentamento ritual de dois grupos opostos que, na verdade, configuram uma unidade complementar.

VIRACOCHA: deidade criadora do mundo andino.

YATIRI: sacerdote andino que pode ser homem ou mulher.

BIBLIOGRAFIA

ABREU, Martha. *O Império do Divino: festas religiosas e cultura popular no Rio de Janeiro, 1830-1900*. Rio de Janeiro-São Paulo: Nova Fronteira-Fapesp, 1999.
ALBO, X. & CALLA, M. Santos y tierra, muertos, wak'as y chicha: la religión andino cristiana de los Quechuas de Tiraque, Cochabamba. In: *Estudios sobre el sincretismo en América Central y los Andes*, Holos, Bonner Amerikanistische Studien, 1996.
ALBO, X. & PREISWERK, M. *Los señores del gran poder*. La Paz: Editorial Imorenta Alenkar Ltda, 1986.
ALBO, X. & QUISPE, C. Caminos de Liberación. *Fe y Pueblo*, año IV, n° 18, diciembre de 1987, La Paz, pp. 12-26.
ALEMÁN, Carmen Elena. *Corpus Christi y San Juan Bautista. Dos manifestaciones rituales en la comunidad afrovenezolana de Chuao*. Caracas: Fundación Bigott, 1997.
ALIAGA, Carlos Intipampa. *Lectura teológica del Proyecto Aymara*. Tese de Doutoramento Teológico Dogmática com concentração em Missiologia. São Paulo: Pontifícia Faculdade de Teologia Nossa Senhora da Assunção, 1997.
AMARAL, Rita de Cássia. *Povo de santo, povo de festa*. Dissertação de mestrado, Departamento de Antropologia, Faculdade de Filosofia, Letras e Ciências Humanas, Universidade de São Paulo. São Paulo, mimeo, 1992.
———. *Festa à brasileira – Significados do festejar no país que "não é sério"*. Tese de doutoramento, Departamento de Antropologia, Faculdade de Filosofia, Letras e Ciências Humanas, Universidade de São Paulo. São Paulo, mimeo, 1998.
BACHELARD, Gaston. *La terre et les rêveries du repos*. Paris: José Corti, 1963.
BAKHTIN, Mikhail. *A cultura popular na Idade Média e no Renascimento. O contexto de François Rabelais*. 3ª ed. São Paulo: Hucitec-EdUNB, 1993.

BALANDIER, Georges. *Modernidad y poder*. Madri: Júcar Universidad, 1988.
BARNADAS, Josep M. Idolatrías en Charcas (1560-1620): dados sobre su existencia como paso previo para la valorización del tema de su extirpación. In: Ramos, G. & Urbano, H. *Extirpación de idolatrías (siglos XVI-XVIII)*. Cusco: Centro de Estudios Regionales Andinos "Bartolomé de las Casas", 1993, pp. 89-103.
———. *Historia general de la Iglesia en América Latina. Zona Andino-Inkaica (Bolívia)*. La Paz, 1977.
BARTH, Fredrick. *Los grupos étnicos y sus fronteras*. México: Fondo de Cultura Económica, 1976.
BARTHES, R. Toward a Psychology of Contemporary Food Consumption. In: Counihan, C. & van Esterik, P. (eds.). *Food and Culture*. Londres: Routledge, 1997.
BARTHOLO, Maria E. Carvalho. *Seja feita a Tua vontade: um estudo sobre santidade e culto aos santos no catolicismo brasileiro*. Dissertação de mestrado em Sociologia, Universidade Federal do Rio de Janeiro. Rio de Janeiro, 1991.
BASTIDE, Roger. Religion and the Church in Brazil". In: Smith, T. Lynn & MARCHANT, Alexander (ed.). *Brazil, Portrait of Half a Continent*. Nova York: The Dryden Press, 1950, pp. 334-55.
———. *As religiões africanas no Brasil. Contribuição a uma sociologia das interpretações de civilizações*. São Paulo: Pioneira, 1971.
———. Contribuição ao estudo do sincretismo católico e fetichista. In: ———. *Estudos Afro-Brasileiros*. São Paulo: Perspectiva, 1973, p. 159-91.
BEGG, Ean. *Las Vírgenes Negras*. Barcelona: Martínez Roca, 1987.
BERGER, Peter L. *O dossel sagrado. Elementos para uma teoria sociológica da religião*. São Paulo: Paulinas, 1985.
BETTIN, Isaldo A. *Experiência pastoral com os imigrantes latino-americanos em São Paulo*. Petrópolis: Vozes, 2000.
BIGENHO, Michelle. *El baile de los negritos y la danza de las tijeras: un manejo de contradiciones*. In: Romero, Raúl R. (ed.). *Música, danzas y máscaras en los Andes*. Lima: Pontificia Universidad Católica del Peru/Instituto Riva-Agüero, 1993, pp. 219-51.
BOFF, Clodovis, fr. *Maria na cultura brasileira. Aparecida, Iemanjá, Nossa Senhora da Libertação*. Petrópolis: Vozes, 1995.
BOURDIEU, Pierre. *O poder simbólico*. São Paulo: Difel, 1989.
———. *A economia das trocas simbólicas*. 3ª ed. São Paulo: Perspectiva, 1992.
BRANDÃO, Carlos R. Congos, congadas e reisados: rituais de negros católicos. *Cultura*, Brasília, 6(23), out.-dez. 1976.

———. *O Divino, o Santo e a Senhora*. Rio de Janeiro: Campanha de Defesa do Folclore Brasileiro, 1978.

———. *Sacerdotes de viola. Rituais religiosos do catolicismo popular em São Paulo e Minas Gerais*. Petrópolis: Vozes, 1981.

———. *Memória do sagrado*. São Paulo: Paulinas, 1985.

———. *Os deuses do povo: um estudo sobre religião popular*. 2ª ed. São Paulo: Brasiliense, 1986.

———. *A cultura na rua*. Campinas: Papirus, 1989.

———. Crença e identidade, campo religioso e mudança cultural. In: Sanchis, Pierre (org.). *Catolicismo. Unidade religiosa e pluralismo cultural*. São Paulo: Loyola, 1992, p. 7-74.

BRANDES, Stanley. *Power and Persuasion. Fiestas and Social Control in Rural México*. Filadélfia: University of Pensilvania Press, 1988.

BRAUDEL, Fernand. *O Mediterrâneo e o mundo mediterrâneo na época de Felipe II*. Lisboa: Dom Quixote, 1995.

Brow, Peter. *Le culte des Saintes. Son éssor et sa function dans la chrétienté latine*. Paris: Éditions du Cerf, 1984.

BURCKHARDT, Jacob. *La cultura del Renacimiento en Italia*. México: Porrúa, 1984.

CABRAL, J. P. Cults of Death in Northwestern Portugal. *Journal of the Anthropological Society of Oxford*, 11(1):1-14, 1980.

CAILLOIS, Roger. *L'homme et le sacré*. Paris: Leroux, 1939.

CÂMARA CASCUDO, Luís da. *Religião do povo*. João Pessoa: Imprensa Universitária da Paraíba, 1974.

———. *Dicionário do folclore brasileiro*. 6ª ed. Belo Horizonte-São Paulo: Itatiaia-Edusp, 1988.

CAMPOS, João da Silva. *Procissões tradicionais da Bahia*. Salvador: Conselho Estadual de Cultura, 2001.

CANDIA, Antonio Paredes. *La danza folklórica en Bolivia*. La Paz: Librería Editorial "Popular", 1991.

CANDIDO, Antonio. *Os parceiros do rio Bonito: estudo sobre o caipira paulista e a transformação dos seus meios de vida*. 2ª ed. São Paulo: Duas Cidades, 1971.

CORRÊA, Norton F. A cozinha é a base da religião: a culinária ritual no batuque do Rio Grande do Sul. *Horizontes Antropológicos*, Porto Alegre, 4, jan.-jun. de 1996, pp. 49-60.

CASTRO, Sueli Pereira. *A festa santa na terra da parentalha: festeiros, herdeiros e parentes. Sesmaria na Baixada Cuiabana – MT*. Tese de doutorado. Faculdade de Filosofia, Letras e Ciências Humanas, Universidade de São Paulo, 2000.

252 BIBLIOGRAFIA

CHIRON, Yves. *Enquête sur lês apparitions de la Vierge*. Paris: Perrin/Mane, 1995.

COELHO, Geraldo Mártires. Catolicismo devocional, festa e sociabilidade: o culto da Virgem de Nazaré no Pará colonial. Texto apresentado no Seminário *Festa, Cultura & Sociabilidade na América Portuguesa*. São Paulo: Departamento de História da Universidade de São Paulo, 1999.

COHEN, Abner. *O homem bidimensional. A antropologia do poder e o simbolismo em sociedades complexas*. Rio de Janeiro: Zahar, 1978.

COIMBRA, Maria C. C. *Nossa Senhora de Achiropita no Bexiga: uma festa religiosa do catolicismo popular na cidade de São Paulo*. Dissertação de mestrado. Universidade de São Paulo, 1987.

COX, Harvey. *A festa dos foliões*. Petrópolis: Vozes, 1974.

CROSSAN, John Dominic. *O Jesus Histórico: vida de um camponês judeu do Mediterrâneo*. Rio de Janeiro: Imago, 1994.

CUNHA, Manuela C. da. Logique du mythe et de l'action (Le mouvement messianique Canela de 1963). *L'Homme — Revue Française d'Anthropologie*, tome XIII, 4, Paris-La Haye: Mouton & Co. Éditeurs, oct.-déc., 1973.

———. *Antropologia do Brasil: mito, história, etnicidade*. São Paulo: Brasiliense-Edusp, 1986.

CUNHA, Marlene de Oliveira. *Em busca de um espaço: a linguagem gestual no Candomblé de Angola*. Dissertação de mestrado. Faculdade de Filosofia, Letras e Ciências Humanas, Universidade de São Paulo, 1986.

DAMATTA, Roberto. *Carnavais, malandros e heróis*. Rio de Janeiro: Zahar, 1978.

DIÉGUES JR., Manuel. O culto de Nossa Senhora na tradição popular. *Revista Brasileira de Folclore*, ano VII,(20), jan.-abr.1968, pp.17-32.

DEL PRIORE, Mary. *Festas e utopias no Brasil Colonial*. São Paulo: Brasiliense, 1994.

DORNELAS, Sidnei Marco. Os imigrantes portugueses e a devoção de Fátima em Paris. *Travessia — Revista do Migrante*. São Paulo: CEM, ano VII, n° 19, maio/agosto de 1994, pp. 23-5.

DOUGLAS, Mary. *Pureza e perigo*. São Paulo: Perspectiva, 1976.

DURHAN, Eunice. A dinâmica cultural na sociedade moderna. *Ensaios de Opinião*, n° 4, 1974.

———. Cultura e ideologia. *Dados*, vol. 27(1), 1984, pp. 71-89.

DURKHEIM, E. *As formas elementares de vida religiosa*. São Paulo: Paulinas, 1989.

DUVIGNAUD, Jean. *Festas e civilizações*. Rio de Janeiro: Tempo Brasileiro, 1983.

DUVIOLS, Pierre. *La destrucción de las religiones andinas (conquista y colonia)*. México: Universidad Nacional Autónoma de México, 1977.

EADE, John & Sallnow, Michel J. *Contesting the Sacred. The Anthropology of Christian Pilgrimage*. Londres: Routledge, 1991.
ELIADE, Mircea. *O sagrado e o profano. A essência das religiões*. Lisboa: Livros do Brasil, s.d.
FERNANDES, Rubem César. *Os cavaleiros do Bom Jesus. Uma introdução às religiões populares*. São Paulo: Brasiliense, 1982.
———. Aparecida: nossa rainha, senhora e mãe, saravá!. In: SACHS, Viola et al. *Brasil & EUA: religião e identidade nacional*. Rio de Janeiro: Graal, 1988, pp. 85-111.
FERRETI, Sérgio Figueiredo. *Repensando o sincretismo*. São Paulo-São Luís: Edusp-Fapema, 1995.
FORTÚN, Julia Helena. *La danza de los diablos*. La Paz: Ministerio de Educación y Belas Artes, 1961.
———. *Festividad del Gran Poder*. La Paz: Casa de la Cultura, 1995.
FRANCO JR., Hilário. Ave Eva! – Inversão e complementariedade de um mito medieval. *Revista USP*, n° 31, São Paulo, set/out/nov, 1996a, pp. 52-67.
———. *A Eva Barbada: ensaios de mitologia medieval*. São Paulo: Edusp, 1996b.
FRANZINA, Emilio. *Merica! Merica! Emigrazione e colonizzazione nelle lettere dei contadini veneti in America Latina, 1876-1902*. Milano: Giangiacomo Feltrinelli, 1979.
FRIGERIO, Alejandro. Teorias econômicas aplicadas ao estudo da religião: em direção a um novo paradigma? *Revista Brasileira de Informação Bibliográfica em Ciências Sociais*, Rio de Janeiro, n° 50, 2° semestre de 2000, pp. 125-43.
FRY, P. H. Manchester e São Paulo. Industrialização e religiosidade popular. *Religião e Sociedade*, 3:25-52, Rio de Janeiro, 1978.
GALLOIS, Dominique Tilkin. *O movimento na cosmologia Waiãpi: criação, expansão e transformação do universo*. Tese de doutorado em Antropologia Social. São Paulo: Faculdade de Filosofia, Letras e Ciências Humanas, Universidade de São Paulo, 1988.
GEERTZ, Clifford. Ritual and Social Change: a Javanese Example. *American Anthropologist*, vol. 59, n° 1, February, 1957, pp. 32-54.
———. *A interpretação das culturas*. Rio de Janeiro: Zahar, 1978.
GIORGIS, Marta. "Y hasta los Santos se trajeron. . ." *La fiesta de la Virgen de Urkupiña en el boliviano Gran Córdoba*. Tesis de maestría en Antropología Social. Códoba: Universidade Nacional de Misiones, 1998
GLUCKMAN, Max. Les rites de passage. In: Gluckman, Max (org.) *Essays on*

BIBLIOGRAFIA

the Ritual of Social Relations. Manchester: Manchester University Press, 1966.

GODELIER, Maurice. Conceito de formação econômica e social: o exemplo dos incas. In: Santiago, Theo (org.). *América Colonial*. Rio de Janeiro: Pallas, 1975, p. 11-20.

GOFFMAN, E. *Estigma: notas sobre a manipulação da identidade deteriorada*. Rio de Janeiro: Zahar, 1975.

GONÇALVES, Marco Antonio. *O mundo inacabado: ação e criação em uma cosmologia amazônica. Etnografia Pirahã*. Rio de Janeiro: Editora UFRJ, 2001.

GRIMSON, Alejandro. *Relatos de la diferencia y la igualdad. Los bolivianos en Buenos Aires*. Buenos Aires: Eudeba/Felafacs, 1999.

GUTILLA, Rodolfo W. *A casa do santo & e o santo da casa. Um estudo sobre a devoção a São Judas Tadeu do Jabaquara*. Dissertação de mestrado em Ciências Sociais. São Paulo: Pontifícia Universidade Católica, 1993.

HALBWACHS, M. *A memória coletiva*. São Paulo: Vértice, 1993.

HARRIS, Olivia. Pachamama. In: *Fe y Pueblo*, año III, n° 13, La Paz, octubre, 1988, p. 17.

HOBSBAWM, E. & RANGER, T. *A invenção das tradições*. 2ª ed. Rio de Janeiro: Paz e Terra, 1997.

HOORNAERT, Eduardo. *O cristianismo moreno do Brasil*. Petrópolis: Vozes, 1991.

HUIZINGA, Johan. *Homo ludens*. 4ª ed. São Paulo: Perspectiva, 1996.

IRARRÁZAVAL, Diego. Pachamama – vida divina para gente abatida. *Yachay*, Revista de Filosofia y Teología da Universidade Católica de Cochabamba, año 3, n° 5, 1986, pp. 77-96.

ISAMBERT, François-André. *Le sens du sacré – fête et religion populaire*. Paris: Minuit, 1982.

IWASHITA, Pedro. *Maria e Iemanjá. Análise de um sincretismo*. São Paulo: Paulinas, 1991.

JAKOB, Juliane E. *Sincretismo religioso de los indigenas de Bolivia*. La Paz: Hisbol, 1994.

JUÁREZ, Gerardo Fernándes. *El banquete Aymara. Mesas y yatiris*. La Paz: Hisbol, 1995.

KANTOR, Iris. *Pacto festivo em Minas Colonial: A entrada triunfal do primeiro bispo na Sé de Mariana*. Dissertação de mestrado. São Paulo: Faculdade de Filosofia, Letras e Ciências Humanas, Universidade de São Paulo, 1996.

KLEIN, Herbert S. *Historia de Bolivia*. La Paz: Editorial "Juventud", 1994.

KOCH, Gisela Cánepa. *Máscara, transformación e identidad en los Andes. La fiesta de la Virgen del Carmen, Paucartambo-Cuzco*. Lima: Fondo Editorial de La Pontificia Universidad Católica del Perú, 1998.

LANTERNARI, Vittorio. La Religion Populaire. Prospective historique et anthropologique. *Archives de Sciences Sociales des Religions*, n° .53/1 (janvier-mars), pp. 121-43, Paris, 1982.

LAUMONIER, Isabel. Festividade de Nossa Senhora de Copacabana. *Travessia, Revista do Migrante*, São Paulo, CEM, ano IV, n° 11, set/dez de 1991, pp. 27-36.

LEACH, Edmund R. Ritualization in Man in Relation to Conceptual and Social Development". In: LESSA, W. & VOGT, E. (org.) *Reader in Comparative Religion.* Nova York: Harper and Row, 1972.

———. Nascimento Virgem. In: DA MATTA, R. (org.). *Edmund Leach.* São Paulo: Ática,1983 (Coleção Grandes Cientistas; v. 38), pp. 129-55.

———. *Sistemas políticos da alta Birmânia.* São Paulo: Edusp, 1996.

LE GOFF, Jacques. *El orden de la memoria.* Barcelona: Paidós, 1991.

LÉVI-STRAUSS, C. *Antropologia estrutural.* Rio de Janeiro: Tempo Brasileiro, 1985.

———. *Antropologia estrutural II.* Rio de Janeiro: Tempo Brasileiro, 1976.

———. *História e etnologia.* Campinas: Instituto de Filosofia e Ciências Humanas da Universidade Estadual de Campinas. Textos Didáticos, n° 24, maio de 1996.

LOZA, Carmen. La recepción de las Almas entre los vecinos de Sacaca, Norte de Potosí. *Fe y Pueblo*, La Paz, año V, n°19, junio de 1988, pp. 30-3.

MACEDO, Valéria Mendonça. *O império das Festas: o império do Divino e outras festividades católicas no Rio de Janeiro oitocentista.* Dissertação de mestrado em Antropologia Social. São Paulo: Faculdade de Filosofia, Letras e Ciências Humanas da Universidade de São Paulo, 2002.

MAFFESOLI, Michel. O poder dos espaços de celebração. *Revista Tempo Brasileiro*, 16, jan/mar 1994, pp. 59-70.

MAGNANI, J. G. C. *Festa no pedaço.* São Paulo: Brasiliense, 1984.

———. Práticas mágico-religiosas na cidade de São Paulo. *Travessia – Revista do Migrante*, São Paulo, Centro de Estudos Migratórios, ano IV, n° 10, mai/ ago 1991, pp. 5-7.

———. Discurso e representação, ou de como os Baloma de Kiriwina podem reencarnar-se nas atuais pesquisas. In: CARDOSO, Ruth (org.). : *A aventura antropológica.* 2ª ed. São Paulo: Paz e Terra, 1988.

———. Quando o campo é a cidade: fazendo antropologia na metrópole. In: MAGNANI, José Guilherme C. & TORRES, Lilian de Luca (orgs.). *Na metrópole: textos de antropologia urbana.* São Paulo: Edusp-Fapesp, 1996, pp. 12-53.

MARISCOTTI DE GORLITZ, Ana Maria. *Pachamama Santa Tierra. Contribuición al estudio de la religión autóctona en los Andes centro-meridionales*. Berlim: Ibero-Amerikanisches Institut, 1978.

MARIZ, Cecília Loreto. *Aparições da Virgem e o fim do milênio*. Trabalho apresentado na XXIV Encontro Anual da Associação Nacional de Pós-Graduação em Ciências Sociais, GT Religião e Sociedade, Petrópolis, 2000.

MARTINS, José de Souza. *Não há terra para plantar neste verão*. Petrópolis: Vozes, 1988.

MARZAL, Manuel M. *El sincretismo iberoamericano. Un estudio comparativo sobre los quechuas (Cusco), los mayas (Chiapas) y los africanos (Bahía)*. Lima: Concytec-Pontificia Universidad Católica del Peru, 1988.

MAUÉS, Raymundo Heraldo. *A tensão constitutiva do catolicismo: catolicismo popular e controle eclesiástico*. Rio de Janeiro: Museu Nacional, 1987.

MAUSS, Marcel & HUBERT, Henry. Essai sur la nature et la fonction du sacrifice. In: MAUSS, Marcel. *Oeuvres*. Paris: Éditions de Minuit, 1968.

——. *Sociologia e antropologia*, vol. I e II. São Paulo: Epu-Edusp, 1974.

MEDINA, Javier. Qué es lo andino? *Fe y Pueblo*, año III, n° 13, La Paz, octubre 1998, pp. 51-4.

MEGALE, Nilza Botelho. *107 invocações da Virgem Maria no Brasil*. Petrópolis: Vozes, 1979.

MENEZES, Marilda. O retorno para a festa. In: *Travessia*, n° 7, São Paulo, Centro de Estudos Migratórios, mai/ago 1990, p. 9-12.

MENEZES, Renata de Castro. *Devoção, Diversão e poder: um estudo antropológico sobre a Festa da Penha*. Dissertação de mestrado em Antropologia Social. Rio de Janeiro: Museu Nacional, Universidade Federal do Rio de Janeiro, 1996.

MERTON, Robert K. Socially Expected Durations: A case study of concept formation in Sociology. In: POWELL, W. & ROBBINS, Richard (eds.). *Conflict and Consensus: A festshrift for Lewis A. Coser*. Nova York: The Free Press, 1984.

MIRANDA, Mário de França. Inculturação da fé e sincretismo religioso. *Revista Eclesiástica Brasileira*, Petrópolis, Vozes, n° 238, junho de 2000, p. 275-93.

MONAGHAN, John. Reciprocity, redestribution, and the transaction of value in the Mesoamerican fiesta. *American Ethnologist*, vol. 17, n° 4, pp. 758-74, 1990.

MONTES, Maria Lucia A. Posfácio. In: MAGNANI, José G. & TORRES, Lílian de Lucca (orgs.). *Na metrópole: Textos de antropologia urbana*. São Paulo: Edusp-Fapesp, 1996, pp. 299-318.

———. Entre o arcaico e o pós-moderno: heranças barrocas e a cultura da festa na construção da identidade brasileira. *Revista Sexta Feira*, vol. 2, São Paulo: Pletora, 1998.

———. Entre a vida comum e a arte: a festa barroca. In: ARAÚJO, E. (org.). *O universo mágico do barroco brasileiro*. São Paulo: Federação das Indústrias do Estado de São Paulo-Servço Social da Indústria-Pinacoteca, 1998a.

———. As figuras do sagrado: entre o público e o privado. In: Schwarcz, Lílian K. M. (org.). *História da vida privada no Brasil*, vol. 4. São Paulo: Companhia das Letras, 1998b, pp. 63-171.

MONTES, Maria Lucia A. & MEYER, Marlyse. *Redescobrindo o Brasil: a festa na política*. São Paulo: T.A. Queiróz, 1985.

MONTEIRO, Duglas T. *Os errantes do novo século*. São Paulo: Duas Cidades, 1974.

MONTEIRO, Paula. Tradição e modernidade: João Paulo II e o problema da cultura. *Revista Brasileira de Ciências Sociais*, n° 20, ano 7, out.1992, pp. 90-112.

———. Para uma antropologia das instituições globais: o estudo da cultura na Igreja Católica. *Cadernos do CERU*, Série 2, São Paulo(4), 1993, pp. 43-68.

——— (org.). *Entre o mito e a história: o V centenário do descobrimento da América*. Petrópolis: Vozes, 1996.

MORAES FILHO, Mello. *Festas e tradições populares no Brasil*. São Paulo: Edusp-Itatiaia, 1979.

MOURA, Margarida. A morte de um rei do rosário. In: MARTINS, José de Souza (org). *A morte e os mortos na sociedade brasileira*. São Paulo: Hucitec, 1980.

———. Festa no sertão. In: *Travessia*, n° 15, São Paulo, Centro de Estudos Migratórios, jan/abr 1993, pp. 22-5.

———. Devoções marianas na roça e na vila. *Cadernos do CERU*, série 2, São Paulo(8),1997, pp. 121-34.

MURRA, John, *La organización económica del Estado Inca*. México: Siglo Veintiuno, 1978.

———. *Formaciones económicas y políticas del mundo andino*. Lima: Instituto de Estudios Peruanos, 1975.

NEGRÃO, Lísias Nogueira. Magia e religião na umbanda. *Revista USP*, n° 31, São Paulo, set/out/nov, 1996, pp. 76-89.

NEVES, Delma Pessanha. Pompa e circunstância. Análise de aspecto político do sistema de relações sociais, subjacentes a uma festa católica. *Boletim do Museu Nacional* NS, (35), janeiro 1980.

OLIVEIRA, Ernesto Veiga de. *Festividades cíclicas em Portugal*. Lisboa: Dom Quixote, 1984.

OLIVEIRA, Lúcia Lippi. As festas que a República manda guardar. *Estudos Históricos*, 2(4), 1989, pp. 172-89.

OLIVEIRA, Miguel. *Santa Maria na história e na tradição portuguesa*. Lisboa: União Gráfica, 1967.

OLIVEIRA, Pedro A. Ribeiro. Catholicisme populaire et hégémonie bourgeoise au Brésil. *Archives de Sciences Sociales des Religions*, n° 47/1(jan/mar), pp. 53-79, Paris, 1979.

———. Expressões religiosas populares e liturgia. *Revista Eclesiástica Brasileira*, 43(172), dez 1983, pp. 909-48.

———. *Religião e dominação de classe: gênese, estrutura e função do catolicismo romanizado no Brasil*. Petrópolis:Vozes, 1985.

OLIVEN, Ruben George. A antropologia e a diversidade cultural no Brasil. *Revista de Antropologia*, vol 33. Departamento de Antropologia, Faculdade de Filosofia, Letras e Ciências Humanas da Universidade de São Paulo, 1990, pp. 119-39.

ORTIZ, Renato. *Mundialização e cultura*. São Paulo: Brasiliense, 1994.

———. Anotações sobre religião e globalização. *Revista Brasileira de Ciências Sociais*, Associação Nacional de Pós-Graduação em Ciências Sociais, vol. 16, n° 47, out 2001, pp. 59-74.

PACE, Enzo. New Paradigms of Popular Religion. *Archives de Sciences Sociales des Religions*, n° 64/1(jui-sep.), Paris, 1987, pp. 7-14.

PAERREGAARD, Karsten. In the footsteps of the Lord of Miracles: The expatriation of religious icons in the peruvians diaspora. *Economic and Social Research Council*, University of Copenhagen, 2001.

PALACIOS, Isidro Juan. *Aparições de Maria*. Rio de Janeiro: Record, 1995.

PAREDES, Manuel Rigoberto. *La danza folclorica en Bolívia*. La Paz: Isla, 1966.

PAXI, Rufino. Religión aymara y cristianismo. In: *Fe y Pueblo*, año III, n° 13, La Paz, octubre de 1988, pp.06-13.

PEIXOTO, Fernanda Arêas. *Diálogos brasileiros: uma análise da obra de Roger Bastide*. Tese de doutoramento. São Paulo: Faculdade de Filosofia, Letras e Ciências Humanas da Universidade de São Paulo, 1988.

PLAT, Tristan. "Religión andina y conciencia proletaria". In: *Fe y Pueblo*, año III, n° 13, La Paz, oct 1988, pp. 31-5.

PRANDI, Reginaldo. *Um sopro do espírito*. São Paulo: Edusp-Fapesp, 1997.

PRETTO, Maffeo. *La pietà popolare in Calabria*. Cosenza: Ed. Progetto 2000, 1988.

QUEIROZ, Maria I. Pereira de. *O messianismo no Brasil e no Mundo*. São Paulo: Dominus, 1965.

———. *O campesinato brasileiro: ensaios sobre civilização e grupos rústicos no Brasil*. Petrópolis-São Paulo:Vozes-Edusp, 1973.

QUEREJAZU CALVO, R. *Historia de la Iglesia Católica en Charcas* (Bolívia). La Paz: CEB, 1995.

REHFELD, Walter I. *Tempo e religião*. São Paulo: Perspectiva, 1988.

REIS, João José. *A morte é uma festa – ritos fúnebres e revolta popular no Brasil do século XIX*. São Paulo: Companhia das Letras, 1991.

RICHARD, Pablo. *Morte das cristandades e nascimento da igreja*. São Paulo: Paulinas, 1982.

ROCHA, Léa Maria da. Bom Jesus de Tremembré: A marcha da secularização e resistência da tradição. *Cadernos do CERU*, Série 2, São Paulo(8), 1997, pp. 135-68.

ROMERO, Raúl R. *Música, danzas y máscaras en los Andes*. Lima: Fondo Editorial de La Pontificia Universidad Católica del Perú, 1993.

SAAVEDRA, José Luis Guzmán. *Nossa Senhora de Copacabana na Bolívia e no Brasil*. Rio de Janeiro: Biblioteca Nacional, 1991.

SAHLINS, M. On the sociology of the primitive exchange. In: BANTON, M. (ed.). *The Relevance of Models for Social Anthropoly*. Londres: Tavistock, 1965, pp. 139-236.

———. *Cultura e razão prática*. Rio de Janeiro: Jorge Zahar, 1979.

———. *Cosmologias do capitalismo: o setor Trans-Pacífico do "Sistema Mundial"* Conferência apresentada à XVI Reunião Brasileira de Antropologia, Campinas, 27 a 30 de março de 1988.

———. *Ilhas de história*. Rio de Janeiro: Jorge Zahar, 1990.

———. O "pensamento sentimental" e a experiência etnográfica: por que a cultura não é um "objeto" em via de extinção. In: *Mana*, 3 (1) 41-73; 3 (2) 103-50, 1997.

SALLES, Elisa Regina G.T. *A Festa de Nossa Senhora da Piedade: Lorena, Vale do Rio Paraíba do Sul*. Dissertação de mestrado em Antropologia Social. São Paulo: Universidade de São Paulo, 1999.

SALLES-REESE, Verônica. *From Viracocha to the Virgin of Copacabana: Representation of the Sacred at Lake Titicaca*. Austin: University of Texas Press, 1997.

SANCHIS, Pierre. Festa e religião popular: as romarias de Portugal. *Revista de Cultura Vozes*, 73 (4), mai 1979, pp. 245-58.

———. *Arraial: festa de um povo. As romarias portuguesas*. Lisboa: Dom Quixote, 1983.

―――. A caminhada ritual. *Religião e Sociedade*, (9), jun 1983, pp. 15-26.
―――. Uma identidade católica. *Comunicações do Iser*, (22), nov 1986, pp. 5-16.
―――. As tramas sincréticas de História. In: *Revista Brasileira de Ciências Sociais*, n° 28, jun 1995, p. 123-38.
――― (org.). *Fiéis e Cidadãos. Percursos de Sincretismo no Brasil*. Rio de Janeiro: Eduerj, 2001.
SANTA CRUZ, Victor. *Historia de Copacabana*. La Paz, Bolívia, 1948.
SCARANO, Julita. Bebida alcoólica e sociedade colonial. Texto apresentado no Seminário: *Festa, Cultura & Sociabilidade na América Portuguesa*. São Paulo, Departamento de História da Universidade de São Paulo, 1999.
SCHWARCZ, Lilia Moritz. *As barbas do imperador: D. Pedro II, um monarca nos trópicos*. São Paulo: Companhia das Letras, 1998.
SAYAD, Abdelmalek. O retorno: elemento constitutivo da condição do imigrante. *Travessia, Revista do Migrante*, São Paulo, Centro de Estudos Migratórios, ano XIII, número especial, jan 2000.
SEGATO, Rita Laura. Las dos vírgenes brasileñas: local e global en el culto mariano. *Série Antropologia*, n° 271, Brasília, 1999.
SEPPILLI, Túlio. O sincretismo religioso afro-católico no Brasil. In: Zannichelli, N. *Studi e materialli di storia delle religioni*, vol. XXIV-XXV, Bolonha, 1953-1954, pp. 182-233, Instituto de Estudos Brasileiros, Universidade de São Paulo, 1995.
SHIRLEY, R. W. *O fim de uma tradição*. São Paulo: Perspectiva, 1977.
SILVA, Rubens Alves da & BARROS, Mônica do Nascimento. O mundo mágico-religioso do congado e suas tramas sincréticas. *Cadernos do CEAS*, Salvador, jan/fev 2002, n° 197, pp. 63-78.
SILVA, Sidney A. da. Uma face desconhecida da metrópole: os bolivianos em São Paulo. *Travessia – Revista do Migrante*, n° 23, set/dez 1995, pp. 14-9.
―――. *Costurando sonhos. Trajetória de um grupo de imigrantes bolivianos em São Paulo*. São Paulo: Paulinas, 1997.
―――. Hispano-americanos em São Paulo: alcance e limites de um processo de integração. *Travessia – Revista do Migrante*, n° 33, jan/abr 1999, pp. 24-32.
―――. Ser "pasante" em São Paulo: prática ritual entre os imigrantes bolivianos. In: SCHWARCZ, Lilia K. M. & GOMES, Nilma L. (orgs). *Antropologia e história: debate em região de fronteira*. Belo Horizonte: Autêntica, 2000, pp. 173-89.
SOUZA, Laura de Mello e. *O diabo e a Terra de Santa Cruz*. São Paulo: Companhia das Letras, 1987.

BIBLIOGRAFIA 261

SOUZA, Marina de Mello e. *Reis negros no Brasil escravista: História da festa de coroação de Rei Congo.* Belo Horizonte: Editora UFMG, 2002.

STEWART, C. *Demons and the Devil: Moral Imagination in Modern Greek Culture.* Princeton: Princeton University Press, 1991.

STOCKING JR., George. *Observers Observed: Essays on Ethnographic Fieldwork.* Madison: University of Wisconsin Press, 1983.

SUES, Paulo. No Verbo que se faz carne, o evangelho se faz cultura. *Revista Eclesiástica Brasileira*, n° 54, fasc. 213, mar 1994.

———. Evangelização e inculturação: conceitos, questionamentos, perspectivas. In: FABRE, Marcio (org.). *Inculturação. Desafios de hoje.* Petrópolis:Vozes, 1994.

———. O paradigma da inculturação. Em defesa dos povos indígenas". In: FABRE, Marcio (org.). *Inculturação. Desafios de hoje*, Petrópolis:Vozes, 1994.

TABOADA TERÁN, Néstor. *Urkupiña por siempre.* Cochabamba: Editorial H&P, 1999.

TAUSSIG, Michael. *The Devil and Commodity Fetishism in South America.* Chapel Hill: The University of North Carolina Press, 1980.

———. *Mimesis and Alterity. A Particular History of the Senses.* Nova York: Routledge, 1993.

TAYLOR, William B. The Virgin of Guadalupe in New Spain: an inquiry into the social history of Marian devotion. *American Ethnologist*, vol.14, n° 1, feb, pp. 9-33, 1987.

TEDLOCK, B. From participant observation to the observation of participation: the emergence of narrative ethnography. *Journal of Anthropological Research.* New Mexico: University of New Mexico, 1990, pp. 69-94.

THOMAS, Keith. *O homem e o mundo natural: mudanças de atitude em relação as plantas e os animais (1500-1800).* São Paulo: Companhia das letras, 1988.

TODOROV, Tzvetan. *A conquista da América: a questão do outro.* São Paulo: Martins Fontes, 1991.

TOMOEDA, Hiroyasu. Los ritos contemporáneos de camélidos y la ceremonia de la citua. In: ONUKI, Luis Millones Yoshio (org.). *El mundo ceremonial andino.* Lima: Horizonte, 1994, pp. 283-99.

TURINO, Thomas. *Moving away from Silence: Music of the Peruvian Altiplano and the Experience of Urban Migration.* Chicago: The University of Chicago Press, 1993.

TURNER, Victor W. *O processo ritual: estrutura e anti-estrutura.* Petrópolis:Vozes, 1974.

———. *The Anthropology of Performance.* Nova York: P A J Publications, 1988, pp. 1-185.

262 BIBLIOGRAFIA

URBANO, Henrique. Ídolos, figuras, imagens. La representación como discurso ideológico. In: RAMOS, Gabriela & URBANO, Henrique (org.) *Catolicismo y extirpación de idolatrías (siglos XVI-XVIII)*. Cusco: Centro de Estudios Regionales "Bartolomé de las Casas", 1993, pp. 7-30.

VAINFAS, R. *A heresia dos índios. Catolicismo e rebeldia no Brasil Colonial*. São Paulo: Companhia das Letras, 1995.

VAINFAS, R. & SOUZA, J. *Brasil de todos os Santos*. 2ª ed. Rio de Janeiro: Jorge Zahar, 2002.

VALCÁRCEL, Luis E. *Fiestas y danzas en el Cuzco y en los Andes*. Buenos Aires: Sudamericana, 1951.

VAN KESSEL, Juan. *Danzas y estruturas sociales de los Andes*. Cusco, Peru, 1982.

———. Virgen Pachamama: el mito de la fundación. *Boletín del Instituto de Estudios Aymaras*, Puno, Peru, Serie 2, nº 41, agosto de 1992, pp. 69-91.

VAN DEN BERG, Hans. *La tierra no da así nomás. Los ritos agrícolas en la religión de los aymaras-cristianos*. La Paz: Hisbol/UCB/Iset, 1990.

———. La celebración de los difuntos entre los campesinos aymaras del Altiplano. *Yachay,* Revista de Filosofía y Teología da Universidade Católica de Cochabamba, año 8, nº 14, 1991, pp. 13-66.

VAN DEN BERG, Hans & SCHIFFERS, Norbert. *La cosmovisión Aymara*. La Paz: HISBOL/UCB, 1992.

VARGAS UGARTE, Rubén. *Historia del culto de Maria en Iberoamérica y sus imágenes y sanctuarios más celebrados*. 3ª ed. Madri: Talleres Gráficos Jura, 2 vols., 1956.

VIDAL, Lux. *Morte e vida de uma sociedade indígena brasileira (os Kayapó-Xikrin do rio Cateté)*. São Paulo: Hucitec-Edusp, 1977.

VIERTLER, Renate B. *Aroe Aro. Implicações adaptativas das crenças e práticas dos Bororos do Brasil central*. Tese de livre-docência inédita. São Paulo: Universidade de São Paulo, 1982.

——— A vaca louca: tendência do processo de mudança sócio-cultural entre os Bororo-MT. *Revista de Antropologia*, 33. São Paulo: Departamento de Antropologia, Faculdade de Filosofia, Letras e Ciências Humanas, Universidade de São Paulo, 1990, pp. 19-32.

VIVANCO GUERRA, J. Alejandro. *El migrante de provincias como intérprete del folclore andino em Lima*. Lima: UMSM, Departamento de Antropologia, 1973.

VOVELLE, Michel. *Les métamorfhoses de la fête en Provence – 1750-1820*. Paris: Flammarion, 1976.

WEBER, Max. *Economía y sociedad*. México: Fondo de Cultura Económica, 1969, 2 tomos.

———. *L'éthique protestante et l'esprit du capitalisme*. Paris: Presses Pocket, 1985.

YOURCENAR, Marguerite. *O tempo, esse grande escultor*. Rio de Janeiro: Nova Fronteira, 1985.
ZALUAR, Alba. *Os homens de Deus. Um estudo dos santos e das festas no catolicismo popular.* Rio de Janeiro: Zahar, 1983.
ZIMDARS-SWARTZ, Sandra L. Popular Devotion to the Virgin. The Marian Phenomena at Melleray, Republic of Ireland. *Archives de Sciences Sociales des Religions*, 67/1(jan-mar), Paris, 1989, pp. 125-44.

Pabx: (011) 4178 05 22 fax ramal: 30
provografica.com.br